U0062594

国家社科基金
GUOJIA SHEKE JIJIN HOUQI ZIZHU XIANGMU
后期资助项目

《周易》诠释与
清代新义理学的思想源流

姚彬彬　著

中国社会科学出版社

图书在版编目(CIP)数据

《周易》诠释与清代新义理学的思想源流 / 姚彬彬著. —北京：中国社会
科学出版社，2024.5

ISBN 978 - 7 - 5227 - 3381 - 4

Ⅰ.①周… Ⅱ.①姚… Ⅲ.①《周易》—研究②理学—研究—中国—
清代 Ⅳ.①B221.5②B249.05

中国国家版本馆 CIP 数据核字（2024）第 065852 号

出 版 人	赵剑英
责任编辑	刘　芳
责任校对	李　敏
责任印制	李寡寡

出　　版	中国社会科学出版社
社　　址	北京鼓楼西大街甲 158 号
邮　　编	100720
网　　址	http://www.csspw.cn
发 行 部	010 - 84083685
门 市 部	010 - 84029450
经　　销	新华书店及其他书店

印　　刷	北京君升印刷有限公司
装　　订	廊坊市广阳区广增装订厂
版　　次	2024 年 5 月第 1 版
印　　次	2024 年 5 月第 1 次印刷

开　　本	710×1000　1/16
印　　张	17.25
字　　数	309 千字
定　　价	98.00 元

国家社科基金后期资助项目

出 版 说 明

后期资助项目是国家社科基金设立的一类重要项目，旨在鼓励广大社科研究者潜心治学，支持基础研究多出优秀成果。它是经过严格评审，从接近完成的科研成果中遴选立项的。为扩大后期资助项目的影响，更好地推动学术发展，促进成果转化，全国哲学社会科学工作办公室按照"统一设计、统一标识、统一版式、形成系列"的总体要求，组织出版国家社科基金后期资助项目成果。

全国哲学社会科学工作办公室

入乎《易》内，出乎《易》外
（代序）

观堂先生之《人间词话》言："诗人对宇宙人生，须入乎其内，又须出乎其外。入乎其内，故能写之。出乎其外，故能观之。入乎其内，故有生气。出乎其外，故有高致。"其"入乎其内，出乎其外"一语，道出学问之道的基本路径，非此，文章无生气，亦无高致。今武汉大学姚彬彬君以书稿《〈周易〉诠释与清代新义理学的思想源流》赐余，拜读一过，顿有"入乎其内，出乎其外"之感，遂借观堂之意，以"入乎《易》内，出乎《易》外"为题，概言其书立意述论之精彩。

盖清代思想史之研究，肇始于清末民初，梁启超、章太炎、刘师培、王国维、胡适等筚路蓝缕，钱穆、熊十力等步履其后，其间佳作迭出，星汉灿烂。至20世纪90年代，则有"清代新义理学"之概念异军突起，开启斯学之新路径。

所谓"清代新义理学"，所针对者有二，其一，"乾嘉无思想"。此论源流甚长。早在民初，梁启超于《清代学术概论》中言："吾常言：清代学派之运动，乃'研究法的运动'，非'主义的运动'。"新儒家熊十力曾于《读经示要》中更谓："夫有清二百余年之学术，不过拘束于偏枯之考据，于六经之全体大用毫无所窥。其量既狭碍，其识不宏通。其气则浮虚，其力则退缩。"他的弟子牟宗三，后在《中国哲学十九讲》中于此意又有进一步发挥："我们讲中国的学问，讲到明朝以后，就毫无兴趣了，这三百年间的学问，我们简直不愿讲，看了令人生厌。"当代学人朱维铮也以"思想界的沉闷达于极致"来描绘乾嘉时期的格局。因此，"乾嘉新义理学"的提出，是对"乾嘉无思想"论的重大反拨。其二，"义理"范式唯一论。晚清方东树曾于《汉学商兑》中言："夫古今天下，义理一而已。"其所言之"义理"唯一范式，即"言心言理言气"之宋学。事实上，早在乾嘉时，焦循已曾提出"戴氏之义理"的概念，并强调"戴氏之义理"非宋儒之义理。"乾嘉义理学"将"戴氏之义理"扩展为乾嘉时期的一种新思想、新取向，掘发"义理学"从形式到内容的更新，乾嘉思想界的地图由此得以重新绘制。

"乾嘉新义理学"树立旗帜，大张其军，虽始于三十余年前，但却有前驱思想之轨迹作为铺垫。1923 年，胡适撰《戴东原的哲学》，文中指出："戴震在清儒中最特异的地方，就在他认清了考据名物训诂不是最后的目的，只是一种'明道'的办法。他不甘心仅仅做个考据学家，他要作个哲学家。"其影响所及，"这时期的经学家逐渐倾向于哲学化了"。凌廷堪、焦循、阮元等，"虽然都不算是戴学的真传，然而，他们都想在经学上建立他们的哲学思想"。他因此断论："从戴震到阮元是清代思想史上的一个新时期，这个时期，我们可以叫做'新理学时期'。"此如姚君著中所言："其所言'新理学时期'的划定，在时段和范围上，均基本契合今人所言'清代新义理学'的定义，实为孤明先发之论。"

1947 年，钱穆在南京《中央周刊》上发表了《论清儒》。文中，钱穆一方面批评说："清代学风，总之是逃避人生。魏、晋、南北朝时代之逃避人生是研读老子、释迦，清代的逃避人生是研究古经籍。"但另一方面他又指出："但清儒到底也有耐不住的时候，或者是他们的不自觉而对人生问题有所论列，则他们亦有一共同态度与共同意见。他们大抵反对抬出一个说法来衡量一切或制裁一切。换言之，他们反对思想上的专尊，或说人生理论上之独裁。他们大抵主张解放，同情被压迫者。""求平恕，求解放，此乃乾、嘉诸儒之一般意见，而非东原个人的哲学理论。"其论亦在不经意间揭示了今人所言"乾嘉新义理学"之思想底色。

张寿安继承前贤关于清代学术的新视野，她在 1993 年台湾"中央研究院"文哲研究所举办的"清乾嘉学术研究之回顾"座谈会上，明确提出"乾嘉义理学"这一概念。张寿安说："我们不妨以宏观的态度把'义理'一词视为儒学思想，儒学思想在不同时代有不同面貌和性质，魏晋是玄学，隋唐时是佛学，宋明时是理学，而乾、嘉所呈现的面貌，现在仍在探讨中，不妨暂且称为乾嘉义理学。"这一倡导与张寿安著作《以礼代理——凌廷堪与清中叶儒学思想之转变》《十八世纪礼学考证的思想活力——礼教论争与礼秩重省》的出版，对"乾嘉新义理学"的研究起到重要推动作用。1998 年 7 月，文哲研究所又在林庆彰的主持下，开始执行为期三年半的"清乾嘉学派经学研究计划"。第二年的子计划是"乾嘉学者的义理学"。一时之间，中国台湾地区之"乾嘉新义理学"研究"气象蓬勃"（张寿安语）。随后，"乾嘉新义理学"之说在大陆清学研究者中得到积极呼应，王俊义、黄爱平、陈居渊、吴通福等均参与其中，余与雷平君亦忝列其内。

余治清代思想史昔从《四库全书总目》研究入手。初，余在华中师范大学师从吴量恺、张舜徽先生习史。吴量恺师专研清代经济史，张舜徽先生乃文献学大家。舜徽师屡以张之洞之语教导："读《四库全书总目提要》一过，即略知学问门径矣。"其时初入学术之门，根基薄弱、知识疏浅，遂决心遵师之命，通读《四库全书总目》。是时所读《四库全书总目》乃中华书局1964年影印本，字迹虽小，余却兴致盎然，多次通读，并于重点部分抄录笔记。犹记一个雪夜，母亲因病住院，余在病房外守护，天寒地冻，虽以军大衣裹身，仍手足冰冷。是夜，陪伴余者惟一册《四库全书总目》，读至深处，竟不觉寒冷与夜深。在反复研读之下，余深感《四库全书总目》绝不仅仅是一般的目录学著作，更是一部清代思想史著作，故以往之刊误、补正、考核、纠谬，虽有功于《四库全书总目》之研究，但忘却了包括《四库全书总目》在内的中国古典目录，其本质是人类的文化实践活动，其间无一例外地积淀和凝聚着主体的价值观念、审美意识、情感趋向、理想愿望以及知识、才能等文化品性，蕴含着活生生的灵魂。如果不是从修纂主体的角度去理解它，发掘它的思想世界，只是从客体的或直观的形式去理解，那么，必然无法取得对《四库全书总目》的真正全面认识。

由于对《四库全书总目》形成了有关思想性的文化理解，余之硕士学位论文拟定为《〈四库全书总目〉之史学思想研究》，蒙吴量恺师宽宥，恩允余做此与清代经济史范畴无关之题目。论文答辩时，舜徽师任答辩委员会主席，他第一句话是："周积明同志今天不应该坐在这里。"余初大为震骇，随之体会到其中深含的奖掖与鼓励。三十多年过去，其情其景记忆犹新。获得硕士学位后，余以硕士论文为基础，加以扩展，遂成《文化视野下的〈四库全书总目〉》。其意在一反传统"四库学"的研究路数，着力透过《四库全书总目》的"外壳"，把它置于一个生动的文化整体中加以还原和分析，从中探寻中国文化的"种族心理"、18世纪的"时代心理"以及《四库全书总目》制作者的"群体心理"。30年后回看，是书实在颇为粗疏，资料考证未精，论证未及详密周到，论述简单化、平面化，未能深入揭示其中复杂的权力关系。但在1990年代初，该书的出版还是带来了清代思想研究的新鲜气息。《江汉论坛》上曾发表署名"石玉"的书评《文本解读——周积明〈文化视野下的《四库全书总目》〉读后》，评价此书的方法论意义说："作为社会科学一般方法论的阐释学（狄尔泰如是观）近年来已被介绍到中国来，从文本的字里行间发现符号的下面深藏不露的'意义',也深得有识之士的赞同。但是,虽然鲁迅先生《狂人日记》中发现'吃人'那句名言颇有些阐释学味道外,至今用这种眼光来进行研究的具体成果尚属稀见。我感到周积明这部专著即属其一。因为作者意图'穿透古典目录的物化外壳,追寻深藏其间的文化灵魂'。他力图通过此'从一个新的角度、新的领域去获得对传统的更为深入的认识',虽然并未言明这个角度或领域是什么,然而窃以为这便是文化阐释学。作者不满于传统'四库学'对《总目》的'纠谬补遗',而要进一步'将它置于一个生动的文化整体中加以还原和分析,捕获它的魂灵',像丹纳那样去寻找'一个时代的心理,一种种族的心理',便是说明。"其时尚不知"石玉"先生是谁,多年后方知是赵世瑜兄,在此专门拜谢。

农历丁丑年(1997),台湾淡江大学中文系筹备召开以"两岸四库学"为主题的"第一届中国文献学学术研讨会"。其时两岸学术初通,彼此并不熟稔,故余收到邀请大为意外。到台北后方知,会议筹备时,台湾四库学大家、台湾"故宫博物院"文献处处长吴哲夫先生专门嘱咐淡江大学周彦文教授,一定要把周积明先生找到,请来参加会议。余深受感动。哲夫先生待余甚厚,有时赴台竟邀请我居住其宅,并开车带我周游台岛。张寿安教授不仅与其夫君周昌龙教授殷勤接待,并携余广泛结识台湾学术界朋友。有次在台北"中央研究院"胡适图书馆拜见朱鸿林先生,朱先生言,他将《文化视野下的〈四库全书总目〉》指定为研究生班必读书,令余大受鼓舞。在与台湾学术界之交流中,余接触到台湾学术界之"乾嘉新义理学"研究,蓦然发现,若将《四库全书总目》"思想世界"之研究与戴震、袁枚议论结合而观,顿时呈现出一种新的意义。由此而从《四库全书总目》研究折入"乾嘉新义理学"研究。言既至此,特别怀想当年在台北与张寿安、张丽珠、杨晋龙、郑吉雄、刘又铭等友朋切磋清代学术,向吴哲夫、昌彼得、林庆彰、胡楚生等先生请益,与仕华、彦文、佩琪游览九份老街,贝宇一家为余过生日的种种情景。此时此刻,恍如隔世。

迄今之"乾嘉新义理学"之研究,多从解构宋学之"义理"概念展开。宋学以形上之"心性"探讨作为"义理学"之模式。倡言"乾嘉新义理学"者,则转换视野,破除成见,从赋予"义理"新内涵破局。如张寿安言:"我们不妨以宏观的态度把'义理'一词视为儒学思想。"胡楚生言:"义理之名,为思想、义趣、理念、意旨之总称。"从这一层面来理解"义理"之概念,承认乾嘉学者同样有"义理",事实上是并不困难的事。余虽对朱维铮先生极为钦佩,但对他所言乾嘉时期"思想界的沉闷达于极致"一语无法认同。正如福柯所言:"思想存在于话语的体系和结构之上，它经常被隐藏起来，但却为日常的行为提供了动力，甚至在最愚蠢的制度中也存在思想，甚至在沉默的行为中也存在思想。"关键在于如何发掘那一时代思想的表现形式。张寿安言：如果"坚持使用'理学'这个秤，去衡量乾嘉义理学，不但要大失所望，更可以坦白而直截地说，这根本是缘木求鱼。"诚哉斯言。其所著《十八世纪礼学考证的思想活力——礼教论争与礼秩重省》便以坚实的考据、绵密的论证，呈现出被视为"经生之绪余"的 18 世纪的礼学考证中是如何活跃着关于"时代议题"之讨论，"其迫切性与崩裂性令人扼腕"。余关于《四库全书总目》的研究，亦旨在掘发在这部被视为"汉学思想的结晶体"的目录学著作，又是如何杂糅着帝王意志与学者意识，从一个侧面映现出 18 世纪的思想脉动的。

　　然而，前述研究虽然揭示了乾嘉时期并非思想荒漠，但普遍回避了一个基本问题，即"清代新义理学中是否亦有形上之思？"而直面这一问题的就是彬彬君的这部《〈周易〉诠释与清代新义理学的思想源流》书稿。

　　《易》原本是上古卜筮书之泛称，战国时代《易传》形成，在六十四卦卦象变化的组合规律中演绎出了一套统贯天人的哲理体系，牟宗三《周易的自然哲学与道德函义》中说："《周易》全是以'卦象'或'卦号'来表象世界。卦象间的关系即是表示世界的关系；解说卦象即是表示吾人对于世界之知识。"此论实阐述了《周易》诠释学的两个重要特征：其一，用来表象世界的"卦象"或"卦号"均是抽象符号，由此决定了关于《周易》的诠释有极大的空间，诚所谓"《易》无达占"，"《易》道广大，无所不备"。其二，"解说卦象即是表示吾人对于世界之知识"。这里的"吾人"即解说《周易》者，换言之，如何解说卦象，取决于"吾人对于世界之知识"的状态与程度，此论颇近于伽达默尔的"前见"之说。高亨先生言："《易传》解经与《易经》原意往往相去很远。"余固不知何为"《易经》之原意"，亦不知如何抵达《易经》原意之彼岸，惟知"一千个读者眼中就会有一千个哈姆莱特"，一千个释《周易》者也会有一千个关于《周易》"原意"的表达。

　　如姚著所言："由于《周易》哲学的完成，使得《周易》成为儒家元典中独一无二的具备统贯天人的完整哲学体系之著作。"而关于天人关系的哲学讨论，不可避免地以形上论辨为主要途径。《四库全书总目》说"夫《易》之为书，广大悉备"，"心性之理未尝不蕴《易》中"。故彬彬认为："汉代以降的学人，凡言及义理之学，皆不可避免地援《周易》为元典资源，对其不断进行'创造性诠释'。"无论是汉代象数派的"象能尽意"，还是魏晋王弼等"得意忘象"，"其实都无非旨在探讨形上的本体论问题乃至世界和宇宙的生成演运模式"。宋儒言理、言气、言数、言命、言心、言性，亦无不从《周易》诠释中衍出。由此，姚著论断："在一定意义上，研《易》者几无不涉及义理。易学研究本身就可以视为中国传统的义理学之一大统系。"本书正是基于这样的思想背景，来研究乾嘉学者的《周易》诠释，由此直接切入乾嘉新义理学中的"形上之思"视域。

关于清代学者的《周易》诠释，当代学界创获已颇丰富。如汪学群之《清初易学》、林忠军等著《清代易学史》等，已展开叙述了清代易学沿革之波澜起伏。于王夫之、胡煦、黄宗炎、惠栋、张惠言、焦循等人的易学研究亦有广泛讨论。彬彬君又出以新意，着力发掘清代学者在《周易》诠释中的形上之思，揭示乾嘉学者虽然以"由训诂以明义理"，由小学以通经明道，为学术宗旨，与宋儒"摆落训诂，直寻义理"别分两途，但同时亦以《周易》诠释为主要路径，讨论"性与天道"的相关核心范畴。如果说，张寿安以《十八世纪礼学考证的思想活力——礼教论争与礼秩重省》呈现了在乾嘉考据中活跃着丰富的思想，那么，姚彬彬的《〈周易〉诠释与清代新义理学的思想源流》则以清儒的《周易》诠释呈现了清儒的义理论辨。两者互为补充，构成更为完整的"乾嘉新义理学"的思想版图。

余与彬彬君因"乾嘉新义理学"而相识相交，又因诸多喜好与观念相近而成忘年之友。彬彬君聪慧敏锐，不羁不俗，文史功底扎实，于中西哲学思想多有涉猎，又兼研习佛学，颇悟禅理，故于思想史研究别具优势。其书稿既深入易学诠释，又返身于"乾嘉新义理学"之大格局，剖析源流，辨章学术、评骘精当，颇有可观之处。称之为"入乎《易》内，出乎《易》外"，诚如其分。

余不敏，于"易学"领域向怀敬畏之心，平生向未作专门研究。彬彬君书稿既成，丐余一言以序其端，余逊谢不获已，谨述余于《四库全书总目》与"乾嘉新理学"之治学经历与阅读过程中之所思所想，勉之为序。

周积明
辛丑年十二月初三
于汉口滨江苑

目　　录

导言：清代以来"汉学""宋学"与"考据""义理"概念意涵
　　　之分合 ……………………………………………………（1）

第一章　清代义理学研究与争议的学术史回顾 ……………………（11）
　　第一节　章太炎与刘师培对清学的系统总结 ………………（11）
　　第二节　梁启超、胡适的"文艺复兴"说与侯外庐的
　　　　　　"早期启蒙"说 ………………………………………（20）
　　第三节　钱穆的清学"延续宋明理学"说及熊十力对乾嘉
　　　　　　学派的批判 …………………………………………（29）
　　第四节　当代学者的有关研究及"新义理学"概念的确立 ………（39）

第二章　汉代象数易学发展源流及其在清代的复兴 ……………（54）
　　第一节　《周易》经传的形成与汉代象数易学 ……………（56）
　　第二节　《周易》最高圣典地位在汉代的确立 ……………（66）
　　第三节　清儒对汉代《周易》象数学的复兴 ………………（73）
　　第四节　清代民间对《周易》的神圣化信仰 ………………（83）

第三章　清代"气本论"思想源流与《周易》诠释 ……………（88）
　　第一节　汉代易学的"卦气"说与气论哲学 ………………（89）
　　第二节　接续汉唐气论思想的张载易学及其对清初诸儒的
　　　　　　影响 ………………………………………………（107）
　　第三节　惠栋"以气为元"的《周易》诠释 ………………（121）
　　第四节　戴震的义理学与《周易》诠释 ……………………（136）
　　第五节　从气本论转向自然主义的焦循易学 ………………（149）
　　第六节　关于清代"气本论"哲学的晚近争议 ……………（165）

第四章　清儒的"以经释经"与"以《易》解经" ……………… (176)

　　第一节　"以经释经"与"以《易》解经"界说 ………… (176)

　　第二节　汉儒"以经释经"的《周易》诠释及在清代的
　　　　　　接续 …………………………………………… (186)

　　第三节　"以《易》解经"的宋学渊源 ………………… (202)

　　第四节　胡煦、焦循的"以《易》解经"理论与实践 ………… (218)

　　第五节　太谷学派易说及其后学的"以《易》解经" ………… (227)

结语：走向"近代性"的《周易》诠释 ……………………… (245)

主要参考文献 …………………………………………………… (253)

后　记 …………………………………………………………… (262)

导言：清代以来"汉学""宋学"与
"考据""义理"概念意涵之分合

一

中国古典学术有"汉学"与"宋学"的分野，此二词被确立为彼此分列的学派意义，始于清儒。《四库全书总目提要》谓"自汉京以后，垂二千年，儒者沿波，学凡六变"，但"要其归宿，则不过汉学、宋学两家，互为胜负"①。不过，查考古人撰述，"宋学"与"汉学"二词渊源甚早。"宋学"一词，于元明诸儒著述中已时有见之，元代理学家吴澄在其《故县尹萧君墓志铭》中，称赞志主之季子肖士资"器识超异，绍宋学，文艺最优"②，此之所谓"宋学"，似仅以国号名前代之学术思想。而明儒邓元锡《潜学编》卷十云："宋学主理，晚乃辟支于知识以名理，而迷离于本。王文成公始悟心之良知。"③ 蔡汝楠为唐枢《酬物难》所撰之《叙》云："夫义理之辨，枝蔓于季宋之世；学问之首，即困以事物之难。岭越互明，得闻心学。先生弘以自得，广庸同志，呶呶群言，比幸甫息。《酬物》之著，物物而酬之，则是重立宋学之帜，而矛盾于师门之说。"④ 可见明儒所谓之"宋学"，特指程朱理学及与之相关的格物之学，以之区别于王守仁心学。而"汉学"一词，宋儒著述中已有所见，如刘克庄《季父易藁序》："易学有二：数也、理也。汉儒如京房、费直诸人，皆舍章句而谈阴阳灾异，往往揆之前圣而不合，推之当世而少验。至王辅嗣出，始研寻经旨，一扫汉学，然其弊流而为玄虚矣。"⑤ 此专指汉代象数易学，系与王弼开启的义理派易学相对而称者。王弼扫除象数，以《周易》所阐为"六合

① （清）永瑢、纪昀主编：《四库全书总目提要》，海南出版社1999年版，第13页。

② （元）吴澄：《故县尹萧君墓志铭》，《全元文》第15册，凤凰出版社2005年，第528页。

③ （明）邓元锡：《潜学编》，明万历三十五年左宗郢刻本。本书所引用刻本古籍文献，皆据"爱如生中国基本古籍库"原刊影印电子版。

④ （明）蔡汝楠：《酬物难叙》，载（明）董斯张辑《吴兴艺文补》卷34，明崇祯六年刻本。

⑤ （宋）刘克庄：《后村居士集》卷24，宋刻本。

之外"天道之玄言，为宋明儒讲求天道性命之旨开启先河，故清儒纪昀认为："平心而论，《易》自王弼始变旧说，为宋学之萌芽。"① 由此可见，通过对易学学派沿革的分判，汉、宋二学之门户意识，于宋世已微见端倪。

清代学术史上汉学、宋学对立意识的清晰呈现，则始于"汉学"作为学派的正式独立，钱穆先生指出："汉学之称始于三吴惠氏。"② 惠栋（1697—1758）平生考据汉代象数易学原旨，启清儒"汉学"名义之端绪，此后汉、宋分论，渐成通说，概念意涵则扩展为两种经学的研究范式："汉学"非特指易学之一端；而举凡理气心性之辨，无论程朱抑或陆王，皆称"宋学"。

总结乾嘉以降清儒的惯常理解，汉学派的方法侧重文献训诂，在其治学价值取向上颇近于现代历史学之径路，其对待经典的诠释原则为"我注六经"；宋学派以孔子为哲人，以儒家经典为载道之具，偏重于有关理气心性的哲学思辨，尤重道德论，其对待经典的诠释原则为"六经注我"。周予同先生说：

> "汉学"一派学术的存在，固远在两汉时代；但"汉学"这名词的采用，却在清代"汉学派"复兴的时候。"汉学"这名词乃由于与"宋学"对峙而成立。所谓"汉学"，因为它产生于汉代；所谓"宋学"，因为它产生在宋代，也就是指……宋、元、明时代的学术思想的主潮而言。中国从两汉一直到清末以前，这二千余年的长时期中，所谓学术思想就以"汉学"和"宋学"为两大主潮。③

事实上，如果不拘泥于乾嘉时期部分学者的门户意识，而回归清代学术的原初语境上而言，"汉学"并非指狭义的"汉代学术"，而是指发端于汉代，旨在研究经典文献中的名物训诂问题的学问，刘师培曰："古无汉学之名，汉学之名始于近代，或以'笃信好古'该汉学之范围。然治汉学者，未必尽用汉儒之说；即用汉儒之说，亦未必用以治汉儒所治之书。是则所谓汉学者，不过用汉儒之训诂以说经，及用汉儒注疏之条例以治群书耳。"④

---

① （清）纪昀：《阅微草堂笔记》，上海古籍出版社 2016 年版，第 8 页。
② 钱穆：《〈清儒学案〉序》，《中国学术思想论丛》第 8 册，生活·读书·新知三联书店 2019 年版，第 431 页。
③ 周予同：《"汉学"与"宋学"》，《周予同经学史论》，上海人民出版社 2010 年版，第 217 页。
④ 刘师培：《近代汉学变迁论》，《刘师培论学论政》，复旦大学出版社 1990 年版，第 133 页。

就此而言，"汉学"实即"考据学"之别称。漆永祥指出，清代以降称"考据学"之名众多："如戴震、段玉裁、凌廷堪等人常称考核学，《四库提要》多称考证学，孙星衍、江藩等人则称考据学，另有朴学、实学、汉学、制数学、名物典制之学等通称，近今人则多称为乾嘉学术或乾嘉考据学。"① 盖清人所谓"汉学"的具体意涵，本为一种研究文献的治学方法取向。某一学者取"汉学"之法治经，其实并不妨碍他同时也兼有其"义理"方面的追求，如陈登原先生所说："清人之学，非汉学所能包，即有汉学，亦与汉人有异；汉人之学，亦不限于名物训诂。"② 故清代早期学者，在"考据"和"义理"二者间尚未形成"非此即彼"的观念。就"清学之开山"，也就是明末清初的顾炎武、黄宗羲、王夫之而言，他们皆对"宋学"有自己的裁断和取向，孙钦善指出："从总的思想倾向看，王夫之和顾、黄一样，也是反对宋明理学的。但细分起来，三人还有些差别，即：顾炎武反对陆、王，修正程、朱；黄宗羲修正陆、王，反对程、朱；王夫之则宗师张载，修正程、朱，反对陆、王。"③ 首擎"汉学"旗帜之惠栋，虽颇不慊于宋人经说，却亦服膺乃父惠士奇（1671—1741）"六经尊服、郑，百行法程、朱"的名论，不否定宋儒之学在士人立身修德上可资取法的价值。

　　清初学者的"宋学"渊源与瓜葛，钱穆先生早年在《中国近三百年学术史》中已有颇多论述，其开宗明义谓：

　　　　治近代学术者当何自始？曰：必始于宋。何以当始于宋？曰：近世揭橥汉学之名以与宋学敌，不知宋学，则无以平汉宋之是非。且言汉学渊源者，必溯诸晚明诸遗老。然其时如夏峰、梨洲、二曲、船山、桴亭、亭林、蒿庵、习斋，一世魁儒耆硕，靡不寝馈于宋学。继此而降，如恕谷、望溪、穆堂、谢山乃至慎修诸人，皆于宋学有甚深契诣。而于时已及乾隆，汉学之名，始稍稍起。而汉学诸家之高下浅深，亦往往视其所得于宋学之高下浅深以为判。道咸以下，则汉宋兼采之说渐盛，抑且多尊宋贬汉，对乾嘉为平反者。故不议宋学，即无以识近代也。④

① 漆永祥：《乾嘉考据学研究》（增订本），北京大学出版社2020年版，第1页。
② 陈登原：《国史旧闻》第3册，中华书局2000年版，第524页。
③ 孙钦善：《中国古文献学史》下，中华书局1994年版，第886—887页。
④ 钱穆：《自序》，《中国近三百年学术史》上，商务印书馆1997年版，第1页。

又谓："明清之际，诸家治学，尚多东林遗绪。梨洲嗣轨阳明，船山接迹横渠，亭林于心性不喜深谈，习斋则兼斥宋明，然皆有闻于宋明之绪论者也。不忘种姓，有志经世，皆确乎成其为故国之遗老，与乾嘉之学，精气复绝焉。"① 以汉、宋二学之分立，乃至渐成势如水火之势，始于乾嘉。

就乾嘉时期的"钦定"《四库全书总目提要》而言，其所谓"夫汉学具有根柢，讲学者以浅陋轻之，不足服汉儒也，宋学具有精微，读书者以空疏薄之，亦不足服宋儒也"②。由这类叙述看，当时的"汉学"与"宋学"已然习惯性代指"考据"与"义理"二学之分途。彼时首倡学问之途有"义理""考核""文章"三分说者为戴震（1724—1777），认为"义理"与"考核"（即"考据"）二者当是相济为用，相互支撑的关系，文章（即"辞章"）之术则为"等而末者"之事，微不足道。③ 王鸣盛（1722—1798）则有"义理""考据""经济""词章"四分之说，认为："四者皆天下所不可少，而能兼之者，则古今未之有也。……是故义理与考据，常两相须也；若夫经济者事为之末，词章者润色之资，此则学之绪余焉已尔。"④ 亦兼重"义理"与"考据"二者。

不过，将传统学问严格划定汉宋之别的畛域，壁垒森严，恐怕是当时学界的一种客观情形。惠栋的再传弟子江藩（1761—1831）所撰《汉学师承记》，列汉学学者五十六人，又撰《宋学渊源记》，列宋学学者三十九人。然其并不掩饰自己的学术思想倾向，在《汉学师承记》卷一中，江藩几乎彻底全盘否定宋明儒学的价值，谓：

> 宋初承唐之弊，而邪说诡言，乱经非圣，殆有甚焉。如欧阳修之《诗》，孙明复之《春秋》，王安石之《新义》是已。至于濂、洛、关、闽之学，不究礼乐之源，独标性命之旨，义疏诸书，束置高阁，视如糟粕，弃等弁髦，盖率履则有余，考镜则不足也。元明之际，以制义取士，古学几绝，而有明三百年，四方秀艾困于帖括，以讲章为经学，以类书为博闻，长夜悠悠，视天梦梦，可悲也夫！⑤

① 钱穆：《中国近三百年学术史》上，商务印书馆1997年版，第1页。
② （清）永瑢、纪昀主编：《四库全书总目提要》，海南出版社1999年版，第13页。
③ （清）戴震：《与方希原书》，《戴震集》，上海古籍出版社2018年版，第189页。
④ （清）王鸣盛：《西庄居士始存稿》卷25《王慧思先生文集序》，《续修四库全书》第1434册，上海古籍出版社2002年版，第327页。
⑤ （清）江藩：《国朝汉学师承记》，中华书局1983年版，第3页。

《汉学师承记》由江藩在嘉庆二十三年（1818）刊刻于阮元幕府，宗宋学的桐城派姚鼐（1732—1815）弟子方东树（1772—1851）读此书后大为愤慨，于道光六年撰《汉学商兑》痛诋汉学，其中谓："近世有为汉学考证者，著书以辟宋儒、攻朱子为本，以言心、言性、言理为厉禁。""历观诸家之书，所以标宗旨，峻门户，上援通贤，下奢流俗，众口一声，不出于训诂小学、名物制度。弃本贵末，违戾诋诬，于圣人躬行求仁修齐治平之数一切抹杀。名为治经，实足乱经；名为卫道，实则畔道。"① 在他的《辨道论》一文中斥责"汉学"曰：

> 以六经为宗，以章句为本，以训诂为主，以博辨为门，以同异为攻，不概于道，不协于理，不顾其所安，鹜名干泽，若飘风之还而不觉，亦辟乎佛，亦攻乎陆、王，而尤异端寇雠乎程、朱，今时之弊盖有在于是者，名曰"考证汉学"。②

由此可见，在乾嘉后期的宋学派学者看来，所谓"汉学"无非"考证"，以之为无关安身立命、不顾大道精义的饾饤琐屑之学；反之，在汉学家眼中，所谓"宋学"也不过都是些纯任主观空谈"义理"的游谈无根之论。

二

克实而言，中国古典学术中"义理"与"考据"之分途由来已久，《四库全书总目提要》中谓二者"垂二千年"彼此"互为胜负"的情形，是基本符合史实的，漆永祥指出：

> 在中国古代学术史上，义理与考据之争萌于先秦，成于两汉，分途于宋。将义理之学归之为阐释心性，将考据之学归之以训诂考订，始于北宋，明确提出义理、考据、词章三分的即为程颐，他认为"古之学者一，今之学者三，异端不与焉。一曰文章之学，二曰训诂之学，三曰儒者之学。欲趋道，舍儒者之学不可"。文章即词章，训诂即考据，异端即释道，而儒者之学即指义理之学，此说一出，遂成为后人学术分类及分派之主要观点，也形成了宋代学者重义理而轻考据

---

① （清）方东树：《汉学商兑》，上海古籍出版社 2018 年版，第 1 页。
② （清）方东树：《考槃集文录》，上海古籍出版社 2010 年版，第 99 页。

的风气，延及南宋，便成为朱、陆在求道方法论上水火不容的争论议题。故《四库提要》直截了当地认为自宋以来"义理之学与考证之学分途久矣"。①

清代乾嘉时期学风自以汉学为盛，"乾嘉以来，家家许郑，人人贾马，② 东汉学烂然如日中天矣"③。与汉学立异、维护宋学的则以方苞、姚鼐、翁方纲等"桐城派"文士为主，晚清曾国藩崛起，其学以宋学为主，主张调和汉宋，又为宋学的发展带来了一股活力，形成钱穆所说"道咸以下，则汉宋兼采之说渐盛，抑且多尊宋贬汉"之状况。汉学与宋学，同时也是对待传统文化的两种态度，简单说即"求史实之真"与"求义理之通"的分野，晚近以来双方仍然壁垒森严，若近代"整理国故"运动所持以汉学原则为主，作为"文化保守主义者"的新儒家群体仍是宋学学脉。乃至在 1928 年成立，由傅斯年执掌，后迁至台湾地区的"史语所"之所以与牟宗三等"第二代新儒家"及其后学关系几近势如水火，其中亦有"汉宋之争"的思想背景隐含其中。

由于近代以来章太炎、胡适、顾颉刚、傅斯年这一系主导时代文化风气的学者均总体上持"尊汉抑宋"的态度，并隐隐然对于新儒家学派的"文化保守主义"有所压制，无论在思想取向上，乃至学界恩怨导致的微妙心态上，都导致了新儒家群体总体上对清代学术评价不高。1950 年前后，新儒家学者群中除了老一辈的马一浮、熊十力、梁漱溟等选择留在内地，稍晚一辈的，尤其是熊十力门下弟子们，大多选择在后半生居于港台。1958 年，由唐君毅、张君劢、牟宗三、徐复观联署发表《为中国文化敬告世界人士宣言》，这一文件的发表"标志着海外新儒学的真正崛起，同时意味着中国儒学的现代转化进入新的阶段"④。他们认为，当代中国文化欲汲取现代西方文明中的科学、民主与政治制度的成果，需要跟儒学结合而完成转化。而儒学中的"心性之学乃中国文化之神髓所在"⑤，当以心性之学为本源。宣言明确反对清代至"五四"期间，主流知识界对于心性

---

① 漆永祥：《乾嘉考据学研究》（增订本），北京大学出版社 2020 年版，第 202 页。
② 许，许慎，《说文解字》的著者；郑，郑玄，马融弟子，曾编注群经；贾，贾逵，专攻《春秋左氏传》；马，马融，东汉经学大师，设帐讲经，授徒千数。
③ 梁启超：《清代学术概论》，上海世纪出版集团 2005 年版，第 62 页。
④ 颜炳罡：《中国儒学的现代转化》，《人民日报》（海外版）2013 年 2 月 20 日。
⑤ 牟宗三、徐复观、张君劢、唐君毅：《中国文化与世界》，载唐君毅《文化意识宇宙的探索——唐君毅新儒学论著辑要》，中国广播电视出版社 1992 年版，第 346 页。

之学的排斥，认为未来当以儒学的心性之学为基础和本位，完成中西哲学的会通，进而由"内圣"开出民主的"新外王"。1960年代末起，新儒家或者说"新宋学"，终于迎来了他们的黄金时代。由此，新儒家的"清学观"，也逐渐在学界引起较大影响。

其中，牟宗三对清代学术的总体判断表明了延续宋明儒学义理学脉络的现代新儒家的典型立场，他讲中国哲学一向只讲到明末为止，在牟宗三看来，清儒并无对形而上问题的真切思考。他在《中国哲学十九讲》中的一段话概括了他对清学的总体判断：

> 满清三百年统治对中华民族的影响极大。……中国亡于满清，满清的统治是军事统治、异族统治，它不能承中国传统文化的精神，所以知识分子完全变了。这一变，影响就很大。所以我们讲中国的学问，讲到明朝以后，就毫无兴趣了。这三百年间的学问我们简直不愿讲，看了令人讨厌。①

牟氏全盘否定清代学术的观点主观立场鲜明，其成因应该是多方面的：首先，当然是汉、宋之争这一传统基本观点的延续；其次，乃师熊十力曾在《读经示要》诸书中亦表达过对清学的不满，当亦有师承的影响；再次，与牟氏平生颇有恩怨的胡适、傅斯年等一向推崇清学，这里面难免也会渗透了一些微妙的心理情结；最后，牟氏以"五四"新文化运动为清代汉学精神的衍生，故否定清学的态度又与他的文化立场相关。——牟宗三之说虽只能视为"一家之言"，但影响相当不小，台湾学者郑吉雄指出："回顾二十世纪出现过的诸种《中国思想史》《中国哲学史》一类书籍，受到前述提倡宋明理学的观点的影响，凡涉及清代思想，总表达了种不太想讲、但又不得不讲的态度，因此这一类思想史论著中'清代'的部分，普遍显得支离、片断，模糊不清。撰著者往只取黄梨洲（黄宗羲，1610—1695）、戴东原、康南海（有为，1858—1927）、谭复生（嗣同，1865—1898）等数人，稍作介绍，亦不认为彼等为第一流的思想家。对于清代思想的本质，或模糊处理，或语焉不详。总的来说，百年来关于清代学术的论点虽多，但对于清代思想真精神，能中肯綮中肯綮的论点其实甚少。"②

---

① 牟宗三：《中国哲学十九讲》，台湾学生书局1983年版，第418页。
② 郑吉雄：《从乾嘉学者经典诠释论清代儒学的属性》，载彭林编《清代经学与文化》，北京大学出版社2005年版，第249页.

就 20 世纪末以前的情况看，郑吉雄的这一叙述基本符合事实，① 由此，清代学术（尤指乾嘉汉学）有无义理学，（如果有）其价值究竟如何，构成了学界的争议问题。

三

乾嘉以来汉宋之分的学术壁垒的形成，更多的是一种学术共同体"阵营"形成后的一种简单化的解释模式，在这种环境下，作为当局者自难免也会出现非此即彼的反向选择。但平心而论，"汉学"群体的学者，其中亦多有对义理问题颇有关注并有所创见者，"宋学"群体的学者，也未必都不重视训诂考据。这并非一个"二选一"的问题，最多只能是在"义理"与"考据"之间有所偏重。因此，所谓"清代有无义理学"这一问，事实上并不构成一个真命题。

凡有关哲学思想方面的思考探索，均可称"义理"，"至迟在东汉初，'义理'已取得了它 18 世纪以来所具有的最流行的意义，即：它不同于具体的言语名物的训诂考证，而是对历史事件、世界、宇宙及人生等等问题的理论性的思考"②。"义理"自非宋明儒所专有之学，正如"考据"也并非汉儒或清儒专有之学。晚清经学家皮锡瑞（1850—1908）曾指出，考据学本至宋始盛，谓：

> 谓汉学出自汉儒，人皆知之；汉学出自宋儒，人多不知。国朝治汉学者，考据一家、校刊一家、目录一家、金石一家、辑搜古书一家，皆由宋儒启之。宋以前，著书讲考据者，如《颜氏家训》《匡谬正俗》之类甚少，至宋，此等书极多，《容斋五笔》《困学纪闻》最有名，他如《梦溪笔谈》《野客丛书》《考古质疑》《能改斋漫录》

---

① 黄爱平《"乾嘉新义理学"与清代汉学研究》文中总结晚近倾向于认为清代学术缺乏义理关怀和思想性的看法众多，如："1978 年，台湾学者陆宝千著《清代思想史》，在论及清代经学时，即断言：'考据之本无与于义理也'，故'清儒之学，琐屑纤细，乃其本色，并无宗旨之可言也。究其本质，是术而非学'。朱维铮于 1999 年发表《清学史：学者与思想家》，认为'清代在中国学术史上呈现的辉煌，与它在中国思想史上显示的沉闷，恰成反比'，由此表明，不仅'学问与思想殊途而不同归是可能的'，而且'学者与思想家判然有别'。葛兆光在 2000 年出版的《中国思想史》第 2 卷中，也认为清代学术思想界处于一种普遍的'失语'状态，造成这种情形的原因，不仅在于高压政策，更重要的还在于'国家与权力通过真理的垄断对于生活和思想的控制。'"（"近代中国与近代文化"学术研讨会会议论文，北京，2007 年 6 月，第 137—138 页）

② 吴通福：《清代新义理观之研究》，江西人民出版社 2007 年版，第 2—3 页。

《学林》之属，指不胜屈，是考据一家，始于宋儒也。古无刊板，故无校刊。至宋，乃有宋公序校《国语》，三刘校《汉书》，是校刊一家，始于宋儒也。古无目录之学。至宋，乃有《崇文总目》、晁公武《郡斋读书志》、陈振孙《直斋书录解题》、高似孙《子略》，是目录一家，始于宋儒也。古无金石之学。至宋，乃有欧阳公《集古录》、赵明诚《金石录》、洪氏《隶释》《隶续》、娄氏《汉隶字源》，是金石一家，始于宋儒也。古无搜辑古书之学，至宋，乃有王厚斋考《三家诗》，辑郑《易注》，是搜辑古书一家，始于宋儒也。汉学专门精到之处，自视宋儒所得更深，然觞源导自前人，岂宜昧所自出！以此推论，则汉宋两家之交哄，夫亦可解纷矣。①

张舜徽先生亦指出，“当乾嘉朴学极盛时，举世以征实博考相高，鄙蔑宋儒空疏不足道，诋讥朱子尤厉”，实则朱子于文献考据之学亦甚有贡献，得风气之先，“有清一代之学术，莫不渊源于两宋”，“两宋诸儒实为清代朴学之先驱”②，其说与皮锡瑞基本符契。钱穆所撰《朱子新学案》特辟“朱子之考据学”一节，谓“清儒标榜考据之学，以与宋儒义理之学为敌对。校勘训诂，皆考据也。而考据之事则不仅于校勘训诂。朱子于考据，既精且博”，“朱子未尝不知学问中不可无考据，又己性好之，然在全体学问中，考据一项，自有其应占之地位”③。即使高度评价清儒之学具有“科学精神”的胡适、傅斯年等亦不讳言于此，胡适谓：“这种考证方法不用来自西洋，实系地道的国货。三百年来的考证学，可以追溯到宋，说是西洋天主教耶稣会士的影响，不能相信。我的说法是：由宋渐渐的演变进步，到了十六七世纪，有了天才出现，学问发达，书籍便利，考证学就特别发达了，它的来历可以推到十二世纪。”④傅斯年则说：“近千年来之实学，一炎于两宋，一炎于明清之际。两宋且不论，明中世后焦竑、朱谋㙔、方密之实开实学之风气。开风气者为博而不能精……（清代）亭林（顾炎武）、百诗（阎若璩）谨严了许多。然此时问题仍是大问题，此时材料仍不分门户也；至乾嘉而大成。”⑤

---

① （清）皮锡瑞：《南学会讲义》，《皮锡瑞全集》第 8 册，中华书局 2015 年版，第 44—45 页。

② 张舜徽：《广校雠略·汉书艺文志通释》，华中师范大学出版社 2004 年版，第 95—96 页。

③ 钱穆：《朱子新学案》第 5 册，九州出版社 2011 年版，第 309 页。

④ 胡适：《考证学方法之来历》，《胡适全集》第 13 册，安徽教育出版社 2003 年版，第 133 页。

⑤ 傅斯年：《致王献唐》（1931 年 4 月 20 日），《傅斯年全集》第 7 卷，湖南教育出版社 2000 年版，第 100—101 页。

故以"宋学"回归其自身的历史语境中，理解为"有宋一代之学术"，其特征固然为理气心性之义理学辨析，然实亦考据学滥觞之世。同样，若以"汉学"指称"汉代学术"，其中亦自有丰富的义理学资源。按周予同先生的意见，"汉学"之中，可分"三大派"，其中"今文学派"在思想方面"相信'天人相与'的学说，而专谈阴阳、占验、灾异"。另外的"古文学派"与兼采今古文（但主要倾向于古文经说，以汉末郑玄为代表）的"通学派"，他们的"迷信色彩"要"比今文派减少些"①。今文学派的那些"天人相与"之说其实正是汉儒典型的义理学思想，古文学派在这方面虽然"减少些"，但也一样热衷于谶纬。有学者研究指出："在东汉之前，古文经师对于谶纬基本上持赞同态度，在思想上还影响了谶纬，如刘歆的很多思想在谶纬中都有体现。王莽一方面利用'符命'和谶纬为自己篡夺政权积极制造舆论，另一方面在政治改制上则主要依靠古文经学。到了东汉，谶纬取得了'国宪'的地位，虽然遭到一些古文经师的批评，但由于其不可置疑的地位，古文经师也积极从图谶中寻找资源以争取上层的认可。"② 所谓"通学派"的郑玄也一样如此，亦"以木火土金水五行，统辖时令、方向、神灵、音律、肤色、臭味、道德。并将帝王之系统及国家之制度，纳入其中"③。两汉学术思想之共性，实如顾颉刚所言："汉代人的思想的骨干，是阴阳五行，无论在宗教上、在政治上、在学术上，没有不用这一套方式的。"④

清儒取法汉儒经说，虽以文辞训诂为主，以为汉儒"去古未远"，其说比宋明儒可信。但他们在研究"汉学"的过程中，不可能不受到汉儒的这些可称为一套"自然哲学"的义理思想的影响和濡染。——汉儒的这套旨在贯通"天人之际"的哲学思考，最集中地表现在他们的"象数"《易》说之中，而复兴象数派易学，亦为乾嘉汉学的主要构成部分之一。举凡乾嘉时期有"通儒"之称者，若惠栋、戴震、焦循这三代学人，惠、焦皆以研究易学名家，戴震则常取《周易》经传之说来证成自己的思想体系，在一定意义上说，乾嘉诸儒并未忽视对于宇宙人生的形而上思考，他们在这方面的探讨，大多隐含在他们的易学研究中，清儒的"新义理学"构建与《周易》关系密切，这也是本书试图着力阐发的方向。

---

① 周予同：《"汉学"与"宋学"》，《周予同经学史论》，上海人民出版社2010年版，第218页。
② 任蜜林：《谶纬与古文经学关系之再检讨——以刘歆为中心》，《哲学动态》2019年第7期。
③ 吕凯：《郑玄之谶纬学》，台湾商务印书馆1982年版，第40页。
④ 顾颉刚：《秦汉的方士与儒生》，上海古籍出版社2005年版，第1页。

第一章 清代义理学研究与争议的
学术史回顾

对清代思想学术的系统总结，于 20 世纪最初的几年肇始，彼时乾嘉学派之流风未绝，若俞樾、孙诒让、章太炎、刘师培等，皆学有深造。清代后期又有宋学派、今文经学派崛起，呈现鼎足之势。其中，章太炎、刘师培投身于共和革命，深察清代专制统治日薄西山、奄奄将亡，故以董理一代学术为己任，于清儒之学术分期、派别乃至论学得失，提纲挈领，详为分判。清朝灭亡后，由于清学得失之辨，与当时的"中西""古今"学理之争关系密切，许多知名学者若梁启超、胡适、钱穆等，对清学开展了更为深入和系统的研究，立足于多种学术视角，所见颇有异同。有关清儒思想义理得失之争，更是延续百年，迄今仍为学界之重要议题。

第一节 章太炎与刘师培对清学的系统总结

一

章太炎先生（1869—1936）被后人称为清代学术之"殿军"，也是乾嘉汉学这一学术脉络中的最后一位大师。作为跨越新旧时代、承先启后的代表性学人，太炎在 1900 年后撰写了《清儒》之篇，后收入其 1904 年的《訄书》重订本中，立足于乾嘉汉学的基本立场，首次对清代学术脉络进行了系统总结。

《清儒》中提出，乾嘉学人之所以集中关注经典本身的文献考据，实有清廷统治者在文化方面施行高压专制政策的原因，故"多忌，故歌诗文史梏；愚民，故经世先王之志衰。家有智慧，大凑于说经，亦以纾死，而其术近工眇踔善矣"①。这一观点立足于宏观的历史背景出发，相当有道

---

① 章太炎：《清儒》，《章太炎全集》第 3 册，上海人民出版社 1984 年版，第 155 页。

理，也深刻影响了后来的学者，成为后世清学研究的基本视角之一。

《清儒》把清代学术史划分为清初、乾嘉、道咸三个阶段，并指出每个阶段皆有其不同的学风特色。第一阶段"始故明职方郎昆山顾炎武……皆为硕儒。然草创未精博，时糅杂宋、明谰言"。第二阶段"其成学著系统者，自乾隆朝始。一自吴，一自皖南"。第三阶段始于"道光末，邵阳魏源……三者皆好为姚易卓荦之辞"①。此说亦被后来的学者遵从，有学者指出："其后梁启超（1904/1920）、邓实（1905）、皮锡瑞（1907）、王国维（1919）、钱穆（1942）、张舜徽（1963）等学者的研究，皆从太炎之说。"② 王国维在《沈乙庵先生七十寿序》（1919）中的有关论述，尤可视为此说的注脚：

> 我朝三百年间，学术三变：国初一变也，乾嘉一变也，道咸以降一变也。顺康之世，天造草昧，学者多胜国遗老，离丧乱之后，志在经世，故多为致用之学。求之经史，得其本原，一扫明代苟且破碎之习，而实学以兴。雍乾以后，纪纲既张，天下大定，士大夫得肆意稽古，不复视为经世之具，而经史小学专门之业兴焉。道咸以降，途辙稍变，言经者及今文，考史者兼辽、金、元，治地理者逮四裔，务为前人所不为，虽承乾嘉专门之学，然亦逆睹世变，有国初诸老经世之志。故国初之学大，乾嘉之学精，道咸以降之学新。③

此文撰于民国时期却仍称清朝为"我朝"，这是王国维他们当时自居"遗民"群体的写作习惯。章、王所见之差异，惟于"道咸以降之学"方面，太炎以为其驳杂不纯，王国维则对之评价颇高。

章太炎还对乾嘉学术的不同学派进行了清晰的分判，有江浙一带由惠栋创始的"吴派"，和安徽一带以戴震为核心人物的"皖派"："吴始惠栋，其学好博而尊闻；皖南始戴震，综形名，任裁断。"还有以章学诚为代表的"杂陈汉宋""独尊史法"的浙东之学。乾嘉之际桐城派姚鼐、方东树等标榜宋学，与朴学争锋，"文士与经儒始交恶"。又有常州庄存与、刘逢禄等倡今文经学，本诸《公羊》，"最善附会，牵引师说"，"杂以谶纬神秘之辞"，虽所治亦为汉儒之学，"其辞瑰玮，而文特华妙，与朴学者

① 章太炎：《清儒》，《章太炎全集》第3册，上海人民出版社1984年版，第156—158页。
② 孟琢：《清代学术的历史总结与思想突破——章太炎〈清儒〉的四重解读》，《北京师范大学学报》2017年第1期。
③ 王国维：《观堂集林》，浙江教育出版社2014年版，第502页。

异术"。至于晚清的魏源、龚自珍、邵懿辰等人，太炎认为他们"欲以前汉经术助其文采，不素习绳墨，故所论支离自陷，乃往往如谶语"①，几无可取。

太炎在《清儒》篇中总括乾嘉学术之得失的一段话尤为重要：

> 大氐清世经儒，自今文而外，大体与汉儒绝异。不以经术明治乱，故短于风议；不以阴阳断人事，故长于求是。短长虽异，要之皆征其文明。何者？传记通论，阔远难用，固不周于治乱；建议而不雠，夸诬何益？魑鬼、象纬、五行、占卦之术，以宗教蔽六艺，怪妄！孰与断之人道，夷六艺于古史，徒料简事类，不曰吐言为律，则上世社会污隆之迹，犹大略可知。以此综贯，则可以明进化；以此裂分，则可以审因革。故惟惠栋、张惠言诸家，其治《周易》，不能无掾摭阴阳，其他几于屏阁。虽或琐碎识小，庶将远于巫祝者矣。②

太炎在此已经明确提出"清世经儒"的"汉学"并不同于"汉儒之学"的观点，即以清学之特质不似汉儒那样急于用世，旨在通过经学来"明治乱"和"断人事"，认为那是庸俗的功利主义之俗学，而清儒治学无外旨在实事求是，其鹄的在学术之"真"而已。不过太炎的这一论断是有条件的，故谓"今文而外，大体与汉儒绝异"，必须把从庄存与、刘逢禄一直到廖平、康有为等主张西汉今文经学的这一派排除在外才行。由此可见，太炎心目中乾嘉学术的主流学风，是不包括今文经学的。

问题在于，如果要完全摒除汉儒的思想义理方面对清学影响的因素，仅排除旨在"应帝王"而"致用"的今文经学是不够的，事实上，太炎所言之"魑鬼、象纬、五行、占卦之术"中皆蕴含了以阴阳五行统摄万事万物的这种汉代自然哲学的观念底蕴，也可视之为构成部分。克实而言，清儒精研汉人诂经成果，虽然在文献研究上"以狱法治经"，恪守"审名实、重左证、戒妄牵、守凡例、断情感、汰华辞"③等相当理性的治学准则，但濡染汉儒经说既久，受到汉人思想乃至那些神秘主义元素的影响，也是自然而然的事情。对此我们看纪昀的《阅微草堂笔记》里面描述的当时的

---

① 章太炎：《清儒》，《章太炎全集》第3册，上海人民出版社1984年版，第156—158页。
② 章太炎：《清儒》，《章太炎全集》第3册，上海人民出版社1984年版，第158—159页。
③ 章太炎：《说林（下）》，《章太炎全集》第4册，上海人民出版社1985年版，第119页。

士林风气便会有所感受，在当时的士大夫群体中，占卜、风角、扶乩乃至谈狐说鬼之风相当盛行，即使如戴震这样的成就者，《阅微草堂笔记》也记录了不少他所叙述的灵异故事。至于太炎所提到的惠栋易学，也未必对这些东西全然"几于屏阁"，事实上，在惠栋的易学著述中，有关内容相当不少，太炎所述难免有一些过度的"理想化"了。

章太炎也是近代最早关注到戴震批判宋儒"以理杀人论"的思想价值者，他在《释戴》一文中指出戴震这种思想的成因是：

> 戴震生雍正末，见其诏令谪人不以法律，顾摭取洛、闽儒言以相稽，觇司隐微，罪及燕语。九服非不宽也，而迾之以丛棘，令士民摇手触禁，其蛊伤深。震自幼为贾贩，转运千里，复具知民生隐曲，而上无一言之惠，故发愤著《原善》，《孟子字义疏证》，专务平恕，为臣民恕上天，明死于法可救，死于理即不可救。[①]

丘为君总结章氏之意，谓"根据章太炎的诠释，戴震年幼时因困于生计，而必须以买卖维生，这种由甲地取货转运千里到乙地销售的生涯，使这位早熟而有大志的少年，得以一方面深刻地了解到上层社会无从体会的'民生隐曲'真相，另一方面也进一步地看清，统治阶层对下层社会的凄苦竟然'无一言之惠'的冷酷现实，坐任悲惨的黔首自生自灭。章太炎坚信，是基于此种社会政治背景，使这位18世纪的思想家得以发愤写出专为下层社会仗义执言的《原善》与《孟子字义疏证》等著作"[②]。这一说法当然是合理的，但章氏原文中还有另外的一层分析，即认为戴震之著隐含了对清廷君主"诏令谪人不以法律，顾摭取洛、闽儒言以相稽，觇司隐微，罪及燕语"这种话语霸权和思想专制的批判之意。太炎在《说林》文中更强调：

> 叔世有大儒二人，一曰颜元，再曰戴震……戴君道性善，为孟轲之徒，持术虽异，悉推本于晚周大师，近校宋儒为得真。戴君生雍正乱世，亲见贼渠之遇士民，不循法律，而以闽、洛之言相稽，哀矜庶戮之不辜，方告无辜于上，其言绝痛。[③]

---

① 章太炎：《释戴》，《章太炎全集》第 4 册，上海人民出版社 1985 年版，第 122 页。
② 丘为君：《戴震学的形成》，新星出版社 2006 年版，第 50 页。
③ 章太炎：《说林上》，《章太炎全集》第 4 册，上海人民出版社 1985 年版，第 118 页。

这一说法章氏平生多有言及，虽似言之成理，不过颇有"自由心证"的味道。因为，《孟子字义疏证》著成于乾隆年间，乾隆帝本人也颇不喜宋学，乾隆的这种主观倾向，四库馆臣迎合上意，在《四库全书总目提要》的撰述中有充分体现。① 纵观戴震平生经历和著述，似亦未见表现出倾向于民族主义的意识情结。章太炎的这一论断，其实更像是把自己的思想取向投射于戴震身上。不独对戴震之学如此，太炎对清儒成就的总体评价，其实也有这种微妙的倾向。

《释戴》篇中，太炎探讨戴震思想的形成，认为其"以欲当为理"之说明显受到了荀子思想的影响，但其归结仍为孟子的性善论而非荀子的性恶论。此外，可能还存在道家的自然主义思想印记。② 这些看法颇具洞见，章氏早年于"戴学"之推崇也是显而易见的。

章太炎晚年对宋明儒学发生了更大的兴趣，对宋明儒的评价有所提高，相应的对戴震的评价也发生了一定变化，他在 1932 年于北师大的讲座稿《清代学术之系统》中说：

> 江永弟子有金榜，曾作《礼笺》；又有戴震，则实为宋学家，非汉学家。由声音以求训诂，通训诂以说经，虽始于戴氏，然戴氏之学实比其师江永不如，比同学金榜亦不如，而竟享盛名者，盖学者亦如官吏中有"政务官"与"事务官"之别，戴氏如政务官，其事务官之职务则后人为之担负也。③

对戴震的考据成绩评价不高，以戴学之主要成就在义理方面。可能在太炎看来，戴震之义理学建构，虽旨在"打破宋儒家中太极图"④，但在这一过程中，其自身的思想取向仍不经意地受到了宋学范式的潜移默化，未脱宋学家之旧途径。⑤

同时，章氏还连带评价了惠栋易学思想，颇有贬抑：

> 戴少时与惠栋曾相见，后来不甚佩服惠氏，因为惠氏所作《明堂

① 参见夏长朴《〈四库全书总目〉对宋学的观察与批评——以四书类为例》，《中国经学》2017 年第 2 期。
② 参见章太炎《释戴》，《章太炎全集》第 4 册，上海人民出版社 1985 年版，第 123—124 页。
③ 章太炎：《清代学术之系统》，《章太炎演讲集》，上海人民出版社 2011 年版，第 307 页。
④ 钱穆：《中国近三百年学术史》上，商务印书馆 1997 年版，第 362 页。
⑤ 章氏此说确有见地，本书于第三章第五节中进行进一步探讨。

大道录》之类，颇多迷信之谈，戴氏颇不以为然。日本人有一戏语，谓惠栋为洪秀全之先驱，我谓惠氏颇似义和团之先驱也。①

惠栋的《明堂大道录》中所涉易学思想确实杂有颇多汉儒方术之论，章太炎对这方面的内容一向十分反感。不过除却章氏的主观思想学术取向而论，其实这也是变相承认了清儒戴震、惠栋皆有其自身的义理体系之构建。

二

继章太炎之后，系统研究和梳理清代学术的学者是刘师培（1884—1919），他于1907年在《民报》上发表《清儒得失论》（署名"韦裔"），其文对于清代学术的派系的总结，大体与章太炎《清儒》中的观点接近，然亦有其独到的卓见，若其谓：

> 清代之学迥与明殊。明儒之学用以应事，清儒之学用以保身。明儒直而愚，清儒智而谲。明儒尊而乔，清儒弃而湿。盖士之朴者惟知通习帖括，以期弋获，才智之士，惮于文网，迫于饥寒，全身畏害之不暇，而用世之念汨于无形。加以廉耻道丧，清议荡然，流俗沈昏，无复崇儒重道，以爵位之尊卑判己身之荣辱。由是儒之名目贱，而所治之学亦异。然亦幸其不求用世，而求是之学渐兴。夫求是与致用，其道固异。人生有涯，斯二者固不两立。俗儒不察，辄以内圣外王之学求备于一人，斯不察古今之变矣。②

此论如朱维铮先生所总结的："着重通过明学与清学的比较，通过揭示清代学者之'病'，说明学术与政术、立言与事功的矛盾关系，认为清的文化政策，将大批杰出学者驱入经史考证的狭小天地，而在实践上无所作为乃至卑污从俗，'其学愈实，其遇愈乖'。"③刘师培对于明清学风之变的分析，弥补了章太炎《清儒》论述的缺失，由其首刊于章太炎主编的《民报》这一点看，其说也显然获得了太炎的高度认可。

---

① 章太炎：《清代学术之系统》，《章太炎演讲集》，上海人民出版社2011年版，第307页。
② 刘师培：《清儒得失论》，《清儒得失论——刘师培论学杂稿》，中国人民大学出版社2011年版，第259页。
③ 朱维铮：《〈清代学术概论〉前言》，载梁启超《清代学术概论》，上海世纪出版集团2005年版，第30页。

除《清儒得失论》外，刘师培关于清学史或兼及清学史的主要论著尚有《南北学派不同论》（1905）、《汉宋学术异同论》（1905）、《论近世文学之变迁》（1907）、《近儒学术统系论》（1907）、《近代汉学变迁论》（1907）等，均原载《国粹学报》。其中有不少内容，以"汉宋异同"为视角，涉及对清儒思想义理问题的探讨。在《汉宋学术异同论》中，刘师培以汉、宋之学皆有其所蔽，亦各具其长："夫汉儒经说虽有师承，然胶于言辞立说，或流于执一。宋儒著书虽多臆说，然恒体验于身心，或出入老释之书，故心得之说亦兼高出于汉儒。"① 其文专辟一节"汉宋义理学异同论"，认为汉宋两家皆各有其义理学，清代治义理学者看待汉宋义理的同异问题主要有两种取向：

> 近世以来，治义理之学者有二派。一以汉儒言理平易通达，与宋儒清净寂灭者不同，此戴、阮、焦、钱之说也。一以汉儒言理多与宋儒无异，而宋儒名言精理大抵多本于汉儒，此陈氏、王氏之说也。②

以乾嘉汉学脉络中"反宋学"的学者戴震、阮元、焦循、钱大昕是一派，倾向折中汉宋的陈氏（陈澧）、王氏③为另一派。就刘师培本人的意见而言，较为倾向于后者的看法，认为宋儒的义理思想并非如戴震等人所言皆出于佛道二氏者，"夫学问之道有开必先，故宋儒之说多为汉儒所已言"④。具体如"濂溪言无极而太极，即汉由无形而生有形之说耳"，以其说见于何休《公羊解诂》与赵岐《孟子章句》中。"本原之性、气质之性，二程所创之说也，然汉儒言性亦以性寓于气中，惟宋儒喜言本原之性，遂谓人心之外别有道心，此则误会伪书之说矣。"以宋儒"气质之性"说汉儒亦有言之，然"本原之性"说可能导源于宋儒崇信《伪古文尚书》中《大禹谟》的"人心道心"之辨。此外，若"觉悟"之说于《说文》《白虎通》中已有言之，然汉儒以觉悟由学问来，宋儒言觉悟则濡染禅家澄心

---

① 刘师培：《汉宋学术异同论》，《清儒得失论——刘师培论学杂稿》，中国人民大学出版社2011年版，第208页。

② 刘师培：《汉宋学术异同论》，《清儒得失论——刘师培论学杂稿》，中国人民大学出版社2011年版，第208—209页。

③ 此"王氏"所指不详（核查《国粹学报》原刊亦作"王氏"），疑或当为"黄氏"之误植，刘师培在前文曾提到黄式三，与陈澧并论。

④ 刘师培：《汉宋学术异同论》，《清儒得失论——刘师培论学杂稿》，中国人民大学出版社2011年版，第209页。

默坐之意；宋儒主张理欲对立、除情去欲，实则汉儒亦不乏去欲之说，宋儒之弊是将“天理人欲不两立”的关系绝对化了。至若宋儒主一、主敬、体用、下学上达、知几、扩充、存养众说，于汉儒著述中皆可找到类似的说法。[①] 由此，刘师培总结说：

> 则宋儒之说孰非汉儒开其先哉。乃东原诸儒于汉学之符于宋学者，绝不引援，惟据其异于宋学者，以标汉儒之帜。于宋学之本于汉学者，亦屏斥不言，惟据其异于汉儒者，以攻宋儒之瑕。是则近儒门户之见也。然宋儒之讥汉儒者，至谓汉儒不崇义理，则又宋儒忘本之失也。此学术所由日歧欤。[②]

清代学术汉宋二派之争，汉学学者以宋学所主者皆出入佛老之伪说，宋学学者则讥汉学者不通义理。在刘师培看来皆属于门户偏见，宋学之义理自有汉儒之根源，故汉学自有其义理，殆无疑问。事实上，关于乾嘉汉学是否亦有义理学之疑，刘师培在此已经辨析得很透彻了。

刘师培平生学术亦承乾嘉一脉，宗古文经学，然其辨析“汉宋之争”问题时，能够平情立言，不拘门户见解，故所论较章太炎更为客观公允，未过多投射个人的主观思想倾向于前贤身上。如《汉宋学术异同论》议及“汉宋象数学异同论”之题时，其虽亦不慊于汉代易学家濡染谶纬、五行之说，认为“汉儒信谶纬，宋儒信图书，均属诬民之学。特谶纬、图书，起源同出于方士”[③]。然亦不否认清代易学家若惠栋等颇受此“荒诞之言”的影响，谓：

> 盖汉人象数之学，舍理言数，仍为五行灾异学之支流，乃近世巨儒表佚扶微，摭拾丛残标为绝学，而于宋学之近理者转加排斥，虽有存古之功，然荒诞之言岂复有资于经术。此则近儒不加别择之过也。[④]

---

① 刘师培：《汉宋学术异同论》，《清儒得失论——刘师培论学杂稿》，中国人民大学出版社2011年版，第209—211页。

② 刘师培：《汉宋学术异同论》，《清儒得失论——刘师培论学杂稿》，中国人民大学出版社2011年版，第211页。

③ 刘师培：《汉宋学术异同论》，《清儒得失论——刘师培论学杂稿》，中国人民大学出版社2011年版，第214页。

④ 刘师培：《汉宋学术异同论》，《清儒得失论——刘师培论学杂稿》，中国人民大学出版社2011年版，第221页。

汉代象数易学是汉儒义理学的重要构成部分，清儒复兴斯学，客观上也构成了清代"新义理学"的重要部分，此学本身的功过得失自可见仁见智，其对清学的客观影响，绝非如章太炎所说的"几于屏阁"①，是必须加以重视的。

《近代汉学变迁论》一文中，刘师培开宗明义，定义清代汉学之特质曰：

> 古无汉学之名，汉学之名始于近代，或以笃信好古该汉学之范围。然治汉学者未必尽用汉儒之说，即用汉儒之说，亦未必用以治汉儒所治之书。是则所谓汉学者，不过用汉儒之训故以说经，及用汉儒注书之条以治群书耳。故所学即以汉学标名。②

清楚道出清儒所谓之"汉学"与"汉儒之学"的分野所在。并将清代汉学的源流分为四个阶段：一为怀疑派，指清初阎若璩之疑《古文尚书》，胡渭、黄宗炎之疑宋人《易图》，毛奇龄撰《四书改错》等群经辨伪之学，"盖宋学之行，已历数百年之久，非惟不敢斥抑，且不敢疑。至胡、毛诸儒之书出，而无稽之说扫除廓清"。二为征实派，指乾嘉吴派、皖派诸开山大师若惠栋、江永、戴震诸君，皆能"融会全经，各申义指，异乎补苴掇拾者之所为"。三谓丛掇派，指乾嘉诸大儒之后学末流，唯知"寻究古说，撷掇旧闻"，堕为碎义逃难之俗学。四谓虚诬派，指从刘逢禄、宋翔凤直至廖平、康有为这一系主张今文经学的学者，认为他们好"穿凿其词，曲说附会"，乃至"颠倒群经，以申己见"③。——其中论第三期之文，于何以晚近学者多有清儒不重义理学这一印象的形成，颇可释疑：

> 自征实之学既昌，疏证群经，阐发无余。继其后者，虽取精用弘，然精华既竭，好学之士，欲树汉学之帜，不得不出于丛缀之一途，寻究古说，撷拾旧闻。此风既开，转相仿效，而拾骨积襞之学兴。一曰据守。笃信古训，蹋踏狭隘，不求于心，拘墟旧说，守古人之言而失古人之心。二曰校雠。鸠集众本，互相纠核，或不求其端，任情删易，以失

---

① 章太炎：《清儒》，《章太炎全集》第 3 册，上海人民出版社 1984 年版，第 159 页。
② 刘师培：《近代汉学变迁论》，《清儒得失论——刘师培论学杂稿》，中国人民大学出版社 2011 年版，第 270 页。
③ 刘师培：《近代汉学变迁论》，《清儒得失论——刘师培论学杂稿》，中国人民大学出版社 2011 年版，第 270—272 页。

本真。三曰撷拾。书有佚编，旁搜博采，碎璧断圭，补苴成卷，然功力至繁，取资甚便，或不知鉴别，以赝为真。四曰涉猎。择其新奇，随时择录，或博览广稽以俟心获，甚至考订一字辨证一言，不顾全文，信此屈彼。此四派者，非不绝浮游之空论，溯古学之真传，然所得至微，未能深造而有得。或学为人役，以供贵显有力者之求。①

乾嘉学派末流之兴，学者惟以"考订一字辨证一言"为务，不识学术之大体，成寻章摘句之书蠹，此风之成，思想义理之关怀，当然几已化为乌有，晚清宋学之重振，乃至方东树《汉学商兑》之深得一时之人心，盖因此风之所激发者。"乾嘉学术无义理学"的这种一般观念之成，亦当由该学派末流之风所致之。

克实论之，一代有一代之学术，任何时代能够成为主流的学术思想，皆有胚成、发展、演化乃至渐入衰歇这一过程。其始成之时，无非救正前代学风之弊，开创之宗师，无不体大思精，生机盎然；其渐衰之时，则往往精蕴发挥已竭，群体亦趋于庞大，人员鱼龙混杂，学说日渐僵化教条，洵成桎梏。后人攻其末流之弊，并不足以囊括前人。若明末清初诸儒，多以王学末流唯知"束手谈心性"而不切实务，然自不能抹杀阳明及王学早期士人的事功成就；清末及晚近宋学家攻乎乾嘉学派末流雕虫小技之风，固自不能以清代汉学初期诸先生亦如是也。

第二节　梁启超、胡适的"文艺复兴"说与侯外庐的"早期启蒙"说

章太炎、刘师培在 20 世纪的初始几年对清代学术思想的系统分梳和总结，已然相当全面且颇具深度，不过，由于章、刘二先生的著述文辞古奥，且惜墨如金，重要问题往往点到为止，故于后世学林的影响，反不如稍后一代的梁启超深远。梁启超有《清代学术概论》《中国近三百年学术史》之撰，实则，如周予同先生所说："梁氏论述近三百年学术史，实在是从章太炎《清儒》那里来的。"② 梁启超论清代学术史，确实借鉴了章

————————

① 刘师培：《近代汉学变迁论》，《清儒得失论——刘师培论学杂稿》，中国人民大学出版社2011年版，第271—272页。

② 周予同：《中国经学史讲义》，《周予同经学史论》，上海人民出版社2010年版，第581页。

太炎《清儒》中所述的基本框架，梁氏文笔流畅，"笔锋常带情感"，引人入胜，并亦有进一步的发挥，故后来学者多以梁启超之说为范式。

一

梁启超于1920年应蒋方震之邀，为其著《欧洲文艺复兴史》作序，原题为《前清一代中国思想界之蜕变》，意在以欧洲的文艺复兴时代的思想文化特质印证清代学术之流变，以清学之开展，实为中国文化的一场"文艺复兴"。"既而下笔不能自休，遂成数万言，篇幅几与原书埒。天下古今，固无此等序文。脱稿后，只得对于蒋书宣告独立矣。"① 梁氏自谓，其以清学有"文艺复兴"之特质，导源于其于1904年前后所撰之《中国学术思想变迁之大势》中，谓"此二百余年间总可命为中国之'文艺复兴时代'，特其兴也，渐而非顿耳。然固俨然若一有机体之发达，至今日而葱葱郁郁，有方春之气焉。吾于我思想界之前途，抱无穷希望也。"又云："有清学者，以实事求是为学鹄，饶有科学的精神，而更辅以分业的组织。"② ——言清儒之学有"科学精神"兼及有"文艺复兴"式的思想解放风格，为梁氏论清学的基本特色。

《清代学术概论》中，梁启超依佛教所说之一切事物"生、住、异、灭"之四种流转相，分清学为四个阶段：一是启蒙期（生）；二是全盛期（住）；三是蜕分期（异）；四是衰落期（灭）。第一期之代表人物为顾炎武、胡渭、阎若璩，旨在"教学者脱宋明儒羁勒，直接反求之于古经"，"唤起'求真'观念"，然所论仍未全脱宋学影响。第二期代表人物为惠栋、戴震、段玉裁、王念孙、王引之，梁氏名之曰"正统派"，以为诸家之学"根本方法，在'实事求是'、'无征不信'。其研究范围，以经学为中心，而衍及小学、音韵、史学、天算、水地、典章制度、金石、校勘、辑逸等等。而引证取材，多极于两汉，故亦有'汉学'之目"。第三期代表人物为康有为、梁启超（也就是他本人），即晚清今文经学，他们"抱启蒙期'致用'的观念，借经术以文饰其政论，颇失'为经学而治经学'之本意，故其业不昌，而转为欧西思想输入之导引"。第四期指乾嘉一系之末流，"兹学荦荦诸大端，为前人发挥略尽，后起者率因袭补苴，无复创作精神，即有发明，亦皆末节，汉人所谓'碎义逃难'也。而其人犹自倨贵，俨成一种'学阀'之观"。然亦有少数一流学者若俞樾、孙诒让，

_____

① 梁启超：《清代学术概论》，上海世纪出版集团2005年版，第1页。
② 梁启超：《清代学术概论》，上海世纪出版集团2005年版，第1—2页。

"樾弟子有章炳麟，智过其师，然亦以好谈政治，稍荒厥业。而绩溪诸胡之后有胡适者，亦用清儒方法治学，有正统派遗风"①。

梁启超此四期之划分与刘师培《近代汉学变迁论》中之说基本相同，大约为了整齐对应"异"和"灭"二阶段，故第三、四两期与刘氏排序相反。此外，有关对清代今文经学之评价，章太炎、刘师培均深表鄙薄，梁氏则以之为中西思想交通之中介（大约所指为西方政治思想方面），由此亦颇可见清末至晚近今古文经学之争的余响。

梁启超认为，清初诸老感于明亡之痛，以为宋明儒好空言而不务实学之风，必须承担相当大的责任，所以旨在扭转学风，弃虚就实。先有颜元等强调经世实践的重要性，后乾嘉诸老反求诸六经，以指斥宋明儒之谬误，故逐渐形成了朴学的所谓"科学方法"，梁氏将其要领勒为十义：

一、凡立一义，必凭证据。无证据而以臆度者，在所必摈。

二、选择证据，以古为尚。以汉唐证据难宋明，不以宋明证据难汉唐；据汉魏可以难唐，据汉可以难魏晋，据先秦西汉可以难东汉。以经证经，可以难一切传记。

三、孤证不为定说。其无反证者姑存之，得有续证则渐信之，遇有力之反证则弃之。

四、隐匿证据或曲解证据，皆认为不德。

五、最喜罗列事项之同类者，为比较的研究，而求得其公则。

六、凡采用旧说，必明引之，剿说认为大不德。

七、所见不合，则相辩诘，虽弟子驳难本师，亦所不避，受之者从不以为忤。

八、辩诘以本问题为范围，词旨务笃实温厚。虽不肯枉自己意见，同时仍尊重别人意见。有盛气凌轹，或支离牵涉，或影射讥笑者，认为不德。

九、喜专治一业，为"窄而深"的研究。

十、文体贵朴实简洁，最忌"言有枝叶"。②

梁氏以清儒此种"所遵之途径，实为科学发达之先驱"③，"自经清代

---

① 梁启超：《清代学术概论》，上海世纪出版集团2005年版，第1—6页。
② 梁启超：《清代学术概论》，上海世纪出版集团2005年版，第40页。
③ 梁启超：《清代学术概论》，上海世纪出版集团2005年版，第87页。

考证学派二百余年之训练，成为一种遗传，我国学子之头脑，渐趋于冷静缜密。此种性质，实为科学成立之根本要素"①。在梁氏看来，清儒治学方法之进步，与欧洲文艺复兴时期开始流行的实证主义"科学方法"遥相契合，此为清代学术之所以亦可称"文艺复兴"之首要条件。

梁启超以清学之集大成者，首推戴震，不独以其治学风格兼具淹博、精审二长，非惠栋可及，且体大思精，其"《孟子字义疏证》，盖轶出考证学范围以外，欲建设一'戴氏哲学'矣"②。以戴震之哲学思想为清代义理学的最高成就，蕴含类"情感主义"和"平等精神"，深具类似欧洲文艺复兴的"思想解放"之显明特质，梁氏谓：

> 综其内容，不外欲以"情感哲学"代"理性哲学"。就此点论之，乃与欧洲文艺复兴时代之思潮之本质绝相类。盖当时人心，为基督教绝对禁欲主义的束缚，痛苦无艺，既反乎人理而又不敢违，乃相与作伪，而道德反扫地以尽。文艺复兴之运动，乃采久闷窒之"希腊的情感主义"以药之。一旦解放，文化转一新方向以进行，则蓬勃而莫能御。戴震盖确有见于此，其志愿确欲为中国文化转一新方向。其哲学之立脚点，真可称二千年一大翻案。其论尊卑顺逆一段，实以平等精神，作伦理学上一大革命。③

然梁氏又指出，"戴氏学派虽披靡一世，独此书影响极小"，同时代及后世的朴学学者，或者对"戴氏哲学"不够重视，或明显不以为然，故认为：

> 论清学正统派之运动，遂不得不将此书除外。吾常言："清代学派之运动，乃'研究法的运动'，非'主义的运动'也。"此其收获所以不逮"欧洲文艺复兴运动"之丰大也欤？④

由此可见，梁启超对待清代义理学的看法，其实是有些矛盾的：既认为以戴震为代表的义理思想达到了颇高成就，又因为《孟子字义疏证》在同时代的影响微小，而认为其不能代表清儒的主流学风。这一判断，也难

---

① 梁启超：《清代学术概论》，上海世纪出版集团2005年版，第89页。
② 梁启超：《清代学术概论》，上海世纪出版集团2005年版，第89页。
③ 梁启超：《清代学术概论》，上海世纪出版集团2005年版，第35页。
④ 梁启超：《清代学术概论》，上海世纪出版集团2005年版，第36页。

免有些失之急切。戴震思想之形成，在清代"反宋学"的时代文化风尚下氤氲而成，自为一代学术之结晶，纵然在同时代的学术共同体中的影响不甚理想，然吾人当知，举凡古今中外伟大思想学说之形成，其流行与起用，多出于数十年乃至百余年之后世者（如戴震论锋所指的"朱子学"本身也是如此），戴震思想于清末民初焕发异彩，亦不妨如是理解。

二

在清代学术问题的研究上，胡适与梁启超二人渊源颇深，梁启超早年《论中国学术思想变迁之大势》著中的不少观点曾影响过胡适，而后来《清代学术概论》的成书，胡适则有催促之功，并向梁提出许多具体撰写建议。① 至于在有关清代义理学的历史定位的问题上，胡则与梁略有区别。

胡适亦以清儒之学为中国古代"文艺复兴"的诸面相之一，以之为"是在一种科学方法——考据方法——刺激之下发生的学术复兴"②。此说显有梁启超《清代学术概论》说法的启示。胡适平生学术，最重所谓"科学方法"，强调"实事求是、无征不立"之宗旨，从不讳言自己有"考据癖"，因此，他对清代乾嘉学派的学问，有更多的认同。而戴震又是安徽人，胡适以之为乡贤前辈，尤有深厚的情感投射。1923 年，胡适撰《戴东原的哲学》一书，阐发戴学精蕴。

胡适以清代学术之总体脉络，是"反玄学"的方向。所谓"反玄学"，实即"反宋学"，"一是攻击谈心说性的玄学；一是攻击那先天象数的玄学"③，心性义理及先天易数，此二学皆宋儒所有。"这种'反玄学'的运动是很普遍的。顾炎武、黄宗羲、黄宗炎、阎若璩、毛奇龄、姚际恒、胡渭，都是这个大运动的一分子，不过各人专力攻击的方向稍有不同罢了。"④ 由这一时代风气的导引，清初有实用主义之学肇兴，其代表为北方颜元、李塨的"颜李学派"；"其次，当日反玄学运动中还有一个最强有力而后来最大的趋势，就是经学的复兴"。胡适说：

> "经学"并不是清朝独有的学术，但清朝的经学却有独到的长处，可以说是与前代的经学大不相同。汉朝的经学重训诂，名为近古而实

---

① 参见张锡辉《文化危机与诠释传统——论梁启超、胡适对清代学术思想的诠释与意义》，博士学位论文，台湾师范大学，2000 年，第16—17 页。
② 胡适：《中国的文艺复兴》，外语教学与研究出版社 2001 年版，第 471 页。
③ 胡适：《戴东原的哲学》，《胡适全集》第 6 册，安徽教育出版社 2003 年版，第 339 页。
④ 胡适：《戴东原的哲学》，《胡适全集》第 6 册，安徽教育出版社 2003 年版，第 339 页。

多臆说；唐朝的经学重株守，多注"注"而少注经；宋朝的经学重见解，多新义而往往失经的本义。清朝的经学有四个特点：（一）历史的眼光，（二）工具的发明，（三）归纳的研究，（四）证据的注重。因为清朝的经学具有这四种特长，所以他的成绩最大而价值最高。①

清儒的"科学方法"至戴震而臻于圆熟，而"戴震在清儒中最特异的地方，就在他认清了考据名物训诂不是最后的目的，只是一种'明道'的方法。他不甘心仅仅做个考据家，他要作个哲学家"②。——有关戴震倾向于"情感主义"和"理智主义"哲学的"思想解放"的价值意义，胡适所论颇近于梁启超，然与梁启超不同的是，胡适提出，戴震的哲学思想开启风气，并于后学乃至于清代后期的学术史有重要影响。他说：

> 这几十年之中，反对戴学的人固然不少，但戴学的影响却渐渐发展，使清朝中叶的学术史起一种重大的变化。什么变化呢？这时期的经学家渐渐倾向于哲学化了。凌廷堪、焦循、阮元很可以代表这个倾向。他们的学说虽然都不算是戴学的真传，然而他们都想在经学上建立他们的哲学思想，这一点不能不说是戴学的影响。戴震在那个"襞绩补苴"的时代里，独自发愤要建立一种成系统的哲学——一种建筑在新经学之上的新理学。他的弟子王念孙、段玉裁诸人不能肩此重担子，只向那训诂、名物、制度上去用力，只继续发展了戴学的考证的方面。然而几个私淑戴学的学者，焦循、凌廷堪、阮元一班人，便不甘心专做这种"襞绩补苴"的工力了，便要从"通核"的方面去谋发展了。各人的才力有限，见解有偏，没有一个人能像戴震那样彻底地朝着理智主义方面走。然而他们的努力至少发展了戴学的片面；他们的缺陷也都可以供我们后人的参考，使我们格外了解戴学的真意义与真价值。他们努力的新方面更使我们明了戴学确然有建立新理学，恢复中国学者的哲学兴趣的大功。所以我们可以说：从戴震到阮元是清朝思想史上的一个新时期；这个时期，我们可以叫做"新理学时期"。③

胡适所论言之有据，其著中于焦循、凌廷堪、阮元诸君所受戴学思想

---

① 胡适：《戴东原的哲学》，《胡适全集》第 6 册，安徽教育出版社 2003 年版，第 346—347 页。
② 胡适：《戴东原的哲学》，《胡适全集》第 6 册，安徽教育出版社 2003 年版，第 356 页。
③ 胡适：《戴东原的哲学》，《胡适全集》第 6 册，安徽教育出版社 2003 年版，第 458 页。

影响的方面颇有爬梳，其所言"新理学时期"的划定，在时段和范围上，均基本契合于今人所言"清代新义理学"的定义，实为孤明先发之论。

三

梁启超、胡适等皆习称明清之际至清中期前后的学术思想为中国的"文艺复兴"时代；而20世纪40年代前后的持唯物史观立场的学者侯外庐先生等则多将这一历史阶段理解为中国的早期"启蒙运动"。"文艺复兴"与"启蒙运动"在这一语境上的许多方面颇有共通之处，但也有所论侧重点的不同。就相同点而言，这两种说法都强调这一阶段的思想者们身上体现出的理性精神、强调科学与民主意识的萌蘖，以及人性解放价值立场的高扬；相异之处则是，唯物史观学者更为侧重其中反传统的面相，更为强调有关思想家们的社会批判意识。简言之，"文艺复兴"说所重在人文精神之"立"，"启蒙运动"说所重更在传统观念之"破"，当然这是相对而言的。

侯外庐把中国思想史的"启蒙运动"划分为两个阶段，第一阶段是17世纪中叶到19世纪中叶，也就是明清之际至清末，为"早期启蒙思想阶段"；第二阶段是19世纪下半叶以后至20世纪20—30年代，为"近代启蒙思想阶段"。他的有关研究和论述开始于抗战时期所撰《中国近世思想学说史》上下卷，由重庆三友书店于1944、1945年先后出版。抗战胜利后，该书改名为《中国近代思想学说史》，1947年在上海出版。新中国成立初期，侯先生对该书上卷以及下卷龚自珍章做了补充修订，并成一书，题名为《中国早期启蒙思想史》，由人民出版社于1956年在北京出版。60年代初，《中国早期启蒙思想史》收入《中国思想通史》成为该书第五卷，后于1963年出版。[①] 侯外庐论"早期启蒙思想阶段"的历史贡献时，以17世纪（明清之际至清初）的重要性高于18世纪（清中期以降）。

侯外庐治思想史，一向以唯物史观的"社会存在决定社会意识"这一基本原理为出发点，他认为："十六世纪末以至十七世纪的中国思想家的观点，是中国社会经济发展特点和中国社会条件的反映。"这体现在，第一，当时"中国的启蒙者如何心隐、李贽以至王夫之、黄宗羲、顾炎武和颜元等人，都以各种表现方式，强烈地仇视农奴制度及依存于它的一切产物。他们在所谓'封建'和'郡县'的各种历史问题争辩之中，反对封建国有土地制和大地产的占有制，反对一切政治法律上的束缚，反对特权和

---

① 黄宣民：《侯外庐先生〈中国近代启蒙思想史〉出版后记》，《史学史研究》1993年第3期。

等级制度，反对科举制度（时文）"。第二，"中国的启蒙者拥护教育、自治和自由。如东林党的自由结社讲学的主张，顾炎武等人的地方自治的主张，黄宗羲等人的教育主张，都是代表"。同时，"十七世纪的学者们已经逃出中古的思维藩篱，而作'经世致用'的横议，在某些论点上表现出一种打破民族片面性和偏狭性的新思潮"。第三，"他们同情人民的利益，特别是农民的利益，尽管他们多数并不同情农民暴动"，表现出"初期民主思想"，如"王夫之、颜元所强调的平等制度，黄宗羲、唐甄因反君主专制所憧憬的绝对的形式平等的社会制度；顾炎武因大力宣传'经世'的理想所自夸的'三代不易'的制度，都是例子"①。总而言之，侯外庐归纳说："十七世纪的中国学者所提倡的'经世致用'之学或实际实物实效之学，是中古绝欲思想的对立物，是进步的资产阶级先辈的先进思想，他们所提倡的个人实践实质上是进步的'市民'的世界观。"②

就明清之际的思想家们何以多寄托于"三代"而"托古"这一问题，侯外庐解释说："为什么像欧洲的启蒙哲学要回到希腊，像中国的启蒙哲学要回到先秦呢？这自然是由于他们企图摆脱封建统治阶级的迫害，不得不托古改制，但更重要的原因却在于，在古代哲人的思想体系里，曾出现过后世的思想方法的胚胎形态。"故侯外庐认为：

> 从反对中古的烦琐哲学方面来讲，回到古代一事，也包含着为了进行批判活动而选择武器的功用。然而钻在考据学的牛角尖里的所谓"汉学"自然不符合这种情况。顾炎武的"理学，经学也"的命题，傅山的"五经皆王制"的命题，颜元的"性命之作用为诗书六艺"的命题，黄宗羲的"古者以天下为主，君为客"的命题等等，都回到所谓"三代"的黄金世界，追求自己的当时的一般命题。这是进步的思想，我们应当把它和乾嘉的"汉学"区别开来。③

由此可见，侯外庐于明末清初思想家群体的"进步性"再三致意，但对于18世纪以后的乾嘉汉学却实在评价不高。

首先，侯外庐并不承认乾嘉汉学中蕴含了梁启超、胡适等所言之"近代科学方法"。以乾嘉汉学中最具典型性和代表性的思想家戴震为例，侯

---

① 侯外庐：《中国思想通史》第5卷，人民出版社1992年版，第26—29页。
② 侯外庐：《中国思想通史》第5卷，人民出版社1992年版，第26—29页。
③ 侯外庐：《中国思想通史》第5卷，人民出版社1992年版，第34页。

氏认为"戴震继承明末以来天文、数学、地理诸学的研究，在学术修养上确有若干逻辑的因素渗注于其治学方法中，这种方法影响于汉学家之整理古籍，亦至不尠"。但是，"大部分汉学家，因为没有将来社会的信仰，在结论上还是被古道所桎梏；换言之，在古籍的狭小天地中并没有科学态度的扩充。这扩充是要超出于古籍而进入于物质世界与未来社会的"。所以，在侯外庐看来，"乾嘉汉学，只有读古书的一定的逻辑要素，但不能说代表科学方法"①。

此外，就被梁启超、胡适推崇备至的戴震哲学思想本身而言，侯外庐的看法也是大相径庭的。侯氏认为，戴震思想虽然有一定唯物主义性质的先进元素，但总体上与明清之际诸家的思想相比，却是一种退步，与"颜李学派"相比，"颜元'格物'的对象都是实践、实验与产业的广大天地，故他的知识论是以实践为前提。戴震则以'格物'指'审察尽物'，与李塨之走入思辨方法论相似；他的知识论着重在'由词从通道'，知识成了对于客观的观照，否定了知识依存于实践而发展的过程"。与王夫之哲学相比，虽然二家之说均与《易传》相关，"夫之由絪缊生化论到性命论或知识论是一贯的，性是'日生'的命题，命为'日降'的命题，知识是'日存'的命题，有一条红线贯穿着他的全部哲学。而戴震在自然哲学上所建立的'生生不息'论，到了社会哲学则思辨形式化了"②。因此，侯外庐认为："戴震思想的天地，比之王夫之、颜元更狭隘些。我们对戴震哲学思想所具有的光芒虽不能忽视（尤其在乾嘉时代），但对其体系则不能不说比起清初大儒的成就是有逊色的。"③

透过戴学的特色来总括清学之迁变与得失，侯外庐说：

> 清初学者的学说，是丰富的，是多面的。他们（除颜元外）固然依据考据学，从社会、历史、人性、宇宙各方面批评理学（虽然在形式上犹留门户之见），然他们是更深入地探究知识的，比专为考据而考据的乾嘉学术是更宏远的。清初哲学并不是经过考证之学才产生出来，倒是康熙以后的专门考据之学，不但淹没了清初大师多方面人格的发展，而且由避难所的苟安思想逐渐成为章学诚所谓风气之敝。戴震的哲学一方面在方法上固然借重于汉学的考证，而另一方面在体系

---

① 侯外庐：《中国思想通史》第 5 卷，人民出版社 1992 年版，第 416—418 页。
② 侯外庐：《中国思想通史》第 5 卷，人民出版社 1992 年版，第 430 页。
③ 侯外庐：《中国思想通史》第 5 卷，人民出版社 1992 年版，第 430—431 页。

上却表现得异常矛盾。①

显然，与梁启超、胡适将明清之际至清代中期的思想发展理解为逐渐演进发展，至戴震而达巅峰的观点截然相反，侯外庐则以明末清初的"思想革命"，至乾嘉汉学流于繁琐的形式而渐入桎梏。侯氏本人也明确阐述了这种不同：

> 无论是哲学也好，一般的学术也好，我们认为十七世纪的成就是伟大的，并不是清代中叶（十八世纪）的准备基础。反之，乾嘉时代的哲学不是清代学术的全盛期，而仅仅是清初传统的余绪（极小限度的发展）。这一点，梁启超、胡适都把历史颠倒了。因此，戴震哲学就不是"新哲学的建设"或"哲学的中兴"，而仅仅是在有限范围内对清初哲学的继承。②

梁启超、胡适与侯外庐的不同观点，导源于他们各自所持的思想学术立场，我们当然可以见仁见智。而当代学界所言之"清代新义理学"，重点关注以戴震为重心的乾嘉学派的思想性问题，就此而论，今人所谓"清代新义理学"之说，更近于梁启超、胡适的学术立场，尤与胡适所揭橥的"新理学时期"之论相契合。

第三节 钱穆的清学"延续宋明理学"说及
熊十力对乾嘉学派的批判

一

如果说梁启超、胡适强调清学之颇具"近代科学精神"的"理学反动说"近于章太炎《清儒》诸文的观点，钱穆则以清学在总体上"论其精神，仍延续宋明理学一派"③，强调清学与宋学的连续性与相关性，倒是颇与刘师培《汉宋学术异同论》等文的有关论述有些相似。不过，刘师培虽承认宋代义理学对清儒亦有一定影响，其基本立场则倾向于"平章汉宋"；

---

① 侯外庐：《中国思想通史》第5卷，人民出版社1992年版，第461页。
② 侯外庐：《中国思想通史》第5卷，人民出版社1992年版，第461—462页。
③ 钱穆：《清儒学案序》，《中国学术思想史论丛》第8册，生活·读书·新知三联书店
2019年版，第413页。

而钱穆在其《中国近三百年学术史》等著中，则明显表现出了"宋学本位"的思想立场和研究视角。

钱穆《中国近三百年学术史》（1937）之撰，虽自然出于他多年来的深入思考，也是对梁启超、胡适等人基本观点的不满而发，故似有意与梁启超由《清代学术概论》扩充而来的作品完全同名，当有一争短长之意。《中国近三百年学术史》是钱氏有系统地探讨清代学术思想史的开端。此后，钱氏陆续地发表有关清代学术思想史的论文 25 篇以上，这些论文后来多数收入《中国学术思想史论丛》的第八辑。在这些论文当中，又以1942 年发表的《清儒学案序》最具代表性。[①] 钱穆在《中国近三百年学术史》的《自序》中开宗明义说：

> 窃谓近代学者每分汉宋疆域，不知宋学，则亦不能知汉学，更无以平汉宋之是非……明清之际，诸家治学，尚多东林遗绪。梨洲嗣轨阳明，船山接迹横渠，亭林于心性不喜深谈，习斋则兼斥宋明，然皆有闻于宋明之绪论者也。不忘种姓，有志经世，皆确乎成其为故国之遗老，与乾嘉之学，精气复绝焉。[②]

以清初之学上承宋明诸儒，接续晚明东林书院议政论学风气的余续，不忘儒门经世之志，然迄至乾嘉之世，由于清朝政权的思想文化专制愈演愈烈，由此外力而学风丕变。对此钱穆在其《前期清儒思想之新天地》一文中有明确论述：

> 满清的部族政权，很快安定下来，社会有秩序了，民生转入顺境；又朝廷刻意牢笼，威怵利诱，把一辈读书人尽要拉政治界，虽不断有极度惨酷的文字狱兴起，但晚明诸遗老的悲剧心情到底是逐步消散了。而且拉入了政治界，又不许你认真作政治活动，只要你消极顺命，不贪污，孤立安本分，教育更讲不到，只须你应举守法，如此则自不许你认真用理智头脑来讲史学。晚明诸遗老的史学，其实是一种变相的理学，亦可说是一种新理学，他们要用史学来救世教人，现在则世已太平，人已安业，大家上奉朝廷法令，应科举，守官职，一切有满洲皇帝作主，不用操心，操心反而惹祸殃，晚明诸遗老一片史学

---

① 丘为君：《戴震学的形成》，新星出版社 2006 年版，第 231—232 页。
② 钱穆：《中国近三百年学术史》上，商务印书馆 1997 年版，第 1 页。

心情到此无可寄托。心情变了，学术如何能不变？但此下没有大气魄人来领导此学术之变，而且他们内心深处并不是要变，只是外面环境逼得你走委曲路。这有些像魏、晋王弼、何晏讲儒学，阮籍、嵇康讲老、庄，全是没气力，由外面诱导摆布，并非内部激发推动，晚明诸遗老的史学，于是到清儒手里便变成一种专尚考据的经学了。①

由此，《中国近三百年学术史》中谓："无怪乾嘉学术一趋训诂考订，以古书为消遣神明之林囿矣。于此而趋风气，趁时局，则治汉学者以诋宋学为门面，而戴东原氏为其魁杰。"② 显然，钱穆于戴震之学的评价，颇见微词，亦与梁启超、胡适之持论相违。

戴震于经学考证造诣之精博，"学高天下"③，此钱穆亦不能否定。然《中国近三百年学术史》于戴震之义理造诣，颇持异议。钱氏在《东原言义理三书》一节中，对戴震阐述其义理思想的《原善》《绪言》与《孟子字义疏证》三书所言之异同详加辨析。经钱穆考证，《原善》成书最早，其中尚未见明确与程朱立异之言，《绪言》早于《孟子字义疏证》，《绪言》中唯于程朱"理在气先"之论稍持异议，"东原《绪言》主旨，固然在指陈'理要其后，非原其先'之一意，而于理之大本，仍未确说，则去宋儒'理生气'之说，虽立论不同，而渺茫亦略似矣"④。至《孟子字义疏证》之撰，方立"理之本于人欲"之说与宋儒分庭抗礼："《疏证》始以情欲遂达，至于纤悉无憾者为理，而理字之界说遂显。故《绪言》惟辨'理气'，疏证始辨'理欲'。《绪言》以程朱崇理为无害于圣教，惟不知性耳；《疏证》则以程朱为不知理，同于释、老，而大害于世道。故《绪言》尚道问学，重智，所以精察事物之理；而《疏证》则尚忠恕，主絜矩，使人自求之于情。"⑤ "统观两书，《绪言》主要在辨理气之先后，而《疏证》则主在辨理欲之异同。《绪言》于宋儒程、张、朱三家尚未认为害道，而《疏证》始拈理欲一辨，力加呵斥。"⑥ 由此等之论可见，钱穆治学之精细，确有过于梁启超、胡适者。

① 钱穆：《前期清儒思想之新天地》，《中国学术思想史论丛》第 8 册，生活·读书·新知三联书店 2019 年版，第 2—3 页。

② 钱穆：《中国近三百年学术史》上，商务印书馆 1997 年版，第 2 页。

③ 钱穆：《清儒学案序》，《中国学术思想史论丛》第 8 册，生活·读书·新知三联书店 2019 年版，第 429 页。

④ 钱穆：《中国近三百年学术史》上，商务印书馆 1997 年版，第 382 页。

⑤ 钱穆：《中国近三百年学术史》上，商务印书馆 1997 年版，第 385 页。

⑥ 钱穆：《中国近三百年学术史》上，商务印书馆 1997 年版，第 389 页。

　　钱穆探讨戴震义理学的思想渊源亦颇具卓识，他提出戴震义理学诸书之撰述体例，应颇受惠栋易学著作《易微言》的启发，惠氏《易微言》中亦有辨析宋儒言"理"之误的论述，于戴震所论颇为符契，而戴震于《题惠定宇先生授经图》之文中亦自承其结识惠栋后"论学宗旨稍变"之事。① 此外，钱穆以章太炎认为戴震之学"近荀学"之说为确论，其谓：

　　　　今考东原思想，亦多推本晚周，虽依孟子道性善，而其言时近荀卿。荀主性恶，极重后天人为。……东原所最斥者乃"复初反本"之说，则正亦荀子所深非矣。……晚周诸子，善斥自然者莫过荀子，东原即以其意排老、释，而复以孟子性善之论移加于荀子。近人章炳麟言之，曰："极震所议，与孙卿若合符，以孙卿言性恶，与震意怫，故解而赴《原善》。"（《文录卷一·释戴》）此为善论东原之学矣。②

　　由于钱穆断定戴震思想更契近于荀子，所以更进一步论定："东原辨理欲，虽语多精到，而陈义稍偏，颇有未圆。"③ 并举《孟子·尽心》"口之于味"一章论之，认为朱熹的《集注》之解本甚精到，而戴震之新说反而有误读，谓：

　　　　儒家思想所以必仁、智双提，而"仁"字地位所以犹在"智"字之上者，东原于此似少领会。故孟子曰："养心莫善于寡欲"，又曰："养其大体为大人，养其小体为小人。"在孟子所分别言之者，在东原均打并归一。是东原之所指为性者，实与荀卿为近，惟东原以孟子性善之意移而为说耳。④

　　其以宋儒强调理欲之辨的禁欲主义倾向，于孟子思想中已有萌蘖，故以戴震之说反而不若宋儒之论更合乎《孟子》本义。克实而论，儒家本有"寡欲"思想，然戴震之所以反感宋儒者，乃其将"理"与"欲"的界限理解为非此即彼的绝对化，故有"后儒以理杀人"之论。戴震与朱熹二家之说孰更近于先秦孟子之本义，或可见仁见智，然钱穆之说，显然是站在了"宋儒本位"的立场上进行判释。

----

① 参见钱穆《中国近三百年学术史》上，商务印书馆1997年版，第391—393页。
② 钱穆：《中国近三百年学术史》上，商务印书馆1997年版，第393—395页。
③ 钱穆：《中国近三百年学术史》上，商务印书馆1997年版，第393—396页。
④ 钱穆：《中国近三百年学术史》上，商务印书馆1997年版，第399页。

钱穆治学，虽从不讳言其宋学立场，但毕竟还能恪守史家平情立言的基本准则，虽然他并不认同戴震的"新义理学"，却也能对其深为体谅，他在《前期清儒思想之新天地》文中有评论说：

> 其实他的立场，还是极平恕，还是同情弱者，为被压迫阶层求解放，还是一种平民化的呼声。换言之，现在讲经学，是社会的，不是宗教的；是学者的，不是教主的了。若我们再深一层求之，则清儒此种对于传统权威之反抗精神，其实还似有一些痕迹可见其为沿袭晚明诸遗老而来。但他们的敌意，他们对上层统治者不能正面发泄，遂使他们的攻击目标，转移到宋儒身上。在晚明遗老只埋怨晚明儒学误国，现在则责备宋儒理论为上层统治者张目、作护符。他们只是卑之毋甚高论，求平恕，求解放，此乃乾、嘉诸儒之一般意见，而非东原个人的哲学理论也。①

强调乾嘉诸儒的思想中亦有宋学元素，"似有一些痕迹可见其为沿袭晚明诸遗老而来"。钱穆平生以清学并无"一代学术"之独立性，以"理学本包蕴经学为再生，则清代乾、嘉经学考证之盛，亦理学进展中应有之一节目"②。对此，套用钱穆论戴震的话，也未免些因立场先行而"陈义稍偏"，然钱穆研究清儒思想中的宋学渊源成分，确实合乎学理且言之有据。

现在看来，钱穆之论虽与梁启超、胡适之"理学反动"说全然异趣，实则可以相互补充：梁、胡之说看到了清学"扬汉抑宋"并开启思想解放的新风气的面相；钱穆之说则提示，任何新的思想中皆隐含了前代思想的影响因素。也就是说，清代的学术思想中实则新旧兼容。作为后来的学人，自当扬弃门户局限，将这两种视角合而观之，也许才更合乎清代学术思想的真实情况。

二

现代新儒学作为 20 世纪的文化保守主义（或曰"本位主义"）者群体，他们以承继宋明儒的"道统"为己任，以"心性之学乃中国文化之神

---

① 钱穆：《前期清儒思想之新天地》，《中国学术思想史论丛》第 8 册，生活·读书·新知三联书店 2019 年版，第 8 页。

② 钱穆：《清儒学案序》，《中国学术思想史论丛》第 8 册，生活·读书·新知三联书店 2019 年版，第 411—412 页。

髓所在"① 为基本共识。这一群体中，有的学者倾向于程朱（如贺麟），有的学者更倾向于陆王（如熊十力）。所谓"第一代新儒家"中，于晚近文化学术界影响最大的，当属熊十力（1885—1968），1949 年后在港台学界树立旗帜，被后世称为"第二代新儒家"的牟宗三、唐君毅、徐复观皆为其后学。

熊十力的哲学思想会通儒佛，颇具深度，也相当复杂，在新儒学群体中亦属独立不羁者。因为，他不同于一般意义上的那些简单断定"东方文化高于西方"的所谓"保守主义者"，对于新文化和现代性诸问题，他也有相当深入的思考和裁断。

熊十力早年亦曾"反孔"，他自述其在参加辛亥革命前后，"余伤清季革命失败，又自度非事功材，誓研究中国哲学思想，欲明了过去群俗，认清中国何由停滞不进。故余研古学，用心深细，不敢苟且。少年时读五经，晋孔子为宗法思想、封建思想，便舍之弗顾"②。后究心于佛学多年，1923 年至 1932 年他在执教北大期间，开始酝酿、构建自己哲学体系，最终由佛归儒，立足《周易》思想并借助佛教唯识学概念体系，建立起他的以"体用不二""翕辟成变"之说为宗旨的"新唯识论"，成了一位在当时颇具代表性的旧派学者。

他尝痛心于晚清民初的学术思想风气，谓："自庚子乱后，吾国见挫于西人，即在朝在野守旧之徒，畴昔自信自大之念，已一旦丧失无余。是时思想界，一方面倾向排满革命，欲移植西方之民主制度于吾国；一方面根本诋毁固有学术思想，不独六经束高阁，且有烧经之说。"③ 然世风愈坏，无所归依，因此他还是认定应该立足于儒家固有经典来重建文化信心："经者常道也。夫常道者，包天地，通古今，无时而不然也。无地而可易也。以其恒常，不可变改，故曰常道。"④ 如高瑞泉所说："在此层意义上，熊十力赞成张之洞的主张，他说：'南皮说中学为体，西学为用，其意甚是。而立辞似欠妥'。张之洞将体用打成两截的说法自为熊氏所不取，但要从中学（经）的根基上'开新'而获得西学所擅长的科学、民主与法制之用，却是熊氏的真意。这使熊十力与近代传统的关系表现出濡化的状况，并且将在他对儒学经典的重新解

---

① 牟宗三、徐复观、张君劢、唐君毅：《中国文化与世界》，载唐君毅《文化意识宇宙的探索——唐君毅新儒学论著辑要》，中国广播电视出版社 1992 年版，第 346 页。

② 熊十力：《乾坤衍》，《体用论》，中华书局 1991 年版，第 320 页。

③ 熊十力：《读经示要》，上海古籍出版社 2019 年版，第 12 页。

④ 熊十力：《读经示要》，上海古籍出版社 2019 年版，第 15—16 页。

释中阐发出来。"①

就彼时"新文化"所揭橥的两大主题"赛先生"（科学）与"德先生"（民主）而言，熊十力对于"科学"或"科学方法"并不抵触，反倒是有较高的评价，谓："自有科学以来，其方法则谨严、精详、周密、准确，与其辅助感官之工具皆与日俱进，强之至也；其成绩则积世、积人、积智之发见与开辟，累积雄厚，继长增高，将随大自然之无尽而同其无尽，又强之至也；其功效则征服自然，利用自然，变化裁成乎万物，乃至大通宇宙、改造宇宙，强哉矫也。现代科学当犹未尽其强力，将来强之所至实未可量。"② 然又以科学毕竟不能解决人的安身立命问题，这方面仍需东方哲学思想发挥作用，故又"坚决主张划分科、哲领域。科学假定外界独存，故理在外物。而穷理必用纯客观的方法，故是知识的学问。哲学通宇宙、生命、真理、知能而为一，本无内外，故道在反躬，非实践无由证见，故是修养的学问"③。在他的心目中，所谓"科学"只能是工具或"用"的层面，大本大源之"体"的学问，还是以儒门心性之学为最高。

另外，就所谓"民主"思想而言，熊十力作为一位曾参与过辛亥革命的开明人士，当然也是支持的，不过，他却不愿意接受西方自由主义思想中"人人皆可能为恶"这一人性论的理论基础，更反对基于这种人性论进行制度设计，谓："若夫以功利之见而论道德，必以为人各欲遂其谋利计功之私、以己私莫可独逐，必于己外顾及他人、甚至以利诱人而便己之私。久之，因社会关系形成清议种种制裁，逐渐养成道德感。此种肤论，不足与辨。"④ 断定靠利益关系建立"惩恶"的制度并不能从根本上改变人性，故认为仍需回归中土性善论之旧说，"当今之患，诚在纵欲。固宜颂法程、朱，以拯生人"⑤。以宋儒道德观念为救世之要。——不过，熊十力作为一位能够自作主宰进行独立思考的哲人，对于任何学说都不会泥古不化地盲从，在程朱理学的禁欲主义倾向方面，他也跟清儒有类似的思考向度，认为"欲者，乃吾人正感于物时，而天机乍动者也"⑥。刻意禁欲致使人性扭曲，流毒匪浅："今欲人欲之不起，惟务抑之遏之、不知欲之起

① 高瑞泉：《熊十力与近代传统》，《华东师范大学学报》（哲学社会科学版）1995 年第 6 期。
② 熊十力：《明心篇》，《体用论》，中华书局 1991 年版，第 229 页。
③ 熊十力：《与张东荪》，《十力语要》，中华书局 1996 年版，第 72 页。
④ 熊十力：《原儒》，《熊十力全集》第 6 卷，湖北教育出版社 2001 年版，第 577 页。
⑤ 熊十力：《与友人》，《十力语要》，中华书局 1996 年版，第 19 页。
⑥ 熊十力：《原儒》，《熊十力全集》第 6 卷，湖北教育出版社 2001 年版，第 666 页。

也无已，抑之遏之亦无已。是非如治水之壅塞其流，终将使之决于一旦，滔天而不可挽乎！"① 由此可见，即使作为"保守主义者"，熊十力的思想中仍然蕴含了颇多现代性的因子。

不过，由于熊十力的治学取向，始终强调"回归自家宝藏"，仍为倾向于"六经注我"的心性哲学。清代乾嘉学派主张回归经典文本本身的知识论路径，在熊十力看来是"向外驰求"，毕竟不能认同，所以，他平生对清儒之学有所非议，在其《读经示要》书中更颇有批判之语。

《读经示要》初版于 1945 年，"甲申正初起草，迄秋冬之际而毕"②，其撰述在 1944 年，正值在抗战后期最为艰苦的那段时日，熊十力"念罔极而哀凄。痛生人之迷乱。空山夜雨，悲来辄不可抑；斗室晨风，兴至恒有所悟"③。熊氏从自己的思想视角反思家国危亡、人心丧乱状况之根由，觉得与新文化运动以来所致学风、世风之浮躁功利有关，而此风之缘起，则又导源于清儒对儒家经书神圣性的破坏，其谓：

> 经学既衰绝，古人成己成物之体要，不复可窥见。于是后生游海外者，以短少之日力，与不由深造自得之肤泛知见，又当本国政治与社会之衰敝，而情有所激，乃妄为一切破坏之谈。则首受攻击者，厥为经籍与孔子。北庠诸青年教授及学生始掀动新潮，而以打倒孔家店，号召一世。六经本弃置已久，至此又剥死体。然是时胡适之等，提倡科学方法，亦不无功。独惜胡氏不专注此，而随便之议论太多耳。自兹以后，学子视六经殆如古代之器物，而其考核及之者，亦如西洋考古家，考察灭亡蕃族之遗物已耳。呜呼！自清儒讲经而经亡。清之末世，迄于民初，其始也，假经说以吸引西学，及西学之焰渐炽，而经学乃日见废弃，甚至剥死体。然则，经籍果为先王已陈刍狗，在吾侪今日与今后人类，将永远唾弃经籍，无有服膺其义者乎？抑剥极必复待时而将昌明乎？此诚一大问题。④

在熊十力看来，乾嘉诸儒之学术贡献，仅在于文字考据，而考据本"经生之绪余"⑤，无关乎要道，"第束缚于书册之中，搜考虽勤，亦不出

---

① 熊十力：《高赞非记语》，《十力语要》，中华书局 1996 年版，第 369 页。
② 熊十力：《读经示要》，上海古籍出版社 2019 年版，第 6 页。
③ 熊十力：《读经示要》，上海古籍出版社 2019 年版，第 6 页。
④ 熊十力：《读经示要》，上海古籍出版社 2019 年版，第 15 页。
⑤ 熊十力：《读经示要》，上海古籍出版社 2019 年版，第 10 页。

纸上所已有者。且莫识自然之趣，而心思则已陷于小知间间，不得超脱。程子所讥玩物丧志，正谓此辈"①。故熊氏断言：

> 由清儒之风，而必至于今日浮偷无可自立盖无可挽之势也。夫有清二百余年之学术，不过拘束于偏枯之考据，于六经之全体大用毫无所窥。其量既狭碍，其识不宏通。其气则浮虚。其力则退缩。②

与侯外庐的看法类似，熊氏亦不承认清儒之学之可全然等同于"科学"，他认为："考据之科，其操术本尚客观。今所谓科学方法者近之。然仅限于文献或故事等等之探讨，则不足以成科学。"③——基于宋学重体认解悟、"为仁由己"的立场，熊十力对以戴震为代表的清儒"由辞通道"的义理观亦极不以为然，谓：

> 所谓为仁由己，与仁者先难而后获是也。必真积力久，庶几于道有悟，而遥契圣心。否则只是读书，毕竟不闻圣学。颜习斋曰："以书为道"，其距万里也。以读书为求道，其距千里也。"孰有智人，疑于斯言？"而戴震曰："经之至者道也，所以明道者，其辞也。所以成辞者，字也。必由字以通其辞，由辞以通其道，乃可得之。"固哉斯言！恶有识字通辞，而即可得道乎！字与辞，佛氏所云敲门砖子也。恶有持砖子而不知敲门者，可以升堂入室乎？④

由此可见，熊十力所认同的哲学方法，乃在晋人"得意忘言"、禅家"离语言文字"乃至陆王心学"六经皆我注脚"这一家数，故于清儒"读经由识字始"的重视文本本义的路线，大为扞格。

熊十力为宋儒辩护"理"这一观念的合理性，以宋儒言"理"即本体，其义与先秦儒家之"道"无二致，因此熊氏对清儒戴震、焦循之说亦颇加非议：

> 焦循之学宗戴震，震拼命攻击程朱者，根本不识一"理"字。程子曰："吾学虽有所受，而天理二字，确是自家体认出来。"此语切不

---

① 熊十力：《读经示要》，上海古籍出版社 2019 年版，第 14 页。
② 熊十力：《读经示要》，上海古籍出版社 2019 年版，第 15 页。
③ 熊十力：《读经示要》，上海古籍出版社 2019 年版，第 11 页。
④ 熊十力：《读经示要》，上海古籍出版社 2019 年版，第 13 页。

可忽。程子所言理者（理字可单用，亦或用天理及实理等字。他处准知），乃本体之目，非由意见安立，以为行为之规范也。本体元是万理俱备，其始万化，肇万物，成万事者，自是固有此理。非无能生有也。程子说个理字，与六经中道字可互相发明。戴震不悟此，乃疑程朱以己意安立一个理，以为人生行为作规范。其所攻击，与程朱本旨全不相干。夫本体之理，实则本体即是理。……戴震本不识程朱所谓理，而以私见横议，吾于此不及深论。焦循承其学，核其书中所言，实于至道，未之能闻也。[①]

清儒基于文本考据立言，熊十力等晚近新儒家则延续宋明儒基于"自家体认"而立言，二学之分途，所论各执一端。新儒家于乾嘉学术的批判态度，实为汉宋之争的近代余响，此"千古不可合之同异"，固难强求相契。

熊氏所论之稍可议者，在其以晚近士林之弊，归咎于清儒学风这一"文化决定论"之思路，此议实如清初诸老以"亡天下"之因归咎于晚明王学"游谈无根"的看法类似。然晚明王学之流于空谈，自不能究责于王守仁及王学开山诸君；乾嘉学派末流琐碎"偏枯"之弊，恐亦不能究责于惠栋、戴震。盖凡一代之学术，总有其僵化渐衰之时，末流之弊呈现出的原因，总是多元的，若一家族一民族，"其兴也勃焉，其亡也忽焉"，此周期律鲜有能外之者，然其渐衰之因，总不能究全责于家族之远祖，此理显明。

此外，熊十力生性沉潜，极能深思，平日仰观俯察，抚今追昔，以彼时之士风浮荡，难堪入眼，此亦历代贤哲常见之议论。实则，吾人平心论之，任何时代之士林风气，总是喧嚣者众，笃实者寡；绝对意义上的"精英"，在每一个时代都是凤毛麟角的，所谓"后之视今，亦如今之视昔"。纵观民国时期的知识分子群体，熊十力所痛心的那种浮躁功利风气的蔓延情况确实存在，但也确实有不少学贯中西、傲骨铮铮，后人至今尊仰的士林典范人物（如熊先生本人，也包括他颇不以为然的胡适等）。熊十力这种反思的思路，自是体现了一代大儒的文化使命意识和担当意识，然揆诸古往今来社会存在之"实然"状态，也实在难免渗入了过多的理想主义情怀。

熊十力对乾嘉学派及其义理思想的看法，在取法宋学的近现代新儒家

---

① 熊十力：《读经示要》，上海古籍出版社 2019 年版，第 20—21 页。

群体中堪称代表，熊十力的高足牟宗三，平生治学多有与乃师类似的论断，其在晚岁所撰《从陆象山到刘蕺山》（1979）著中以清代为中国文化传统学绝道丧的时代。这种看法，在当时的港台及海外学界影响相当深远。

第四节　当代学者的有关研究及"新义理学"概念的确立

今人所谓之"清代新义理学"者，以乾嘉学派中戴震及其后学的义理思想为主体，故又被称之"乾嘉义理学""乾嘉新义理学"。这些说法其实都是一种习惯而已，由于"乾嘉新义理学"虽自成体系，但实于清初诸儒的思想中已有甚深渊源，且于晚清思想界仍有余响，故笔者著中倾向于使用"清代新义理学"一词。

通过以上对20世纪前期相关研究之学术史回溯可见，以戴震思想体大思精而自成一派、给予甚高评价者，主要是梁启超、胡适。而唯物史观学派的侯外庐、学术立场相对保守的钱穆，皆对清儒义理思想造诣评价不高；新儒家学派的熊十力等更对清儒思想持明确的反对意见。由此，在20世纪后半叶的汉语学术界何以对这一领域的研究相当冷落，可以得到合理解释。在中国台湾地区，新儒家群体的"宋学派"立场，逐渐成了海外中国哲学研究的主流。而在大陆，至少在1980年代以前，持唯物史观立场的思想史学者也对戴震及其后学的学术史地位评价不高，所以相关研究也相对匮乏。

然此一阶段的研究亦非乏善可陈，余英时在1970年代于清代思想学术史领域有颇多著述，本于乃师钱穆以清学"延续宋明理学"的视角，提出了他的所谓"内在理路"说，其代表性著作为《论戴震与章学诚：清代中期学术思想史研究》（1976），及《从宋明儒学的发展论清代思想史》（1970）、《清代思想史的一个新解释》（1975）等论文。在《清代思想史的一个新解释》文中，余英时把之前的有关对清代思想的解释体系均称为"外缘说"，其中约有四种，即"反满说""反理学说""方法论运动说""市民阶级"说，分别以章太炎、梁启超、胡适、侯外庐为代表。余氏认为，这些说法的共同缺陷是"忽略了思想史本身的生命"，而他认为"贯穿于理学与清学之间有一个内在的生命"，旨在"找出宋明理学和清代的学术的共同生命何在"①。其《论戴震与章学诚》一书强调应"确切地把握到戴东原和章实斋在清代学术史上的重大意义",这一意义的确立,建立在"清代经学考证背后所隐藏的儒家智识主义的动力"的观念上。因此,在余英时看来,清代学术思想"从理学到考证学的转变其实乃是从儒学从'尊德性'折入'道问学'的一个内在发展的历程"②。由此可见,余英时的清学"内在理路说",实为对乃师钱穆《中国近三百年学术史》的基本观点的展开和细化探讨,余氏作为更为专业化的当代学者,其所论列立场更见客观中立,并未明显濡染乃师那种明确的宋学立场。

在大陆,"侯外庐学派"的后学对清代学术思想史的研究亦有所拓进,相对于侯外庐本人而言,他们对戴震及乾嘉学派的历史地位的评价相对提高了。侯外庐的弟子姜广辉撰有《走出理学——清代思想发展的内在理路》(1997),援用余英时的"内在理路"这一概念,但基本看法与余氏不同,其在著中谓:"我很赞同余英时教授重视思想发展的内在理路的见解,但对他关于明清思想史内在理路的具体解释,看法则不尽相同。在我看来,思想发展的内在理路不一定是单一的,'反理学'也是从宋明到清代思想发展的内在理路,并在清世发展成为主线。""'反理学'不是由于清代'反满'才有的,而是差不多在理学形成之初就有的。反理学人物多坚持原始儒学的立场,原始儒学的传统讲求经世致用。而理学强调先明体,溺心于理气心性等虚玄之辩,从而偏离了原始儒学的经世致用传统。"③ 所论言之成理。深受侯外庐"早期启蒙说"影响的萧萐父(有学者认为他亦属"广义的侯外庐学派"④)撰《明清启蒙学术流变》(1995,与许苏民合著),著中对于戴震及其后学义理学思想中的"知性精神""自然人性论""新礼欲观""新情理观"诸面相有系统探讨,强调"戴震、焦循、章学诚等学者致力于从考据中发展出义理,又有袁枚、郑燮、俞正燮、龚自珍等具有独立个性的学者从不同侧面对宗法专制观念展开批判,使早期启蒙学说在对于伦理异化批判的广度和深度上都有所开拓,并使这一时期的中国学术更明显地带有了摆脱宗法专制的道统束缚、争取学

---

① 余英时:《清代思想史的一个新解释》,《历史与思想》,联经出版事业股份有限公司1976年版,第122—126页。

② 余英时:《论戴震与章学诚:清代中期学术思想史研究》,生活·读书·新知三联书店2012年版,第23页。

③ 姜广辉:《走出理学——清代思想发展的内在理路》,辽宁教育出版社1997年版,第10—11页。

④ 吴光:《侯外庐学派的治学特色》,《北京日报》2013年5月13日。

术独立、弘扬知性精神的近代特征"①。这些探讨将侯外庐的"早期启蒙说"引向深入，立论亦更见平正。葛荣晋等撰《中国实学思想史》（1994）三卷，把宋代以来儒家的经世致用思想名为"实学"（所谓"实体达用之学"），并用"实学"这一理念把宋明理学与清代学术联结起来，把乾嘉学术称为"考据实学"②纳入"实学"一系，也是饶有新意的一种思路。此外，高正在1987年发表《清代考据家的义理之学》，③黄爱平在1986年及以后发表《戴震的义理说与清中期的学术思想界》《凌廷堪学术述论》《阮元学术述论》等文，④1992年王茂等学者著《清代哲学》，⑤1998年漆永祥著《乾嘉考据学研究》⑥的第八章探讨"乾嘉考据学思想"等，可见自1980年代后，大陆学界逐渐开始重视乾嘉学术的思想义理问题。

20世纪后半叶汉语学术界的清学研究更多较为偏于"学术史"的视域，这方面的有关著作，雷平《20世纪清代学术史研究述略》⑦一文中颇有论列，兹不赘述。以下仅就"新义理学"研究兴起的情况略作回顾。

清代新义理学（亦称"乾嘉义理学""乾嘉新义理学"等）概念之最初正式提出，据黄爱平在其《"乾嘉新义理学"与清代汉学研究》文中介绍，始于1993年中国台湾地区"中央研究院"的一次学术座谈会：

就乾嘉学术研究的若干重要问题，分别进行专场研讨，"乾嘉义理学研究"即为讨论的问题之一。在该场研讨会上担任引言人的张寿安，以余英时的主张为出发点，明确提出："我们不妨以宏观的态度把'义理'一词视为儒学思想，儒学思想在不同时代有不同面貌和性质，魏晋时是玄学，隋唐时是佛学，宋明时是理学，而乾、嘉所呈现的面貌，现在仍在探讨中，不妨暂且称为乾嘉义理学。"通过对戴震等乾嘉学者讨论的"情欲"、"仁"、"礼"等义理问题的简要分析，

① 萧萐父、许苏民：《明清启蒙学术流变》，辽宁教育出版社1995年版，第652页。
② 葛荣晋：《中国实学思想史》中卷，首都师范大学出版社1994年版，第576页。
③ 高正：《清代考据家的义理之学》，《文献》1987年第4期。
④ 黄爱平：《戴震的义理说与清中期的学术思想界》，《徽州师专学报》1986年第2期；《凌廷堪学术述论》，《清史研究通讯》1990年第3期；《阮元学术述论》，《史学集刊》1992年第1期。
⑤ 王茂等：《清代哲学》，安徽人民出版社1992年版。
⑥ 漆永祥：《乾嘉考据学研究》，中国社会科学出版社1998年版。
⑦ 雷平：《20世纪清代学术史研究述略》，《湖北大学学报》（哲学社会科学版）2004年第5期。

作者指出："清人的考据成果，提供了思想研究的资料。考据学在思想上的最大意义，应该是考据学破坏了旧哲学，进而企图为儒学建立另一因应时代需求的新思想典范。"可以说，此次座谈会不仅明确提出了"乾嘉义理学"的概念，而且对此作了初步的研讨，有力地促进了这一问题的研究。①

在此前后，有关清代"新义理学"的研究，堪称代表性者，约略如下述。

一 张寿安的"以礼代理"说

1994 年，中国台湾地区学者张寿安著《以礼代理——凌廷堪与清中叶儒学思想之转变》一书出版，作者在著中提出，清代中后期学界中呈现出了"以礼代理"这一思想脉络，认为"以礼代理的思想走向，实为清学在思想上之主要发展特色，也是清学与宋明理学在思想上的主要分水岭，其目的是要把儒学思想从宋明理学的形上形式，转向礼学治世的实用形式"②。张寿安注意到，清儒本诸六经以求治世之道，于"礼"尤有偏重，以之作为实践的准则和参考，故认为"'礼'因为和宋明理学之理有辩证上的关系，被乾嘉学者用作发展其本身思想体系的基石，在清代'新义理学'上具有重大意义"③。经张氏的分梳考辨，"发现徽学从戴震、程瑶田（1725—1814）至凌廷堪，有一'以理代礼'的明显走向，而廷堪尤为礼学之大蠹。廷堪'以礼代理'之说立，然后清儒自顾炎武以来'经学即理学'及戴震所倡'道在六经'的实学主张，才有了从思想到实践的一贯体系，而清代儒学在思想史上的意义，也才能具体显现"④。以凌廷堪（1757—1809）为清代新义理学中"以礼代理"这一脉络上承先启后的关键人物。王俊义撰文评价张寿安研究的贡献谓："该书在重点分析了凌廷堪这个典型之后，又介绍了当时崇礼思想的兴起，及阮元、孙星衍、许宗彦、焦循等人的礼学思想，这些学者也多和凌廷堪一样，把经史考证与经

---

① 黄爱平：《"乾嘉新义理学"与清代汉学研究》，"近代中国与近代文化"学术研讨会会议论文，北京，2007 年 6 月，第 140 页。

② 张寿安：《以礼代理——凌廷堪与清中叶儒学思想之转变》，河北教育出版社 2001 年版，第 6 页。

③ 张寿安：《以礼代理——凌廷堪与清中叶儒学思想之转变》，河北教育出版社 2001 年版，第 3 页。

④ 张寿安：《以礼代理——凌廷堪与清中叶儒学思想之转变》，河北教育出版社 2001 年版，第 7—8 页。

世思想联系起来。从而做出明确的回答：清代乾嘉道时期的儒学并非只有考证而没有思想。如果说恢复了清中叶儒学思想转变的一条线索，是《以礼代理》在学术研究上的有益贡献，那么，揭示出清中叶儒学经史考证背后的思想，更是该书对清代学术思想史研究在观点上的推进和突破，贡献尤大。"① 这一评价应该是恰如其分的。

以乾嘉汉学有"以礼代理"这一脉络，溯此说之渊源，或为钱穆所撰《中国近三百年学术史》中所首倡（张寿安著中亦提及），钱穆在探讨乾嘉时期"学界相戒恶言理，而以礼代之"的状况时说：

> 东原（戴震）之深斥宋儒以言理者，次仲（凌廷堪）乃易之以言礼，同时学者里堂（焦循）芸台（阮元）以下，皆承其说，若以理、礼之别，为汉、宋之鸿沟焉。焉。夫徽歙之学，原于江（永）氏，胎息本在器数、名物、律历、步算，以之治礼而独精。然江氏之治礼，特以补紫阳（朱熹）之未备。一传为东原，乃大詈朱子，而目其师为婺源之老儒焉。再传为次仲，则分树理、礼，为汉、宋之门户焉。②

张寿安于清儒"以礼代理"脉络之深掘，自当本于钱穆此一论述而来，张氏的基本思路，注目于清学与宋明理学的内在联系与转化问题，颇受余氏"内在理路"说的启发。要之，其学或亦当可视为钱穆、余英时一系清学研究基本思路的进一步开展。后《以礼代理》一书在大陆出版时，张寿安新撰序言谓："1994 年后，我对清代学术思想的研究又有了新的关怀，其中较重要的议题有：情欲觉醒、礼制重建、礼教与人情的冲突、经学史学之争，以及学统、知识等问题。清学位居理学与新学之间，是中国进入现代之前的关键时段。……二十年来，我在阅读清人著作时，不断发现时代议题从考证文字的硬壳中蹦出，其迫切性与崩裂性令人扼腕。"③ 其学术视野更有拓进。

---

① 王俊义：《清代学术思想史研究的新创获——〈以礼代理〉及其著者评介》，载《清代学术探研录》，中国社会科学出版社 2002 年版，第 489 页。
② 钱穆：《中国近三百年学术史》下，商务印书馆 1997 年版，第 547 页。
③ 张寿安：《以礼代理——凌廷堪与清中叶儒学思想之转变》，河北教育出版社 2001 年版，第 4—5 页。

二　张丽珠的"'经验认识'代'理性认识'"说

1999 年，中国台湾地区学者张丽珠著《清代义理学新貌》出版，该书从宏观视角入手，分别梳理了戴震的"重智主义道德观"、焦循对戴震思想的继承及其"能知故善"说、凌廷堪的"以礼代理"说、阮元的"仁论"诸问题。作者试图在学术研究范式上对前人有所突破，基于对"前贤说法之商榷"，提出了他的以乾嘉学术是"儒学从主观向内的理性认识，向客观实证的经验认识发展的结果"①。张丽珠以宋明理学的形上玄思为"理性认识"，在她的语境中，所谓理性，所指当为西方哲学中与"经验主义"相对的"理性主义"（Rationalisme）之义，是以思辨本身就可以认识真理的哲学路数。

张丽珠认为，就梁启超所提出的"理学之反动"说而言，由于宋明理学发展至后期，"从明末开始，一股考证古书的风气，就已经逐渐在展开了"，因此，"决定了考据学与理学，不是根本的对立，正如理学之与原始儒学也非根本对立一般，而是有所继承、蜕变、与批判的"②。就余英时所提出的"从尊德性转入道问学"之说而言，强调儒学在内在理路上转向"智识主义"的发展。张丽珠则认为，宋明理学不单有"尊德性"的成分，从先秦儒家以降，儒学历来都是二者兼具，对于理学而言，他们的"道问学"是"以道德为知识"③的学术活动。"所以在厘清了'尊德性'并不能完全涵盖宋明理学以后，则余英时认为考据学是儒家中智识主义获得重视与发展结果的推论，便也不尽然了。因为即使重智，也不一定会开出考据学，知识可以是经验实证的，但也可以是抽象思辨的啊！如果不厘清理学也是学术中道德形上学之建构，则重智也有可能走上如理学的形上思辨之路的。"其认为余英时"所提出的'以义理的是非取决于经典'，为儒学之从义理学到考据学，提供了重要的线索"④，正可为"'经验认识'代'理性认识'"说提供佐证。

毋庸讳言，张丽珠这些与前贤"商榷"的说法，虽确有所见，也难免有些"强为立异"的味道，因为，无论是梁启超所说的"反理学"的"理学"，还是余英时所说的"尊德性"，在他们各自的语境中显然所指并非全体的宋明学术，而是强调其重要特征，也就是重视道德论玄思的面

---

① 张丽珠：《清代义理学新貌》，里仁书局 1999 年版，第 48 页。
② 张丽珠：《清代义理学新貌》，里仁书局 1999 年版，第 50—54 页。
③ 张丽珠：《清代义理学新貌》，里仁书局 1999 年版，第 60 页。
④ 张丽珠：《清代义理学新貌》，里仁书局 1999 年版，第 64 页。

相。因此，张氏提出的清学以"经验认识"代宋明儒的"理性认识"，实为这些前贤论说的题中已有之义，只是表述方式不同而已。张氏的贡献，当在于对这一层意思进行了清晰化的表述。她总结说：

> 乾嘉时期的义理，是筑基在考据学之上的；考据学是以经验实证为出发的，因此乾嘉时期的义理发展充满了经验主义色彩——不仅其学术途径崇实黜虚，即其所关怀的焦点也在经验领域；此其所以立异于主观内向、形上思辨的宋明义理学。也因此主于说明义理学和考据学之间关系密切、并指出义理才是考据目的的"从故训进求理义"，是本着相当重要的思想线索。而本着所持论的义理学，也主要是指乾嘉时期清儒藉诸考据基础，以推溯古训的"训诂解经"方式，突破理学传统、并展现出经验领域思想特质的义理学发展。①

揆诸张丽珠的清学研究思路，虽有意与梁启超、余英时诸家立异，倒是与胡适的思路颇为相似，胡适在《戴东原的哲学》著中将戴震本人及"几个私淑戴学的学者，焦循、凌廷堪、阮元一班人"的思想脉络界定为"新理学"②，与张氏《清代义理学新貌》的"新义理学"研究对象全然符契。而且，胡适著中多强调清儒致力于"反玄学"、反"心性的玄学"③，其义亦与梁启超所说"反理学"有细微区别。此外，胡适平生也一直强调宋儒之学中早已蕴含了"科学方法"，朱熹本人即其中杰出之士，尝谓"朱子真正是受了孔子的'苏格拉底传统'的影响，所以立下了一套关于研究探索的精神、方法、步骤的原则"④。这一传统由清儒承继并发扬光大。张丽珠以宋明儒亦有"道问学"的思路，亦略与之近似。由此，张丽珠的清学研究，不妨或可视为对胡适基本思路的一种延续。

《清代义理学新貌》再版印刷时卷首加入了一篇大陆清代学术研究领域的资深学者周积明的书评，周积明比较张寿安与张丽珠这两位女性学者在研究"新义理学"上的不同贡献，认为"寿安女士研究的特色有三：一是'小焦点，大议题'，从实证上升为宏观议论；二是绵密细腻，论证坚实，有很深厚的经学功柢；三是善于把经学史研究、思想史研究与社会史

---

① 张丽珠：《清代义理学新貌》，里仁书局1999年版，第367页。
② 胡适：《戴东原的哲学》，《胡适全集》第6册，安徽教育出版社2003年版，第458页。
③ 胡适：《戴东原的哲学》，《胡适全集》第6册，安徽教育出版社2003年版，第339—341页。
④ 胡适：《中国哲学里的科学精神与方法》，《胡适全集》第8册，安徽教育出版社2003年版，第498页。

研究结合起来"。"张丽珠女士的研究风格则不同，读《清代义理学新貌》，印象最为深刻的至少有两点：一、宏观建构，理论拓道；二、挑战成说，锐气飞扬"。并坦言："或许，张丽珠女士的这些论说并不那么成熟和严密，还有进一步商榷讨论之处，但无论如何，她观察和思考问题的新的角度，她的充满思辨意味的诘难和视野，为我们重新观看乾嘉考据学与儒学的整体运动打开了新的眼界，提供了新的方法论，这是十分难能可贵的。"①周氏的评价公允平正、深具见地。

张丽珠后来又出版了《清代新义理学——传统与现代的交会》（2003）、《清代的义理学转型》（2006）二书（与《清代义理学新貌》合称"清代新义理学三书"），进一步关注到了清代新义理学的现代性问题、"性情学"问题、明清气学问题等众多议题，研究方向不断扩展拓进，颇为可观。

三　周积明、陈居渊对"新义理学"概念意涵之界定

张寿安等台湾学者提出"乾嘉新义理学"这一概念后，在大陆学界随后亦得到呼应。首先，长期致力于清学研究的周积明教授［著有《文化视野下的〈四库全书总目〉》（1991）、《纪昀评传》（1992）等］于2002年撰文《〈四库全书总目〉与乾嘉"新义理学"》评介张寿安之说，并自述："笔者自90年代初开始研究《四库全书总目》，深感这部规模宏大、著录丰富的目录著作，于剖判条源、甄明科部之中，潜含着无限丰富的'意义世界'，由此而有《文化视野下的〈四库全书总目〉》一书的写作与出版。1998年，笔者接触'乾嘉新义理学'的概念后，蓦然发现，在《总目》中多有与'戴氏之义理'相与呼应的思想踪迹，以往的研究、陈旧的材料顿时呈现出一种新的含义。"可见乾嘉学术的义理学问题，由于其本是一种客观上的事实存在，且近代学者其实早有论及，故两岸学者有"闭门造车出门合辙"的情况，从而产生共鸣。周氏此文旨在"糅和新的材料，运用新的眼光，通过对《总目》与'戴氏之义理'相与呼应的观念的发掘，揭示中国早期启蒙学术在乾嘉时期的整体性形态及其走向"。与之同时，尝试对清代的"新义理学"这一概念加以清晰界定，他提出：

中国早期启蒙学术在乾嘉时期以"乾嘉新义理学"为表现形态。其主要内容力主达情遂欲，反对存理灭欲，要求以新的合情之理取代

①　周积明：《新的思考、新的视野——评张丽珠女士在乾嘉学术研究中的新贡献》，载张丽珠《清代义理学新貌》（里仁书局2006年版），第12—15页。

宋明压抑人情的"天理";其二,通过"训诂明而后知义理"的为学程序,淡化传统"义理学"的"道德化"强势及"自由心证"的主观语境,突出学术的意义、实证的意义、试验或实测的意义;其三,从"言心言气言理"的形上"义理学"走向沟口雄三所指出的"社会的相关之理的创出"。正是如上三方面,构成"乾嘉新义理学"的框架,并显示出与宋明"义理学"的分野所在。①

这三点概括简洁精炼,基于侯外庐的"早期启蒙"说,并将前贤章太炎、梁启超、胡适诸先生及当代台湾学者论清学之精义,大体上皆涵盖其中,颇见功力。周氏于2001年还发表过与张寿安的一篇学术通信《关于乾嘉"新义理学"的通信——兼评张寿安研究员"乾嘉学术"的系列研究》,解答了张寿安是否应坚持"乾嘉新义理学"这一提法的困惑,周积明强调了不仅仅只有宋明儒才有"义理"这一核心性问题。他说:

> 要理解"乾嘉新义理学",必须首先对"义理"的概念作重新理解。"义理"一词,最初指合于一定伦理道德的行事准则。《韩非子·难言》曰:"度量虽正,未必听也;义理虽全,未必用也。"说的就是这层意思。其后,"义理"二字衍绎为儒家经义,《汉书·刘歆传》谓:"初,《左氏传》多古字古言,学者传训故而已。及歆治《左氏》,引传文以解经,转相发明,由是章句义理备焉。"后人多在这一层意义上理解"义理"二字。然而,就在此则史料中,"义理"与"章句"相对,已经有了观念、理论的含义。宋明理学之所以被称为"义理之学",从狭义理解,是因为理学家专讲儒家经义;从广义来看,则是因为理学专讲观念、理论。《抱朴子·钧世》中的"今与古诗书,俱有义理"之说,正是在这一意义层面上运用"义理"之概念,其内涵远远越出了"儒家经义"的范畴。台湾学者胡楚生曾在《方东树〈汉学商兑〉书后》一文中概言:"义理之名,为思想、义趣、理念、意旨之总称。"此论甚为确切。如果从"思想、义趣、理念、意旨"这一层面来理解"义理"之概念……承认乾嘉学者同样有"义理",事实上是并不困难的事。②

---

① 周积明:《〈四库全书总目〉与乾嘉"新义理学"》,《中国史研究》2002年第1期。
② 周积明:《关于乾嘉"新义理学"的通信——兼评张寿安研究员"乾嘉学术"的系列研究》,《学术月刊》2001年第4期。

"义理"一词既非宋明儒所专有，汉儒有汉儒之义理，宋儒亦有宋儒之义理，那么，清儒自应有清儒之义理，显然原本是毋庸置辩的问题。——张寿安之所以会遇到这一疑难，也许可能是如周积明教授平日曾与笔者言及的原因：台湾地区新儒家一系的学者在中国哲学研究的圈子里占主流，较为认同清学的学者，偶尔会遇到一些带有"汉宋之争"性质的质疑，也在情理之中。

多年来以治清儒焦循之学命家的陈居渊教授［著有《焦循儒学思想与易学研究》（2000）、《焦循阮元评传》（2006）等］于2003年发表的《清代"乾嘉新义理学"探究》也是对张寿安之说进行评介和呼应的文章。陈居渊认为，所谓"乾嘉新义理学"并非仅限于乾嘉时期，其特征有三：

> 一、"乾嘉新义理学"并不始于戴震，而是自晚明至清初以来反理学思潮发展至乾嘉时期的必然结果，它已不再局限于讨论宋明理学那种形上性理之学的旧范式，而是转向发掘经学的思想性与社会制度、行为文化相结合的新尝试。二、"乾嘉新义理学"不仅与如风捕影的程朱理学划清界限，而且激活了清初以来被汉学家所淡化了的经术经世观念，弥补汉学家重考据、轻义理的倾向，重新确立经世致用之学。三、"乾嘉新义理学"也是对乾嘉汉学原有理论的重要补充，它为经典诠释突破原有汉学范围的限制提供了可能。①

陈氏以"乾嘉新义理学"于明末清初诸儒的思想中已现萌蘖，"而且又适应了19世纪初汉学求变更新的时代要求，成为乾嘉学术衔接晚清学术的重要纽带"②。由此将清代学术思想视为前后勾连的整体，颇具见地。由于陈居渊对焦循易学有深入研究，还认识到了易学在"新义理学"中的一定重要性，他指出焦循"将六十四卦中除《乾》、《坤》两卦外的六十二卦演绎成一个由洪荒之世、小人之世、更化之世、大同之世、天开治运之世的周而复始的循环过程"，这种诠释风格有转向类似今文经学求"微言大义"的倾向。③这一论断颇具启示，笔者本书则旨在进一步阐述：汲取《周易》中的思想资源，并复兴汉儒象数易学建构体系，是清代新义理学的重要组成部分。

---

① 陈居渊：《清代"乾嘉新义理学"探究》，《求索》2003年第5期。
② 陈居渊：《清代"乾嘉新义理学"探究》，《求索》2003年第5期。
③ 陈居渊：《清代"乾嘉新义理学"探究》，《求索》2003年第5期。

余论：清代新义理学中是否亦有形上之思？

当代学界对清代"新义理学"的解读和诠释，以实证主义方法和经验主义的价值取向为其基本特征，故与宋明儒重在致力形上玄思的取向大相径庭，此议自然是有道理的。不过，我们亦不能忽视刘师培、钱穆乃至余英时等有关研究的提示，即清学中亦始终渗透着宋学潜移默化的无形影响，宋明儒对"性与天道"问题形而上问题的思辨和追索，也不可能在清儒的学术路向中完全未留下痕迹。章太炎晚年称戴震之学为"宋学"，其说固然大可商榷，但恐怕正是注意到了，戴震试图重构义理体系与程朱一争短长的努力，这种致思过程，也是一种"理性主义"（Rationalisme）的，也存在与宋儒类似的超越性的哲学思辨，大约也正因此，同时代的考据学者们有相当多的人对戴震此方面的努力颇不以为然。

对于世界存在和人生意义终极问题的追索，此于古今中外之种种哲学思考中，都是不可能回避的问题，对此，揆诸古今中外的不同思想体系，莫能外之。这也是人类与生俱来的，对未知世界的"好奇心"所决定的。——清儒旨在回归汉儒的质朴学风乃至先秦儒学之本义，但即使是先秦两汉儒者，一样也有不少探讨"性与天道"和"天人之际"的学问，虽然致思的路向可能与后世的宋明儒异趣。故章太炎说："言哲学创宗教者，无不建立一物以为本体。"① 都免不了会去探讨研究客观事物存在背后的本质问题。

宋儒言"本体"，要之有三系，即言理者、言心者、言气者。以独立于程朱理学和陆王心学两系之外，尚有一由张载开启的"气本论"一系，此说渐为更多的学者接受。若台湾学者杨儒宾近年便强调，程朱言"性体"，陆王言"心体"，张载之气本论为"道体"，指的是"以气化之道作为本体的展现的学说"，以张载、方以智、王夫之等代表道体论一系，"可视为理学的第三系"②。更早言宋儒以降气本论之统系者为张岱年先生，他在1937年完稿的《中国哲学大纲》中已指出：

> 在中国哲学中，注重物质，以物的范畴解说一切之本根论，乃是气论。中国哲学中所谓气，可以说是最细微最流动的物质，以气解说宇宙，即以最细微最流动的物质为一切之根本。西洋哲学中之原子

---

① 章太炎：《建立宗教论》，《章太炎全集》第4册，上海人民出版社1985年版，第404页。
② 杨儒宾：《继成的人性论：道体论的论点》，《中国文化》2019年总50期。

论，谓一切气由微小固体而成；中国哲学中之气论，则谓一切固体皆是气之凝结。亦可谓适成一种对照。①

此一脉络，自宋迄清，"唯气的潮流亦即唯物的潮流，始于张载，张子卒后其学不传，直到明代的王廷相和清初王夫之才加以发扬，颜元、戴震的思想也是同一方向的发展"。张先生并指出，清儒颜元反对程、朱、陆、王，却独对张载颇表敬意；戴震虽未见其明确表示推崇张载，然在宇宙论上实受其深刻影响。理、气、心三派学说，"北宋是三派同时发生的时代；南宋、元及明初是唯理派大盛的时期；明中叶至明末是主观唯心派大盛的时期；清代则是唯物派较盛的时期"②。就戴震之气论而言，张岱年认为他"成立一较精密的宇宙论系统"，"东原认为宇宙是一个气化流行生生不已的大历程，所谓理即是气化流行之条理，即在气化流行的历程之中。东原以为气化流行生生不已的大历程即是道"③。——继张岱年先生之说，当代学界阐戴震之气本论思想者颇多，就笔者之所见者，张丽珠《清代的义理学转型》第八章中议及"'乾嘉新义理学'对'明清气学'的突破与理论深化"④；刘又铭著《理在气中：罗钦顺、王廷相、顾炎武、戴震气本论研究》⑤亦议及此题；日本学者小野泽精一等编著的《气的思想——中国自然观与人的观念的发展》中收有山井涌所撰《戴震思想中的气——气的哲学的完成》一文，该文在对戴震气论思想详加阐述之外，在结论部分还得出了一个大胆但不失为饶有启发的观点，他观察到："主理派（理的哲学）多是讲求义理，与此相反，主气派（气的哲学）博学的倾向则很强，可以说这也是合乎情理的结果。虽不能把'气的哲学'和考证学直接地联系起来，但气的哲学作为论证考证学的哲学也不是不适当的。"⑥认为气本论思想和清儒的考据学风间存在内部的逻辑自洽性，值得进一步探讨。此说亦颇与西哲费希特的名论"你是什么样的人，就选择什么样的哲学"相符契。

以戴震为"气本论"哲学之代表性人物，这一点应该是不成问题的，

---

① 张岱年：《中国哲学大纲》，江苏教育出版社2005年版，第65页。

② 张岱年：《中国哲学大纲》，江苏教育出版社2005年版，第24—25页。

③ 张岱年：《中国哲学大纲》，江苏教育出版社2005年版，第101页。

④ 张丽珠：《清代的义理学转型》，里仁书局2006年版，第379—388页。

⑤ 刘又铭：《理在气中：罗钦顺、王廷相、顾炎武、戴震气本论研究》，五南图书出版公司2000年版。

⑥ 〔日〕小野泽精一等：《气的思想——中国自然观与人的观念的发展》，李庆译，上海世纪出版集团2007年版，第450页。

那么，对作为世界本体"气"的思考和探讨，是否也算是一种"形上之思"呢？——张岱年先生对此的答案是肯定的，他曾在《事理论》著中考析"形上"一词之本义，明确论定"气"这一概念之设定亦为"形上"范畴，他指出：

> 所谓在上，原出于《易传》形而上下之分。《易传》云："形而上者谓之道，形而下者谓之器。"道即理之总极，器即有形之物。所谓形而上者，即未有形而显于形之谊。凡未有形而为形之所显者，皆形而上，以此谊言之，事理俱可谓形上，物为形下。事固可感而有象，然而未有一成之定形，故亦可谓形上。往昔中国哲学中，程朱以为理方为形上，而为物之本始材朴之气则为形而下者。张横渠与戴东原则以为气无定形，亦为形上。[①]（着重号为引者所加）

"形上"（即"形而上学"）一词又为晚近以来学界翻译亚里士多德的著作 tameta ta physica（拉丁文 metaphysica，意谓"在物理学之后"）时确立的汉语译名，将其作为哲学的代称。《斯坦福哲学百科全书》"形而上学"条目释义中说："指对世界本质的研究，即研究一切存在者，一切现象（尤其指抽象概念）的原因及本源，其目的在于确定事物的真实本质，也就是确定存在物的意义、结构和原理。"而就"形而上学"的汉语词源"形而上者谓之道，形而下者谓之器"（《周易·系辞上》）来看，其在汉语的语境中亦约指探讨世界总体规律、法则的学问，这是一个准确的对译。

不过，晚近哲学界对于"形而上学"一词的运用还有更为狭义的用法，将"形而上学"指研究感官不可达到的东西，即超经验的哲学，其研究对象是神、灵魂、意志自由等。如人格主义代表思想家鲍恩 1898 年成书的《形而上学》（Metaphysics），柏格森 1903 年成书的《形而上学导言》（Introduction a la Metaphysique），海德格尔 1935 年成书的《形而上学引论》（Einfuhrung in die Metaphysik），都是在此类意义上使用"形而上学"（Metaphysics）。20 世纪中期以后，可能是受到黑格尔概括笛卡尔哲学特征的影响，在相当一部分学人的语境下，"形而上学"一词被注入了"机械论""静止论""外因论"等含义，将"形而上学"等同于"孤立、片面、静止、外因论"。这是"形而上学"作为译词演化出来的、可能有些逸出

---

① 张岱年：《天人五论》，《张岱年全集》第 3 卷，河北人民出版社 2007 年版，第 200 页。

其本义范围的另一个解释。① 也有些现代西方哲学家更强调 being（一般翻译为"是"或"存在""存有"等）问题在形而上学中的重要性，此则可能有西方神学传统语境背景的影响，实为西方文化的殊特产物。

张岱年先生对"形上"一词的解读，显然是指其本义。至于当代学者以清儒欠乏形上之思的看法，很可能是就上述狭义的"感官不可达到的东西，即超经验的哲学"的这一意涵而言的，就此而论，当然也并不是没有道理的，笔者亦无意与此说立异。

故就"形上"一词的本义，也就是指"探讨世界总体规律、法则的学问"这一含义而言，清代新义理学中当然是具备"形上之思"的。这方面的探讨，多寄托于他们对《周易》的研究和诠释当中。清初易学家胡煦（1655—1736）的看法已颇有代表性，他指出："今人动言理学，顾圣人之理著于六经，穷理莫先于穷经，经旨不明而动言理学，予诚不知所穷者何理？六经之理莫深于《周易》，莫精于《周易》。"② 并批评传统理学家热衷取法佛家："《周易》立象，其道理蕴藉本可推测无穷，然儒而僻者常乐于禅宗，而不能精求于《周易》，则未知立象之妙也。"③ 后戴震更坦言："读《易》，乃知言性与天道在是。"④ 显然都表现出希图以易学替代宋明儒义理系统的思想旨趣。

清儒为何以《周易》为儒门言"性与天道"之书，这应该是他们接受了汉儒的《周易》观的结果。《汉书·艺文志》说："六艺之文，《乐》以和神，仁之表也。《诗》以正言，义之用也。《礼》以明体，明者著见，故无训也。《书》以广听，知之术也。《春秋》以断事，信之符也。五者，盖五常之道，相须而备，而《易》为之原。"即以六经中之《周易》为"形而上"的纲领，其他五经则为"形而下"的现实社会之事相。汉儒解《易》主要基于易学的"象数学"，并立足于这一立场进行《周易》经传的文辞训诂。——如果说清儒意图回归汉儒对儒家经籍的训注来扭转宋明儒"六经注我"的学风，旨在揭示经典的最初原意。那么，恐怕《周易》算是一个例外情况，因为自汉代开始，以象数易学解《周易》的路径本身也一样是"六经注我"的，汉儒也有众多派别的象数学体系，诸家解易之说也由于不同体系间的分歧众说纷纭。简言之，汉代易学本身的发展，已然是一种"哲学诠释"的方向了。

---

① 参见冯天瑜《新语探源》，中华书局 2004 年版，第 586—590 页。
② （清）胡煦：《周易函书》，中华书局 2019 年版，第 1052 页。
③ （清）胡煦：《周易函书》，中华书局 2019 年版，第 1040—1041 页。
④ （清）戴震：《孟子字义疏证》，《戴震集》，上海古籍出版社 2018 年版，第 263 页。

　　清代乾嘉易学恰恰又是以通过回归汉代象数易学为主要路径，由此，象数易学解《周易》的基本思想体系，构成了乾嘉汉学"形上之思"的重要组成部分，同时，《周易》也成为他们建立新的义理体系的重要元典资源。

第二章　汉代象数易学发展源流及其在清代的复兴

乾嘉汉学学者群体普遍"尊汉抑宋"，他们认定宋明儒之义理学为架空文本之空谈，但并不是认为义理本身不重要，而是反复强调并不存在脱离经典文本本身而另有一套所谓"如有物焉，得于天而具于心"的义理学。钱大昕（1728—1804）的说法有代表性：

> 尝谓六经者，圣人之言，因其言以求其义，则必自诂训始；谓训诂之外别有义理，如桑门以"不立文字"为最上乘者，非吾儒之学也。①

以宋明儒好架空文本而谈义理之风，为受佛教（桑门）禅宗的影响。《四库全书总目提要·凡例》亦谓："说经主于明义理，然不得其文字之训诂，则义理何自而推；论史主于示褒贬，然不得其事迹之本末，则褒贬何据而定。"② 王鸣盛（1722—1798）则谓："经以明道，而求道者不必空执义理以求之也，但当正文字，辨音读，释训诂，通传注，则义理自见，而道在其中矣。"③ 类似的论述在当时的学人中相当多见。④ 在这一风气的主导下，乾嘉汉学中相当部分的学者虽然并不否定孔门亦有"性与天道"之学，但基本上对这一方面是采取了一种"虚置"而有意不进行系统讨论的态度，认为当务之急是"明体以致用"，要落实在民生日用常行上面，故他们亦自称汉学为"实学"，钱大昕谓：

---

① （清）钱大昕：《臧玉琳〈经义杂识〉序》，《潜研堂集》，上海古籍出版社2009年版，第391页。
② （清）永瑢、纪昀主编：《四库全书总目提要》，海南出版社1999年版，第12页。
③ （清）王鸣盛：《十七史商榷》，上海书店2005年版，第1页。
④ 参见漆永祥《乾嘉考据学研究（增订本）》，北京大学出版社2020年版，第215—218页。

　　夫儒者之学，在乎明体以致用，《诗》、《书》执《礼》，皆经世之言也。《论语》二十篇，《孟子》七篇，论政者居其半，当时师弟子所讲求者，无非持身处世，辞受取与之节，而性与天道，虽大贤犹不得而闻，儒者之务实用而不尚空谈如此。①

　　不过，这类看法虽然代表当时汉学界多数学者的治学倾向，但也有部分"通儒"型的学人，并未忽视对"性与天道"问题的追索与阐发。戴震在《孟子字义疏证》中的说法颇有代表性：

　　　　余少读《论语》端木氏之言曰："夫子之文章可得而闻也，夫子之言性与天道不可得而闻也。"读《易》，乃知言性与天道在是。②

　　以易学即孔门言"性与天道"之形上学问的旨归。前一辈的惠栋首倡汉学，以治汉代易学名家，惠栋撰有《易微言》《易大义》（此书未完稿，或称世传《中庸注》即该书的一部分）《明堂大道录》，正如有学者指出的："考据学者可能十分畏惧或厌烦听到微言、大义、大道这样的词。可惠栋一发全用了。"③ 也相当重视"性与天道"问题的研讨。——概言之，在这个问题上清儒分成了两部分，一部分主张虚置"性与天道"，主张切于民用之实学；但另一部分较为重视易学的学者，则并不讳言对"性与天道"的探索热情。

　　如前所述，戴震在"性与天道"问题上的基本看法，属"气本论"一系。由"气化流行"来诠释"道"，以"道"亦实体性的存在，其在《孟子字义疏证》中谓：

　　　　道，犹行也；气化流行，生生不息，是故谓之道。《易》曰："一阴一阳之谓道。"《洪范》："五行，一曰水，二曰火，三曰木，四曰金，五曰土。"行亦道之通称。举阴阳则赅五行，阴阳各具五行；举五行即赅阴阳，五行各有阴阳也。……阴阳五行，道之实体也。④

---

① （清）钱大昕：《〈世讳〉序》，《潜研堂集》，上海古籍出版社 2009 年版，第 422 页。
② （清）戴震：《孟子字义疏证》，《戴震集》，上海古籍出版社 2018 年版，第 263 页。
③ 谷继明：《惠栋的经学史研究与经学史中的惠栋》，《学衡》第 1 辑，北京联合出版有限责任公司 2020 年版，第 23 页。
④ （清）戴震：《孟子字义疏证》，《戴震集》，上海古籍出版社 2018 年版，第 287 页。

　　以阴阳五行为范畴，以一套"取象比类"的思维方式将万事万物皆统摄其中，这恰恰又是汉代时盛行的一套"自然哲学"。两汉之时，"以木火土金水五行，统辖时令、方向、神灵、音律、肤色、臭味、道德。并将帝王之系统及国家之制度，纳入其中"①。纬书《周易乾凿度》中便将《周易》卦象体系与五行、五德联系起来，其谓："八卦之序成立，则五气变形。故人生而应八卦之体，得五气以为五常，仁义礼智信是也……五者，道德之分，天人之际也，圣人所以通天意，理人伦，而明至道也。"②基于这种观念，汉人之象数易学亦多有以《周易》涵摄五行者，京房纳甲之学，便以五行之说和六十四卦卦象相互配合。概言之，《周易》本身就是阴阳学说的渊源所在，汉儒之易学又将五行说与阴阳说融贯为一体，而清代易学更以复兴汉代象数易学为主要特征，由此，清代易学与"新义理学"之间的关系，显然也就呼之欲出了；甚至可以说，清儒易学研究本身，便可以视为其义理学探索的一个面相。

第一节　《周易》经传的形成与汉代象数易学

一　《周易》经传的形成与其哲学思想的系统化

　　《周易》一书之结构，分为《经》和《传》两部分。《经》的部分六十四卦卦象的卦辞和爻辞。《传》由《彖》上下篇、《象》上下篇、《系辞》上下篇、《文言》《说卦》《卦序》和《杂卦》十篇组成，亦称《十翼》。古人大多认为《经》出于周文王，所谓"文王拘而演《周易》"；《传》出于孔子。③晚近学者通过文献考证研究，则大多认为《经》出于西周卜官所记，非成于一人；《传》的部分非孔子作，当成于战国后期，其下限则在汉初。高亨先生认为，《传》的十篇本皆单列成篇，不与经文相杂："今本《周易》，《彖传》《象传》皆分列于六十四卦，《文言》分列于《乾》《坤》两卦，《系辞》《说卦》《序卦》《杂卦》仍独立为篇，列于经后。此种编法，或曰：'始于东汉郑玄。'（见《三国志·魏志·高贵乡公传》）或曰：'始于西汉费直。'（见颜师古《汉书·艺文志》注、

---

①　吕凯：《郑玄之谶纬学》，台湾商务印书馆1982年版，第40页。
②　（清）赵在翰辑：《七纬》上，中华书局2012年版，第33页。
③　《史记·孔子世家》称："孔子晚而喜《易》，序《彖》《系》《象》《说卦》《文言》。"《汉书·艺文志》也说："孔氏为之《彖》《象》《系辞》《文言》《序卦》之属十篇。"

晁公武《郡斋读书志》、马端临《文献通考》）未知孰是。"①

《周易》之《经》，本为卜筮书，"中华民族本有悠久的历史，在未有文字记事以前，历史想已很长，我们先民对于生活经验当已很丰富，所以有类似格言的话，融入筮辞里"②，由此构成了卦辞和爻辞。而《易传》的形成，则是在六十四卦卦象变化的组合规律中演绎出了一套统贯天人的哲理体系，故"我们从思想史上看，《十翼》是使《易经》脱离了迷信的占卜书，进而成了哲学性的书的一个转捩点"③。从《经》到《传》的思想内在理路，熊十力先生有精辟的解说：

> 《易》之象本譬喻义，汉儒已有言之者……《易》兴于卜筮，占者自是诚至、几动，即于当前法象而兴感，及卦爻画而辞立，辞非离象而虚构也。然自孔子修定以后，则意义全变，如乾卦六爻之辞皆龙也；龙者象也，孔子便假此象以明夫生生不息，健动无竭之真元。立辞之意乃异占卜，而别有所在，此象之所以为譬喻也。……故谓象者，譬喻义，使人由譬而启悟也。子曰："能近取譬，可谓仁之方也。"④

熊氏仍持《易传》为孔子作之旧说，认为《周易》之卦象系统为一套象征符号，可通过观象而获得其中所蕴含的譬喻之义。牟宗三说："《周易》全是以'卦象'或'符号'来表象世界。卦象间的关系即是表示世界的关系；解说卦象即是表示吾人对于世界之知识。"⑤ 简言之，从"符号"中演绎出"知识"，即《易传》的哲学系统。

《易传》哲学，旨在发挥天道论，提出"一阴一阳之谓道"，"夫《易》，开物成务，冒天下之道"，"形而上者谓之道，形而下者谓之器"（《系辞上》）等重要命题，先师冯天瑜先生谓之为一套"天道生机主义"。其所阐述"道"的几层精义是："道是构成宇宙基本对立物（阴与阳）的根源；道是自然生化、开物成务的过程；道是寓于物象之中，又超乎物象之上的规律；正是'道'的自然演运，方生发出宇宙万物。"⑥ 从"万物

---

① 高亨：《周易大传今注》，齐鲁书社 2019 年版，1 页。

② 戴君仁：《谈易》，台湾开明书店 1974 年版，第 8 页。

③ 戴君仁：《谈易》，台湾开明书店 1974 年版，第 4 页。

④ 熊十力：《十力语要》，中华书局 1996 年版，279 页。

⑤ 牟宗三：《周易的自然哲学与道德函义》，《牟宗三先生全集》第 1 册，联经出版事业股份有限公司 2003 年版，第 3 页。

⑥ 冯天瑜：《中华元典精神》，湖北人民出版社 2017 年版，180 页。

含生论"出发，肯定天道自然的无穷创造性与生命力。《易传》说"天地之大德曰生"，"生生之谓易"，"成之者性也"，由天道无可穷尽的演运，才滋生万物，形成仪态万方、生机勃勃的世界，所谓"天地絪缊，万物化醇"。这是一套颇为完整的、蕴含了本体思维和辩证逻辑的宇宙生成哲学。

汉儒皆以《易传》为孔子作品，《史记·孔子世家》说："孔子晚而喜《易》，序《彖》《系》《象》《说卦》《文言》。"《汉书·艺文志》说："孔子为之《彖》《象》《系辞》《文言》之属十篇。"然此说古人早有疑之者，欧阳修《易童子问》已经提出，《系辞》及"《文言》《说卦》而下，皆非圣人之作，而众说淆乱，亦非一人之言也。昔之学《易》者，杂取以资其讲说，而说非一家"（《易童子问》卷三）。近现代学者钱穆、顾颉刚、冯友兰、郭沫若、李镜池等均认可欧阳修之说，以《史记》之旧说不足据。《易传》非孔子作品之说，早已成为学界主流意见。然其究竟起于何时的问题，多以其为战国后期乃至秦汉间陆续成文。李镜池先生的说法是《易传》晚出说中最具代表性者，他认为传本《易经》中的七种十篇可分为三组：《彖传》与《象传》是第一组，是有系统的较早的释"经"之传。其年代当在秦汉间，著作者当是齐鲁间的儒家者流。《系辞》与《文言》是第二组，内容是汇集前人解经的残编断简，并加以重新整合，年代当在史迁之后，昭、宣之间。《说卦》《序卦》与《杂卦》最晚，著成当在西汉昭、宣之后。① 他们甚至怀疑《史记》中的记载亦后人窜入。更多的学者则认为大多数篇章成书于战国后期的可能性较大，个别篇章若《杂卦》或出于汉人。② 1973 年于马王堆 3 号汉墓出土的帛书《周易》也给今本《易传》成书时间问题带来一些线索。

帛书《周易》中的《易传》部分约有 16000 字，包括《系辞》《二三子问》《要》《易之义》《缪和》《召力》六部分，其中除《系辞》之外皆今本《易传》所无，虽不能由此断定今本《易传》一定晚出（因为汉初时《周易》大约尚未形成定本，可能诸本并行），亦足可见《易传》最终的定本和"经典化"的时间是很晚的。关于今本与帛书本皆有的《系辞》部分，廖名春介绍说："帛书《系辞》与今本比较，缺少今本《系辞上》的第九章，今本下篇第五章的一部分、第六、第七、第八、第九章的一部分、第十、第十一章也不见于帛书《系辞》。这些不见于帛书《系辞》的部分，除今本上篇第九章（即'大衍之数'章）不见于帛书《易传》外，

---

① 李镜池：《周易探源》，中华书局 1987 年版，第 301 页。
② 参见朱伯崑《易学哲学史》第 1 册，昆仑出版社 2009 年版，第 46—59 页。

其中大部分皆见于帛书《易传》的《衷》和《要》篇。如何认识这种现象呢？人们提出了两种观点。一是认为这些不见于帛书《系辞》的章节，是汉人塞进今本《系辞》中的，今本《系辞》是汉人糅合帛书《系辞》《易之义》（即《衷》）《要》之说而成的。因此今本《系辞》的写成要晚于帛书《系辞》，不会早于汉代。一是认为帛书《系辞》是今本《系辞》的删节本，今本《系辞》的写成应在战国。帛书《衷》（《易之义》）《要》与今本《系辞》相同的部分属于援引。"① 二说虽有分歧，但至少均可证今本《系辞》的主体部分其成书一定早于汉初，大约当在战国后期。

要之，《周易》哲学思想的系统化，当肇基于战国之世，而汉儒基于"象数"之理论又有颇多发挥。

二 汉代象数派易学的基本特征

古来解读和诠释《周易》的易学学派，有"两派六宗"之说，《四库全书总目提要·易类》说："易之为书，推天道以明人事者也。《左传》所记诸占，盖犹太卜之遗法。汉儒言象数，去古未远也。一变而为京、焦，入于禨祥。再变而为陈、邵，务穷造化，易遂不切于民用。王弼尽黜象数，说以老庄。一变而胡瑗、程子，始阐明儒理。再变而李光、杨万里，又参证史事。《易》遂日启其论端。此两派六宗，已互相攻驳。"② 所谓两派，指的是象数派和义理派；所谓六宗，一为占卜宗（太卜遗法），二为禨祥宗（京房、焦赣论禨祥），三为造化宗（陈抟、邵雍穷造化），四为老庄宗（王弼黜象数而阐玄理），五为儒理宗（胡瑗、程颐阐儒理），六为史事宗（李光、杨万里参史事）。汉代易学则以言象数者为主。

所谓"象数"，易学中本有卦象、爻象③和卦数、爻数④之说，易学象数学基于这些基础观念，认为卦爻的"象"和"数"与卦辞和爻辞的涵义间存在密切联系，由此致力于卦爻符号体系建构及其意义诠释。——汉代的易学象数学多借助和参合数术家思想诠释其中意义。

汉代的社会文化盛行数术信仰，"数术"之名见于《汉书·艺文志》，具体又分天文、历谱、五行、蓍龟、杂占、形法六家，其前身为战国时期的齐鲁方士，更肇端于上古的巫文化系统。数术家们的基本思维方式，应如顾颉刚所说："推究这种思想的原始，由于古人对宇宙间的事物发生了

---

① 廖名春：《帛书〈周易〉论集》，上海古籍出版社 2008 年版，第 21—22 页。

② （清）永瑢、纪昀主编：《四库全书总目提要》，海南出版社 1999 年版，第 13 页。

③ 所谓卦象、爻象，是说每一卦爻都对应一类所象征的事物。

④ 所谓卦数、爻数，是说每一卦爻都有其对应的数字。

分类的要求。他们看见林林总总的东西，很想把繁复的现象化作简单，而得到它们的主要原理与其主要成分，于是要分类。但他们的分类法与今日不同，今日是用归纳法，把逐件个别的事物即异求同；他们用的演绎法，先定了一种公式而支配一切个别的事物。其结果，有阴阳之说以统辖天地、昼夜、男女等自然现象，以及尊卑、动静、刚柔等抽象观念；有五行之说，以木、火、土、金、水五种物质与其作用统辖时令、方向、神灵、音律、服色、食物、臭味、道德等等，以至于帝王的系统和国家的制度。"① 顾氏说这种思维方式是"演绎法"恐亦不甚确，其与西方人类学者所说人类早期文化中的"相似律"颇为近似，也就是把看起来或其中某些因素相似的事物看作一类，并认为其中存在某些内在联系的一种思维方式。② 汉代的数术家们基于这一思维方式去解说吉凶灾异现象，而促成汉代灾异思想的形成。他们常用的阴阳、五行、干支、星象、历纪、方位等说，与易学中的象、数观念合流，并互相诠释而融贯为一体，便是汉代象数易学的特色。

《周易》本为卜筮书，故秦皇焚书，"所不去者，医药、卜筮、种树之书"，得以幸免。儒门传《易》之学，为六经中之劫后幸余。汉初，有田何传儒家《易》，《史记·儒林列传》载其传承：

> 自鲁商瞿受《易》孔子，孔子卒，商瞿传《易》，六世至齐人田何，字子庄，而汉兴。田何传东武人王同子仲，子仲传菑川人杨何。何以《易》，元光元年征，官至中大夫。齐人即墨成以《易》至城阳相。广川人孟但以《易》为太子门大夫。鲁人周霸，莒人衡胡，临菑人主父偃，皆以《易》至二千石。然要言《易》者本于杨何之家。

《汉书》中的记载虽略有出入，亦大体相符。然此汉初之易学情况，史籍中的记载相当简略，诸家著述虽于《汉书·艺文志》中有记载，但均未传后世，仅有后人辑录的零星佚文，难窥全豹。象数易学之肇兴约在汉宣帝时，如高怀民所说："自宣帝以后，因为受到了灾异思想的影响，易风骤变。首先是儒门易阵营中三家之一的孟喜，改师法，倡卦气之说，紧接着又兴起了焦延寿、京房、费直、高相诸家，各以当时流行的数术之

---

① 顾颉刚：《秦汉的方士与儒生》，上海古籍出版社 2005 年版，第 1 页。
② 参见〔英〕弗雷泽《金枝——巫术与宗教之研究》上，汪培基等译，商务印书馆 2013 年版，第 26—28 页。

学，与易学融合创立新说。这些新说与此前的儒门易大不相同，不是根据《易经》的文字讲解义理，而是由卦象的排列与五行、干支、历律等数的配合，创造出一种'术'，用此术来占验灾异，后来到了东汉，复用之于注经，后世易学家因称之为'象数易'。象数易时期当自孟喜算起，包括西汉宣帝以后及整个东汉时代，至魏王弼《易注》问世，乃告终止。"① 于两汉易学学派，学界亦有更细的划分方式，不过在此阶段间，诸家虽有侧重不同，但其学或多或少均濡染象数学之风，所以，"真正汉易的主流是象数易"，象数易学"熔合了当时流行的一切思想于一炉，充分表现出汉代学术的特色。"② 此论大体可从。

相对而言，两汉易学虽均以象数为主，西汉时期较为强调用于实践的"占验"，东汉时期更重视以象数理论解释《周易》文本。西汉易家将《周易》八卦和六十四卦原理与阴阳五行、日月星辰、四季物候变化相结合，创立卦气、纳甲、爻辰、飞伏、世应等象数模式，并用奇偶之数、八卦之象和卦气诸说来阐释《周易》原理，利用《周易》讲阴阳灾变。其中孟喜有《易章句》《周易灾异》，用《周易》卦象解说一年节气的变化，即以六十四卦配四时、十月、二十四节气、七十二候，为汉易中卦气说的倡导者。京房有《京氏易传》《京房章句》，创造了八宫卦、纳甲、世应、六亲、四时卦候、六日七分法等许多占算体例，为占候之术的代表性人物。

东汉以降，孟、京一系学说逐渐失势，在西汉时尚不甚兴盛的费直一系易学兴盛起来，费氏虽亦以象数易占验灾异，但还保持了一定的重视以《易传》义理解经的儒门易学传统，《汉书·儒林传》记载他"长于卦筮，亡章句，徒以《彖》《象》《系辞》十篇文言解说上下经"。东汉时受其说影响的解《易》诸家以郑玄、荀爽、虞翻三家为代表，以及马融、刘表、宋忠、陆绩等，他们皆擅以发挥象数之说并结合《易传》来注解《周易》经文。东汉易学虽然更重视解读文本，但其所凭据的象数学基本理论，虽亦有新创之处，但总体上还是由西汉易家所奠定的。

汉代象数易学的形成，原因应是多方面的，作为一套对《周易》的解释体系而言，吾人分析其直接的功能至少有二：首先，将《周易》卦爻与历数、四时、方位等方面联系起来后，其应用于占验时，其解释理论可以更为清晰具体，丰富了实践上的可操作性，此如纳甲、爻辰诸说；其次，以《周易》进行占卜活动时，得出任何一卦，都可以跟其他某卦或某几卦

① 高怀民：《两汉易学史》，广西师范大学出版社 2007 年版，第 232—233 页。
② 高怀民：《两汉易学史》，广西师范大学出版社 2007 年版，第 232—233 页。

发生联系，这样对占卜的结果的解释可以在技术上更为灵活多样，不必陷入非此即彼，此如卦变、互体诸说。除了这两点应用上的直接功能外，象数学的解释体系使得《周易》卦爻与万事万物联系为一体，客观上构成了一套完整而不失为精致的"自然哲学"体系。

三　汉代易学融贯"阴阳"和"五行"观念

"阴阳"说和"五行"说，作为解释世界构成和运转方式的两种理论体系，其渊源起于何时，已难稽考。就传世文献而论，所见最早阐述阴阳观念的著作是《周易》，最早记载五行说的是《尚书·洪范》。如顾颉刚说："依据现存的材料，阴阳说可说是最先表现于《周易》，五行说可说是最先表现于《洪范》。《周易》是筮占的繇辞，比甲骨卜辞为后起，当然是商以后的东西；而且在《周易》的本文中不见有阴阳思想，不过它的卦爻为—和 – – 的排列，容易激起这种思想而已。《洪范》上的五行，说是上帝给夏禹的，但从种种方面研究，这篇书很可疑，大约出于战国人的手笔。所以这种思想虽不详其发生时代，但其成为系统的学说始自战国，似已可作定论。"① 按古人之成说，阴阳说出于《周易》，而《周易》又是文王所演，故属于周文化系统；而按《尚书·洪范》的说法，五行说出于大禹，故属于夏文化系统。章太炎曾有《争教》一文，断定"阴阳"与"五行"两者为夏、周的不同文化信仰之争，章氏认为，大禹以"五行"为教，为夏商两代共尊，"横行于东夏，而不西被关中"②，而周室出于西岐，周文王推尊《易》道，故周代以八卦胜于五行，"守《易》千岁，而不言五行"③，此即华夏三代时之"争教"现象。

刘师培的看法与章太炎完全一致，更明确说《周易》之宗旨，首在"言阴阳不言五行"，其谓：

> 伏羲画卦，以天地为首，又以天秉阳而地秉阴。（《礼运》。）由阴阳而生四时，故《易经》者，即伏羲所创之宗教也。若五行之说，以金、木、水、火、土为体，始于黄帝物有其官，及夏禹以五行为宗教，举声、味、容、色皆入于五行，而一切天文、（如五纪是，）筮、（稽疑是。）杂占（如庶征是。）悉该入五行之中，并以五行该人事，演为

---

①　顾颉刚：《秦汉的方士与儒生》，上海古籍出版社2005年版，第1页。
②　章太炎：《争教》，《章太炎全集》第3册，上海人民出版社1984年版，第529页。
③　章太炎：《争教》，《章太炎全集》第3册，上海人民出版社1984年版，第529页。

《九畴》，而伏羲阴阳教顿衰。然大禹复攻克曹魏，屈骜有扈之邦，以推行其教。（《吕览》。）有扈氏威侮五行，则夏启克其国，盖有扈信阴阳而斥五行也。殷人亦信五行，故以五纪官，而《洪范》之书传于箕子。惟周处西方，即有扈故墟，故文王治《易》崇阴阳而黜五行，复取法两仪四时以立六官，此阴阳教战胜五行教之始也。故《易经》不言五行。①

章太炎、刘师培以阴阳、五行二说为夏、周二代文化信仰之分野，其说固然有颇大的想象空间，难以确证。但确实可以说明，在先秦时期阴阳、五行属于两套体系。如梁启超所说："春秋战国以前所谓阴阳、所谓五行，其语甚希见，其义极平淡。且此二事从未尝并为一谈，诸经及孔、老、墨、孟、荀、韩诸大哲，皆未尝齿及。"② 盖先秦时期阴阳与五行本分属不同学说，《周易》属阴阳学说的代表著作，与五行学说本不相侔，此说当可信从。

《周易》的经文部分确未有五行说的丝毫痕迹，但有的学者认为，《易传·说卦》中的一段阐述八卦所对应的方位与四时的情况，似与五行说相关，《说卦》其文是：

> 帝出乎震，齐乎巽，相见乎离，致役乎坤，说言乎兑，战乎乾，劳乎坎，成言乎艮。万物出乎震，震，东方也。齐乎巽，巽，东南也，齐也者，言万物之洁齐也。离也者，明也，万物皆相见，南方之卦也，圣人南面而听天下，向明而治，盖取诸此也。坤也者，地也，万物皆致养焉，故曰致役乎坤。兑正秋也，万物之所说也，故曰说言乎兑。战乎乾，乾，西北之卦也，言阴阳相薄也。坎者水也，正北方之卦也，劳卦也，万物之所归也，故曰劳乎坎。艮，东北之卦也，万物之所成终而所成始也，故曰成言乎艮。

此即后世所谓"后天八卦"方位之所本者，其以震、巽为东方和东南方，按五行说东方属木；离为火，属南方，南方按五行说亦为火；兑为秋，秋季按五行说属金，按五行方位则为正西方；乾为西北之卦，亦属金；坎为水，水于五行说中亦属北方，故为北方之卦。

此外，还剩下两个，首先是艮，在这段文字中明确说在东北方；其次

---

① 刘师培：《经学教科书》，上海古籍出版社 2006 年版，第 165—166 页。
② 梁启超：《阴阳五行说之来历》，《梁启超论中国文化史》，商务印书馆 2017 年版，第 186 页。

是坤，文中虽未明言方位，但只剩下西南方这一个位置可安排了。东北和西南虽然遥遥相对，但因为坤（地）、艮（山）皆为土石，所以论者也只好把它们视为五行之土了。严格按五行方位而言，"土"当为中央之位，足见此说实在有些牵强。

后天八卦方位是否皆按五行之说排列，恐怕其中有些削足适履的"后见之明"的意味，不过，就坎（水）、离（火）二卦而言，方位分别为北和南，确实与五行说完全契合，不排除其中有可能受到了五行说的一些无形影响，但恐怕尚不能就此断定《易传》思想中已然存在了五行观念。

以《周易》中的阴阳学说融贯五行观念，导源于汉代的象数易学，除纬书《周易乾凿度》中将《周易》卦象体系与五行、五德联系起来堪称代表外，目前可考之系统阐述此说者为京房，京房易学以五行学说解释卦爻象和卦爻辞的吉凶。《京氏易传》中说："生吉凶之义，始于五行，终于八卦。"[1] 此如朱伯崑所论："《系辞》《说卦》中讲的天地之数，以五为贵，受了战国时五行说的影响，但还没有以金木水火土的范畴解《周易》。以五行说解《周易》，始于汉易京房。"[2] 并总结其基本思想生吉凶之义特质主要有三方面：其一，五星配卦说，五星分属五行，即土星镇，金星太白，水星太阴，木星岁，火星荧惑。《京氏易传》在解释每卦时，都有"五星从位起某某"语，据星象变化诠释《周易》的占验结果，即配合当时的占星术言人事吉凶。其二，五行爻位说，以五行观念比配八宫卦以及卦中的各爻。所谓"八宫卦"，是京房对六十四卦次序的排列方法，他将六十四卦分为八组（即"八宫"），每宫以一个八纯卦为首（六十四卦中的乾、坤、震、巽、坎、离、艮、兑八卦称为八纯卦），统率另外分别称为一世卦、二世卦、三世卦、四世卦、五世卦、游魂卦、归魂卦的七卦。京房以五行比附八宫卦的每宫的六个爻位。如表 2 - 1：

表 2 - 1　　　　　　　　　京房八宫卦比配五行说

八卦 爻位	乾金	坤土	震木	巽木	坎水	艮土	离火	兑金
上爻	土	金	土	木	火	木	火	土
五爻	金	水	金	土	土	水	土	金

① （汉）京房撰，（三国·吴）陆绩注：《京氏易传》卷下，清嘉庆十年，虞山张氏照旷阁刻学津讨原本。

② 朱伯崑：《易学哲学史》第 1 册，昆仑出版社 2009 年版，第 150 页。

续表

爻位＼八卦	乾金	坤土	震木	巽木	坎水	艮土	离火	兑金
四爻	火	土	火	金	金	土	金	水
三爻	土	木	土	金	水	金	水	土
二爻	木	火	木	水	土	火	土	木
初爻	水	土	水	土	木	土	木	火

其三为五行生克说，此说以八宫卦为母，以其爻位为子。按五行关系，认为母子之间存在着相生或相克的种种复杂关系。① 如此等等，其具体比配方式计算起来相当繁琐，但原理也并不复杂。京房之八卦与五行相互比配之说，为后世象数学易家普遍接受，如刘师培所说："东汉之郑（郑玄）、马（马融），宋之陈抟，近儒之孔广森、钱塘均杂以五行之说缘饰《易经》。"② 乃至后世术家、医家者流，凡言及世间森罗万象，无不"阴阳五行"合称，遂成通说。

清儒据《周易》言宇宙论问题，亦以"阴阳五行"观念为根骨所在，戴震所言"举阴阳则赅五行，阴阳各具五行；举五行即赅阴阳，五行各有阴阳也。……阴阳五行，道之实体也"③ 之论，在一定意义上实可视为汉代象数易学之注脚。专门研究汉易的惠栋，在其《易微言》中言"性命"之旨，广征古说，如：

> 《文言》曰："乾道变化，各正性命，保合太和，乃利贞。"
> 《说卦》曰："穷理尽性以至于命。"虞注云："乾为性。"
> 《诗·烝民》曰：天生烝民，有物有则；民之秉彝，好是懿德。郑《笺》曰："天之生众民，其性情有物象谓五行，仁义礼智信也。其情有所法，谓喜怒哀乐好恶也。然而民所执持有常道，莫不好有美德之人。"④

后文惠氏更博引诸说以释《易》之言"性"即"五行"，文谓：

---

① 朱伯崑：《易学哲学史》第 1 册，昆仑出版社 2009 年版，第 150—153 页。
② 刘师培：《经学教科书》，上海古籍出版社 2006 年版，第 166 页。
③ （清）戴震：《孟子字义疏证》，《戴震集》，上海古籍出版社 2018 年版，第 287 页。
④ （清）惠栋：《周易述》下，中华书局 2018 年版，第 483—484 页。

《正义》曰："因经物则异文，故笺分情为二。性为五性，情为六情以充之，五性本于五行，六情本于六气。"《洪范》："五行，水火金木土。"《礼运》曰："人者，天地之心，五行之端，是人性法五行也。"……五行谓仁义礼智信者，郑于《礼记》之说，以为木行则仁，金行则义，火行则礼，水行则智，土行则信是也。……（翼奉）又云："《诗》之为学，性、情而已。五性不相害，六情更兴废。观性以历，观情以律。"张晏曰："性谓五行也，历谓日也。"晋灼曰："翼氏五性，肝性静，静行仁，甲己主之。心性躁，躁行礼，丙辛主之。脾性力，力行信，戊癸主之。肺性坚，坚行义，乙庚主之。肾性智，智行敬，丁壬主之也。"①

此即汉儒性善情恶之说，以"性"为五行所对应的仁、义、礼、智、信五种德性；而"情"为"六气"所对应的好、恶、喜、怒、哀、乐六种感情。而五行又与天干相配，上应天时。由此可见，惠栋、戴震之言义理，皆以《周易》之阴阳观念会通五行，更以阴阳五行之说诠释天道性命之意涵，就此而言，清代新义理学中有关宇宙论的部分，与汉代的象数易学间，显然有草蛇灰线之迹存焉。

第二节　《周易》最高圣典地位在汉代的确立

一　汉代今古文经学"六经"之排序变化

先秦时期，"六经"之排序，若《庄子·天下》谓："《诗》以道志，《书》以道事，《礼》以道行，《乐》以道和，《易》以道阴阳，《春秋》以道名分。"《庄子·天运》有孔子对老聃语："丘治《诗》《书》《礼》《乐》《易》《春秋》六经，自以为久矣，熟知其故矣。"《礼记·经解》载孔子言："入其国，其教可知也。其为人也温柔敦厚，《诗》教也；疏通知远，《书》教也；广博易良，《乐》教也；絜静精微，《易》教也；恭俭庄敬，《礼》教也；属辞比事，《春秋》教也。"自先秦迄汉初，六经之胪列虽《乐》《易》次序偶乱，皆以《诗》为首。西汉今文经学勃兴，六经即依《诗》《书》《礼》《乐》《易》《春秋》为次第。董仲舒《春秋繁露·玉杯》："《诗》《书》序其志，《礼》《乐》纯其美，《易》《春秋》明

---

① （清）惠栋：《周易述》下，中华书局2018年版，第484页。

其知。"按周予同先生的说法,这是依据六经内容程度由浅而深来排列的,[1] 依此说显以《春秋》之程度最高,为六经之尊位。这一情况可以从司马迁的这些论述中得到印证:"拨乱世反之正,莫近于《春秋》。《春秋》文成数万,其指数千。万物之散聚皆在《春秋》。""故《春秋》者,礼义之大宗也。夫礼禁未然之前,法施已然之后;法之所为用者易见,而礼之所为禁者难知。"西汉流行"《春秋》决狱",以其学为经世致用之指南,最为昌盛。

西汉末,刘向成《别录》,开我国综合性分类目录学之先声,其子刘歆据之删繁就简,又编成《七略》。二书早已亡佚,然《七略》主要内容被班固吸收,纳入《汉书·艺文志》。《汉书·艺文志·六艺略》中,六经排序发生了变化,为《易》《书》《诗》《礼》《乐》《春秋》,以《易》为首。刘歆宗古文经学,这一排序也是古文经学确定下来的六经排序。按传统的说法,这一排序根据古人理解的经典成书次序而来,唐人陆德明《经典释文》序录称:"五经六籍,圣人设教","今以著述早晚,六经总别,以成次第","《周易》虽文起周代,而卦肇伏羲;既处名教之初,故《易》为七经之首","《古文尚书》,既起五帝之末,理后三皇之经,故次于《易》","《毛诗》既起周文,又兼商颂,故在尧、舜之后,次于《易》《书》","《周》《仪》二礼,并周公所制,宜次文王","《春秋》既是孔子所作,理当后于周公,故次于《礼》"[2]。诠释了这一排序的理由。

古文经学视孔子为"述而不作"之先师,以古为尚。《六艺略》中《易》类的总叙说:

> 《易》曰:"宓戏氏仰观象于天,俯观法于地,观鸟兽之文,与地之宜,近取诸身,远取诸物,于是始作八卦,以通神明之德,以类万物之情。"至于殷、周之际,纣在上位,逆天暴物,文王以诸侯顺命而行道,天人之占可得而效,于是重《易》六爻,作上下篇。孔氏为之《彖》《象》《系辞》《文言》《序卦》之属十篇。故曰《易》道深矣,人更三圣,世历三古。

所谓"人更三圣,世历三古",是说《周易》成书出于三位圣人之手,由伏羲(宓戏氏)画八卦,周文王演为六十四卦并作卦爻辞,孔子作

---

① 周予同:《经今古文学》,《周予同经学史论》,上海人民出版社 2010 年版,第 4 页。

② (唐)陆德明:《经典释文》,中华书局 1983 年版,第 3—4 页。

《传》解经。而三圣又分处三个时代，"伏羲为上古，文王为中古，孔子为下古"（《汉书》颜师古注）。由此可见其在"六经"中独一无二的神圣至尊性。故《艺文志》总括六经：

> 六艺之文：《乐》以和神，仁之表也；《诗》以正言，义之用也；《礼》以明体，明者著见，故无训也；《书》以广听，知之术也；《春秋》以断事，信之符也。五者，盖五常之道，相须而备，而《易》为之原。故曰"《易》不可见，则乾坤或几乎息矣"，言与天地为终始也。至于五学，世有变改，犹五行之更用事焉。

这一叙述奠定了后世称《周易》为"群经之首，大道之源"的说法。古文经学的经典排序，也为后世所沿用最广。

二　《周易》的哲学化与"天人之际"问题

根据传世文献的线索以及出土文献的情况，先秦时期应该已经存在不少类似于今本《易传》的文献。当时这类《易传》文献的各种篇章，应该是与《周易》的经文部分分开独行的。所谓《易传》，其性质实类乎《毛诗序》（有"大序""小序"之分①）对《诗经》的诠释，借经文以发挥作者的思想理念，而未必与经文原义直接有关，就像《毛诗序》把许多爱情诗也能解释出政治理想的意蕴的情况一样。高亨先生指出："《易传》解经与《易经》原意往往相去很远，所以研究这两部书，应当以经观经，以传观传。"② 朱伯崑先生总结《周易》"经"与"传"的关系说：

> 《易传》和《易经》既有联系又有区别。传是对经的解释，但其解释，不是《易传》的作者凭空臆想的，而是战国以来的社会政治、文化思想发展的历史产物。同《易经》相比，《易传》的显著特点是将古代的卜筮之书哲理化。此种解易的倾向，开始于春秋时期，到了战国时代，随着哲学流派的形成和发展，便形成了以《易传》为代表的解易著作。《易传》解经，就其对筮法体例的论述和对卦象和卦爻辞的解释说，都企图从哲学的高度加以概括。儒家的伦理观念，道家

---

① 大序为《关雎》题解之后作者所作的全部《诗经》的总的序言，小序是《诗经》三百零五篇中每一篇的序言。
② 高亨：《序言》，《周易大传今注》，齐鲁书社 2019 年版，第 1 页。

和阴阳五行家的天道观，成了《易传》解易的指导思想。①

要之，《周易》的经与传合为一书而并行，才真正标志着《周易》作为一部具备哲学思想性圣典的最终确立。西汉初年，传《易》学者仍有各自撰写《易传》的风气，《汉书·儒林传》载："汉兴，田何以齐田徙杜陵，号杜田生，授东武王同子中、雒阳周王孙、丁宽、齐服生，皆著《易传》数篇。"《艺文志》中对这些著述有详细著录："《易传·周氏》二篇。（字王孙也）《服氏》二篇。《杨氏》二篇。（名何，字叔元，菑川人）《蔡公》二篇。（卫人，事周土孙）《韩氏》二篇。（名婴）《王氏》二篇。（名同）《丁氏》八篇。（名宽，字子襄，梁人也）"这些作品虽后世皆已亡佚，依理而论，应该都是与今本《易传》性质差不多的作品。由此可见，汉儒儒者已经习于给《周易》经文作《传》，进行义理维度的诠释。丁四新指出：

> 《史记·太史公自序》曰"《易》著天地阴阳四时五行，故长于变"，又曰"《易》以道化"，《史记·滑稽列传》曰"（孔子曰）《易》以神化"。"化"即"变化"义，"神"即《系辞》云"阴阳不测之谓神"，"神化"谓阴阳不测之变化。根据这些文献，完全可以断定，从战国中晚期至汉武帝时期，人们形成了以阴阳化的天道观来阐释《周易》的主导意识。在此主导意识下，西汉初期的易学又具有注重人事及义理的特点。②

汉儒根据《易传》之说，以《周易》卜筮体系中的阳爻与阴爻之排列组合象征天地万物的阴阳变化规律，将纯阳的乾卦与纯阴的坤卦视为诸卦生成之源，所谓"《易》有八卦，乾坤六子，水火不相逮，雷风不相誖，山泽通气，然后能变化，既成万物也"（《汉书·郊祀志下》）。由此，《周易》成为汉代哲学探讨形上问题的重要思想资源。

汉儒于形上问题关注和追索，视野主要集中在天人关系问题上。以董仲舒为代表，主要表现为一种"天人相类"的看法，也就是认为，自然之"天"作为一个"大宇宙"，与"人体"的"小宇宙"之间存在具体的、在各方面皆可一一对应的关系。如《春秋繁露·人副天数》中的说法：

① 朱伯崑：《易学哲学史》第 1 册，昆仑出版社 2009 年版，第 60—61 页。
② 丁四新：《西汉易学的主要问题及其解释旨趣的转变》，《周易研究》2014 年第 3 期。

　　人有三百六十节，偶天之数也；形体骨肉，偶地之厚也；上有耳目聪明，日月之象也；体有空窍理脉，川谷之象也；心有哀乐喜怒，神气之类也；观人之体，一何高物之甚，而类于天也。……是故人之身，首妾而员，象天容也；发，象星辰也；耳目戾戾，象日月也；鼻口呼吸，象风气也；胸中达知，象神明也；腹胞实虚，象百物也；百物者最近地，故要以下地也，天地之象，以要为带，颈以上者，精神尊严，明天类之状也；颈而下者，丰厚卑辱，土壤之比也；足布而方，地形之象也。是故礼带置绅，必直其颈，以别心也，带以上者，尽为阳，带而下者，尽为阴，各其分，阳，天气也，阴，地气也，故阴阳之动使，人足病喉痹起，则地气上为云雨，而象亦应之也。天地之符，阴阳之副，常设于身，身犹天也，数与之相参，故命与之相连也。

　　此说向前追溯，《文子·九守》中载："天有四时、五行、九曜、三百六十日。人有四支、五藏、九窍、三百六十节。天有风雨寒暑，人有取与喜怒，胆为云，肺为气，脾为风，肾为雨，肝为雷。人与天地相类，而心为之主。"《淮南子·精神》同样言及"天有四时、五行、九解、三百六十六日，人亦有四支、五藏、九窍、三百六十六节"。这种观念也被《黄帝内经》纳入古典医学理论中，是一种认为冥冥中人与天遥相呼应的"相似率"思路，同时也与《易传》"近取诸身，远取诸物"[1] 的"取象比类"的思维方式相通贯。

　　在董仲舒等汉代学者看来，如果能掌握了天人之间彼此连接的奥秘，了解了天道变化的规律，便可以掌控一切"人事"。董仲舒在其《天人三策》中说："天人之征，古今之道也。孔子作《春秋》，上揆之天道，下质诸人情，参之于古，考之于今。"（《汉书·董仲舒传》）公孙弘也曾上疏称赞武帝诏书"明天人分际，通古今之义"（《史记·儒林列传》）。他们希望在天人相互感应的种种征兆中，推演出古今成败兴亡变化的规律。史学家司马迁也受到了这一学说的影响（后世有记载说他曾师从过董仲舒[2]），《太

---

[1]　《周易·系辞下》："近取诸身，远取诸物，于是始作八卦。"唐孔颖达疏："近取诸身者，若耳目鼻口之属是也；远取诸物者，若雷风山泽之类是也，举远近则万事在其中矣，于是始作八卦。"

[2]　认为董仲舒与司马迁有师生之缘的说法始于自宋人真德秀《文章正宗》（卷16）始，认为司马迁与董仲舒曾同游讲论。近现代学者梁启超《要籍解题及其读法·史记》、张大可《司马迁评传》和王永祥《董仲舒评传》等亦主张此说。但也有许多反对意见，此说尚有争议。

史公自序》说：

> 夫阴阳四时、八位、十二度、二十四节各有教令，顺之者昌，逆
> 之者不死则亡，未必然也，故曰"使人拘而多畏"。夫春生夏长，秋
> 收冬藏，此天道之大经也，弗顺则无以为天下纲纪，故曰"四时之大
> 顺，不可失也"。

由此可见，司马迁对天人感应的看法确实比董仲舒他们更为理性一
些，更注重人的历史主体地位。但也必须承认，他接受了"人副天数"说
中的一些主要结论，也认可天象与人事之间冥冥中存在逻辑关系。《史记》
的《天官书》《封禅书》《历书》《律书》中有明显的类似董仲舒天人感应
思想的成分，多有资取《春秋繁露》的表述，如《天官书》谓："此其荦
荦大者，若至委曲小变，不可胜道。由是观之，未有不先形见而应随之者
也。"认为重大国事皆上应天象，有识者应可见诸端倪。需要注意的是，
前引司马迁对天人关系问题的论述中，将《周易》的八卦方位亦纳入其
中，裴骃《集解》引张晏曰："八位，八卦之位也。"这也应该是对当时
阴阳家的"天学"通识的介绍。据此，太史公之名言"究天人之际，通古
今之变，成一家之言"（《报任安书》）中"天人之际"的意涵，实即公孙
弘所谓之"天人分际"，也就是"天、人之间的微妙界线究竟应如何划分
的问题"①，在这一问题上，司马迁应受到汉代流行的基于《周易》思维
模式的、包装了儒家外衣的阴阳家宇宙论的影响，所谓"通天人之际"亦
即旨在贯通天、人之间的悬隔界线，"因此汉以来两千年间，各派思想家
和学者往往悬'天人合一'的理想为毕生追求的最终目标"②。

"天人之际"一语，非史迁之专属，在当时应该属比较常见的习用语，
两汉史书中用例不少，如：

> 披艺观之，天人之际已交，上下相发允答。圣王之德，兢兢翼翼
> 也（司马相如《封禅书》，《史记》、《汉书》之《司马相如传》皆录
> 入其文）。
> 臣闻天人之际，精禨有以相荡，善恶有以相推。（见《汉书·匡

---

① 余英时：《天人之际——中国古代思想的起源试探》，《国学与中国人文》，广西师范大学
出版社 2014 年版，第 217 页。
② 余英时：《天人之际——中国古代思想的起源试探》，《国学与中国人文》，广西师范大学
出版社 2014 年版，第 217 页。

衡传》，李奇注："禖，气也。言天人精气相动也。"）

　　夫立典有五志焉：一曰达道义，二曰章法式，三曰通古今，四曰著功勋，五曰表贤能。于是天人之际，事物之宜，粲然显著，罔不备矣。世济其轨，不陨其业（见荀悦《汉纪》，又见《后汉书·荀悦传》）。

约成书于西汉的纬书《周易乾凿度》中亦论及"天人之际"问题，其托孔子之言曰：

　　八卦之序成立，则五气变形。故人生而应八卦之体，得五气以为五常，仁义礼智信也。夫万物始出于震。震，东方之卦也。阳气始生，受形之道也；故东方为仁，成于离。离，南方之卦也。阳得正于上，阴得正于下，尊卑之象定，礼之序也；故南方为礼，入于兑。兑，西方之卦也。阴用事而万物得其宜，义之理也；故西方为义，渐于坎。坎，北方之卦也。阴气形盛，阴阳气含闭，信之类也；故北方为信。夫四方之义，皆统于中央，故乾坤艮巽位在四维，中央所以绳四方行也，智之觉也；故中央为智。故道兴于仁，立于理，理于义，定于信，成于智。五者，道德之分，天人之际也。圣人所以通天意，理人伦而明至道也。①

此以五气（即木、火、土、金、水之五行之气）对应五方、五常，又据后天八卦方位（以震卦为起始点，位列正东。按顺时针方向，依次为巽卦，东南；离卦，正南；坤卦，西南；兑卦，正西；乾卦，西北；坎卦，正北；艮卦，东北）以震卦配木、离卦配火、兑卦配金、坎卦配水、乾坤艮巽四卦配土。由此以五气配天，五常配人，由此判分天、人界线，并联系相应的卦象。其与《说卦传》和京房的说法有出入，另成体系。由此可见，《周易》所蕴含的思想，在汉代已经被时人视为与"天人之际"问题直接相关。

　　清儒对《周易》的推崇和神圣化与汉儒亦一致，章学诚在《文史通义》中的说法有代表性，他认为，虽然"六经皆先王之政典"，但《周易》"其道盖包政教典章之所不及矣。象天法地，'是兴神物，以前民用'。其教盖出政教典章之先矣"。故以《周易》与其他诸经的关系为分

---

① （清）赵在翰辑：《七纬》上，中华书局2012年版，第33页。

属天道与人事："夫悬象设教，与治历授时，天道也。《礼》《乐》《诗》《书》与刑政教令，人事也。天与人参，王者治世之大权也。"①清儒虽为六经"祛魅"，但并不否定其中存在贯通天人之际的形而上指向，"《易》以天道而切人事"，故以诸经以《易》为尊。章学诚并非专门的易学学者，属于研究文史的"通家"，其亦有此认识，足以代表当时儒家知识分子的一般观念。

第三节　清儒对汉代《周易》象数学的复兴

一　汉末至宋的易学发展基本脉络

汉末魏晋之时，儒学经师的章句之学在其发展过程中逐渐暴露出弊端，"一经之说，至百万余言"（《汉书·儒林传》），"说五字之文，至于二三万言"（《汉书·艺文志》），学者以寻章摘句为标榜，形式上繁琐不堪却并无什么实质性内容，思想发展上自渐失其活力。加之汉末社会动荡不安，自然灾害频仍，标榜"天人感应"的谶纬之说，在面对如此恶劣的环境时，其解释维度牵强附会，显然渐难服人之心。故经学作为维系两汉近四百年的意识形态，终于丧失了其稳定性，"汉师拘虚迂阔之义，已为世人所厌"，汉代高门世族是累世经学，而魏晋时却是"高门子弟，耻非其伦"。以前是公卿士大夫靡不"穷经"，而魏晋时却是"公卿士大夫罕通经业"（《南史·儒林传》）。所谓"百余年间，儒教尽矣"（《宋书·臧焘传》），其大势之明朗，以至如《后汉书·儒林传》中所谓"自中智之下，靡不审其崩离"。克服经学章句之繁琐妄诞，走向一种精微易简的学风，自是此一时期思想"内在理路"的必然要求，于是，放弃寻章摘句，而致力于清谈和玄思的魏晋玄学终成风行草偃之势。

就易学而言，汉末虞翻堪称代表，他承继孟喜十二月卦、六日七分法诸说，对于前人的八宫、纳甲、互体、飞伏、爻辰、爻体、升降的象数学种种法则，皆熔会于一炉，更自创卦变、半象等新义，其繁琐复杂，造于其极。他虽被后世推为两汉象数的集大成者，然其说之纤曲，也使得其学变得更加令人生畏甚至生厌。如高怀民所言："象数易发展到极致，过分在卦象符号上玩弄奇巧，以及过分在卦象符号所表现的数上去推求牵连，目的只在于解通某字或某一句的经文，这便是浪费了易学家的心神在工具

---

① （清）章学诚：《文史通义》，上海书店 1988 年版，第 1—2 页。

上，对明了易道的大宗旨而言，反倒成了障碍；易学家迷失在象与数的迷魂阵中不能自拔，最后忘却了明道的初心。这种严重的流弊，象数易家不自知，但整个时代人心必然有反应。"① 于是，遂有主张"得意忘象"，彻底反思象数学价值，主张以庄老玄理解《易》的王弼"义理派"易学勃兴。王弼认为汉代象数学由于其过分追逐繁琐体系的推演，"互体不足，遂及卦变。变又不足，推致五行。一失其原，巧愈弥甚，纵或复值，而义无所取。盖存象忘意之由也。忘象以求其意，义斯见矣"②。认为圣人画卦立象，只是阐明天道流行的一种工具方法，并非让人执着于工具本身，应直接把握象和数背后蕴含的微妙之义。王弼《周易注》主张扫象阐理，因时代学风之转型应运而生，如戴君仁所说："因为魏晋以降，玄学盛行，六朝又是好尚文学的时代。王辅嗣《易注》，固除汉儒术数③之弊，同时也变训诂之习。他是自己做文章，做得既玄且文，因而大行于南朝。孙盛说他叙'浮义则丽辞溢目，造阴阳则妙赜无间'。这正合六朝人的胃口。况《北史》说：'南人约简。'王注自更为南人所喜。王注有'玄'、'文'、'简'三个条件，足适合那时代人的需要，所以我们可以说它是适者生存。"④ 由繁琐之极而趋向易简，"反求圣经"亦为古今学风转变之一定律，故汤用彤先生论王弼之学曰："大凡世界圣教演进，如至于繁琐失真，则常生复古之要求。耶稣新教，倡言反求《圣经》（return to the Bible）。佛教经量部称以庆喜（阿难）为师。均斥后世经师失教祖之原旨，而重寻求其最初之根据也。夫不囿于成说，自由之解释乃可以兴。思想自由，则离拘守经师而进入启明时代矣。"⑤ 评价甚高。并指出其思想转挖之关钥曰：

> 案《周易·系辞》云："子曰，书不尽言，言不尽意。然则圣人之意，其不可见乎。"夫易建爻象，应能尽意（参看李鼎祚《集解》引虞翻、陆绩、侯果、崔憬之注），其"言不尽意"者自有其说。王辅嗣以老庄解《易》，于是乃援用《庄子·外物篇》筌蹄之言，作《易略例·明象章》，而为之进一新解。文略曰："尽意莫若象，尽象

① 高怀民：《两汉易学史》，广西师范大学出版社2007年版，第236—237页。
② （三国）王弼：《周易略例·明象》，载楼宇烈《王弼集校释》，中华书局1987年版，第609页。
③ 引者按："数术"亦作"术数"。
④ 戴君仁：《谈易》，台湾开明书店1974年版，第70—71页。
⑤ 汤用彤：《王弼之〈周易〉〈论语〉新义》，《汤用彤集》第4册，武汉大学出版社2019年版，第1798页。

莫若言。"然"言者所以明象，得象而忘言。象者所以存意，得意而忘象"。"是故存言者非得象者也，存象者非得意者也。"然则"忘象者乃得意者也，忘言者乃得象者也"。因此言为象之代表，象为意之代表，二者均为得意之工具。吾人解《易》要当不滞于名言，忘言忘象，体会其所蕴义，则圣人之意乃昭然可见。王弼依此方法，乃将汉易象数之学一举而廓清之，汉代经学转为魏晋玄学，其基础由此而奠定矣。①

由此可见，就易学本身而言，以圣人之微言大义，通过抽绎和诠释《周易》象、数、爻辞间的复杂关系后可廓然尽之，即汉儒象数学的基本立场；而王弼以《周易》之象、数、爻辞等，与圣人微言大义的关系，类乎后世禅家所说的"指、月之喻"，以前者为指示真理方向的工具，而非真理本身。此亦所谓"象数派"与"义理派"二家易学宗旨的根本分野所在。

王弼所开启的义理派易学兴起后，象数派易学仍未断绝。《北史·儒林传》说，"大抵南北所为章句，好尚互有不同"，就《周易》而言，"江左《周易》则王辅嗣"，河洛一代"《周易》则郑康成"。彼时经术，南学濡染新风，北学则相对守旧，仍流行以郑玄为代表的汉易师法。《隋书·经籍志》则说："梁、陈，郑玄、王弼二注列于国学。齐代，唯传郑义。至隋，王注盛行，郑学浸微，今殆绝矣。"可见南北朝时期各国之官学尚象数、义理并行，至隋代则王弼之学风行。至唐高宗时，孔颖达奉敕编写《五经正义》，其《周易正义》取王注，孔颖达在《序》中称"唯魏世王辅嗣之注，独冠古今"②，由此王弼之说被视为正经正注，取得独尊地位。后汉儒解易著作大多陆续亡佚，唐代后期有李鼎祚撰《周易集解》，其推尊汉儒象数，博采汉魏晋唐马融、荀爽、虞翻、王肃、蜀才、崔憬等三十五家易说，有存古之功，该书亦为后人研究汉代易学的主要来源资料。

象数浸微，至宋世则又生新说，即"图书"与"先天"之学的兴起。所谓"图书"即河图洛书，《易经·系辞上》载："河出图，洛出书，圣人则之。"先秦文献中言河图洛书者不少，然其所指为何，并无明确说法。宋初陈抟号称秘传河图洛书及先天图、太极图，并传其学。宋人朱震为其《周易集传》所作表文述其传承谱系："濮上陈抟以先天图传种放，放传穆

---

① 汤用彤：《言意之辨》，《汤用彤集》第 4 册，武汉大学出版社 2019 年版，第 1771 页。

② （魏）王弼注，（唐）孔颖达疏：《周易正义》，北京大学出版社 2000 年版，第 3 页。

修，穆修传李之才，之才传邵雍。放以《河图》《洛书》传李溉，溉传许坚，坚传范谔昌，谔昌传刘牧。修以太极图传周敦颐，敦颐传程颐、程颢。"[1] 邵雍据先天图阐先天象数之学，成《皇极经世书》，其学构成了宋儒易学的重要基础，有学者统计，包括朱熹《周易本义》和《易学启蒙》在内，在《四库全书》经部《易》类的总共一百三十四种著作中，引用了邵雍《先天图》或语录的，达到五十五种之多。而如果把《四库存目丛书》以及《续修四库全书》中所收录的《周易》类著作加上，直接引用有关邵雍先天之学的著作则超过百部。[2] 朱熹《周易本义》通行本书前面列有九个图，分别称河图图、洛书图、伏羲八卦次序图、伏羲八卦方位图、伏羲六十四卦次序图、伏羲六十四卦方位图、文王八卦次序图、文王八卦方位图、卦变图。其中卦变图为朱熹自创，河图、洛书传自陈抟，伏羲四图，按《周易本义·图目》中的说法："其说皆出邵氏，盖邵氏得之李之才挺之，挺之得之穆修伯长，伯长得之华山希夷先生陈抟图南者，所谓先天之学也。"[3] 文王二图也当是邵雍所作。南宋以后朱熹《周易本义》为士子必读之书，影响力极大，从此治易者几乎无不崇信图书。

诸图所述内容，首先，河图、洛书二图，都是像围棋那样的黑白点子的图。河图为方形，上二七，下一六，左三八，右四九，中为三个五，上下两排，中类梅花形。洛书盖取龟象，故其数载九履一，左三右七，二四为肩，六八为足，中间是类梅花形的五点，这种"九宫"排列方式即今数学中所称之"幻方"。此为蔡元定与朱熹的说法，刘牧的《易数钩隐图》及南宋朱震的《易卦图说》正好相反，以前者为洛书，后者为河图。

其次，伏羲四图。第一图是八卦次序图，为小横图，共四层由下而上：太极、阴阳、阴阳太少、八卦。第二图是八卦方位图，是小圆圈，乾南、坤北、离东、坎西、震东北、兑东南、巽西南、艮西北，此即所谓之"先天八卦"方位。第三图是六十四卦次序图，为大横图，即八卦又加十六、三十二、六十四，所谓加一倍法。第四图是六十四卦方位图，是大圆圈，外面把六十四卦联成一个大圈，中含六十四卦排为八排的一个方形。

最后，文王二图。一是八卦次序图，即乾坤父母生六子之图。根据《说卦》"乾，天也，故称乎父；坤，地也，故称乎母；震一索而得男，故谓之长男；巽一索而得女，故谓之长女；坎再索而得男，故谓之中男；离

---

① （宋）朱震：《汉上易传》，中华书局 2020 年版，第 519 页。

② 参见郭彧《易图讲座》，华夏出版社 2007 年版，第 54—55 页。

③ （宋）朱熹：《周易本义》，中华书局 2020 年版，第 14 页。

再索而得女，故谓之中女；艮三索而得男，故谓之少男；兑三索而得女，故谓之少女"之说。二是八卦方位图，是根据《说卦》中所述之八卦方位，即所谓"后天八卦"。

宋代易学的图书学和先天学，在宋儒义理学的建构中起到相当重要的作用，如梁启超所说："须知所谓无极太极，所谓河图洛书，实组织宋学之主要根核，宋儒言理、言气、言数、言命、言心、言性，无不从此衍出。周敦颐自谓'得不传之学于遗经'，程朱辈祖述之，谓为道统所攸寄，于是占领思想界五、六百年，其权威几与经典相埒。"① 然因图书、先天方位之说史无稽考，后世亦不乏疑之者。

需要指出的是，宋代先天象数之学，主要还是依附于宋代的义理派易学而开展的，宋明儒之《周易》诠释，以程颐的《伊川易传》为代表，其尝谓："《易》因象以明理，由象而知数。得其义，则象数在其中矣。必欲穷象之隐微，尽数之毫忽，乃寻流逐末，术家之所尚，非儒者之所务也。"（《答张闳中书》）② 显然属于明确的易学义理派立场，主张"顺性命，阐儒理，切人事，明乱治。一以义理为归，而略于卜筮象数"③。晋人以玄理演《易》，宋明儒则以儒理阐《易》，即"两派六宗"中所谓之"儒理宗"。

二　清初学者对宋儒图书学和先天学的辨伪

宋明直至清初，宋儒的阐《易》的方向一直是主流，清初尤以程朱易学为盛，顺治帝命傅以渐修《易经通注》，力辟明代《周易大全》的"繁冗简陋"，"刊去舛讹，补其缺漏"，颁之学馆。康熙帝"服膺朱子之书，而悦心研虑"，命牛钮撰《日讲易经解义》，又命李光地编《周易折中》，冠以《程传》、次以《本义》，兼采汉宋二百余家《易》注，发明程朱，大兴宋易。王夫之、孙奇逢、陈梦雷、魏荔彤、张烈、张英、刁包、胡煦等，或借全面阐释程朱易学，或部分有以修正，以建构其义理易学体系。④ 然此一时期，伴随群经辨伪学风的勃兴，清初顾炎武、毛奇龄、黄宗羲、黄宗炎、胡渭等人相继著书立说，以宋人所传的河图洛书源自方术和道教，且违背《周易》经传为核心论据，认定宋易的图书学和先天学乃是后起之伪学，清代易学"反宋学"的萌蘖，亦由此悄然开启。

---

① 梁启超：《清代学术概论》，上海世纪出版集团2005年版，第12页。
② （宋）程颢、程颐：《二程集》上，中华书局2004年版，第615页。
③ 戴君仁：《谈易》，台湾开明书店1974年版，第92页。
④ 参见林忠军、张沛、赵中国等《清代易学史》上，齐鲁书社2018年版，第2—3页。

　　根据林庆彰研究，清初群经辨伪学风的成因，可追溯到明代中期的
"回归原典运动"。林氏指出，当时的许多学者面对"学术界空言心性，援
佛入儒，蔑弃古经，和层出不穷的义理纠纷时，他们开始对儒学的本质加
以反省，以挽救这日趋下流的学术风气。儒学即是孔门之学，此为古今学
者的共识。而孔门'内圣外王'的理想即寄托在六经之中，要实践'内圣
外王'，自应穷究六经，此亦为古今学者所肯定。但是，自从宋人以汉人
传经不传道，已把圣人之道和经学分为两途，此后的学者遂把此种基本认
识逐渐淡忘，造成束书（经）不观而竟日空言心性的偏颇风气。自明中叶
起，学者即再三申明圣人之道（道学、理学）与经学的关系，以纠正道学
与经学分离的颓风"①。至明清之际乃至清初，程朱、陆王二学派的纷争
（所谓"朱陆之争"）愈演愈烈，各执一理，势如冰炭，单就义理层面而
言决难调和，于是，彼时学者逐渐达成了一种共识，也就是不论程朱、陆
王所说如何，皆应以是否符合孔门之最初宗旨为断，也就是以是否符合孔
门经书之原意，为判断义理正谬的标准。于是，"清初的群经辨伪学，就
在学者一切以孔门为正的口号中展开。这是解释明末兴起的经书研究，何
以从辨伪入手的根本原因"②。彼时群经辨伪学所涉及的争议问题，主要集
中在《古文尚书》《周礼》《诗传》《诗说》《中庸》《大学》这几种典籍
上，在易学领域则主要针对宋易的图书学和先天学。

　　综理清初诸家之说，顾炎武以导源于陈抟、邵雍的宋易之"图书"是
"方术之书"，"道家之易"③，"是强孔子之书以就己之说矣"④。黄宗羲
《易学象数论》对河图洛书进行考辨说："天垂象，见吉凶，圣人象之者，
仰观于天文也。河出图，洛出书，圣人则之者，俯察于地也。谓之图者，
山川险易，南北高深，如后世之图经是也。谓之书者，风土刚柔，户口扼
塞，如夏之《禹贡》，周之《职方》是也。谓之河洛者，河洛为天下之
中，凡四方所上图书，皆以河洛系其名也。《顾命》西序之'大训'，犹
今之祖训，东序之'河图'，犹今之黄册，故与宝玉杂陈。"⑤ 黄宗羲之弟
黄宗炎撰《图学辨惑》考辨河图洛书源出道家，认为："有宋图学三派出
自陈图南⑥，以为养生驭气之术，托诸《大易》，假借乾坤水火之名，自申

---

①　林庆彰：《清初的群经辨伪学》，华东师范大学出版社 2011 年版，第 44—45 页。

②　林庆彰：《清初的群经辨伪学》，华东师范大学出版社 2011 年版，第 50 页。

③　顾炎武著，黄汝成集释：《日知录集释》上，上海古籍出版社 2006 年版，第 51 页。

④　顾炎武著，黄汝成集释：《日知录集释》上，上海古籍出版社 2006 年版，第 46 页。

⑤　（清）黄宗羲：《易学象数论》，中华书局 2010 年版，第 12 页。

⑥　引者按：陈图南即陈抟。

其说，如《参同契》《悟真篇》之类，与《易》之为道，截然无所关合。"①毛奇龄、胡渭于此亦有进一步发挥。毛奇龄《太极图说遗议》中指出《河图》《洛书》非《尚书》所述"洪范九畴"，实源自道家太乙行九之法，论定《太极图》亦非儒家正传。胡渭撰《易图明辨》则认为"《易》则无所用图，六十四卦二体六爻之画，即其图矣"②。《周易》本由伏羲、文王、周公、孔子一脉相承，并无歧义，而朱熹《周易本义》所冠九图，实与陈抟、邵雍、刘牧诸图为一体系，"九图乃希夷、康节、刘牧之象数，非《易》之所谓象数也"③。故以宋易图书之学非圣人之《易》，为《易》外别传之说，两者"离之则双美，合之则两伤"④。晚清皮锡瑞《经学通论》中对从元代至清的有关讨论有简要概述和评议：

> 宋元明言易者，开卷即及先天、后天，惟元陈应润作《爻变义蕴》，始指先天诸图，为道家借易理以为修炼之术，吴澄、归有光亦不信图书，国朝毛奇龄作《图书原舛篇》，黄宗羲作《易学象数论》，黄宗炎作《图书辨惑》，争之尤力。胡渭《易图明辨》引据旧文，足箝依托之口。张惠言《易图条辨》驳诘精审，足箴先儒之失。今且不必深论，但以"图书"二字诘之，图，今所谓画也；书，今所谓字也。是图但有点画，而书必有文字，汉人以河图为八卦，洛书为九畴，刘歆谓"初一曰五行"以下二十八字，即是《洛书》，其说尚为近理。宋人所传河、洛，皆黑白点子，但可云河图、洛图，何云《河图》《洛书》？此百喙所不能解者。⑤

盖先秦两汉文献中所言之《河图》《洛书》，非宋儒所言之河图、洛书，这一问题经清儒考证，几成定谳。清初学者的辨伪考证，如汪学群总结："他们或把图书解释为古代的地图和地理志，甚至把河图比作当时的户籍册，《周易》与所谓龙马负图、洛龟载书说并无关系；或考辨河图洛书先天太极说的道家渊源，证明其道家的本质。这种实证的观点，对还《周易》本来面目，是十分有益的。"清初诸儒对图书学和先天学的辨伪成

① （清）黄宗炎：《图学辨惑》，载（清）黄宗羲《易学象数论》，中华书局 2010 年版，第328 页。
② （清）胡渭：《易图明辨》，中华书局 2008 年版，第 1 页。
③ （清）胡渭：《易图明辨》，中华书局 2008 年版，第 225 页。
④ （清）胡渭：《易图明辨》，中华书局 2008 年版，第 1 页。
⑤ （清）皮锡瑞：《经学通论》，中华书局 2018 年版，第 30—40 页。

果以及思想倾向，"为后来的乾嘉易学所利用，成为他们复兴汉易的依据，从这个意义上说，清初易学对河图洛书、先天太极说的辨伪，客观上为乾嘉汉易的复兴，提供了理论准备"①。乾嘉时期的易学，与乾嘉考据学的倾向类似，都主张"扬汉抑宋"，旨在使汉代象数易学复明于世，并有进一步之申发。

三　乾嘉诸儒对汉代象数易学的复兴

清初诸家对宋代图书学和先天学的辨伪，并无意否定宋代易学义理体系的合理性，而是出于纠偏的目的。如汪学群所总结："与清初学术直接源于宋明一样，清初易学也源于宋明易学，所不同的是宋明学术争程朱与陆王之门户，因陆九渊与王守仁都没有系统的解《易》著作，所以宋明易学起主导地位的是程朱易学，尤其是程颐的《伊川易传》、朱熹的《周易本义》，不仅影响宋明两代，也对清初易学产生重要影响。清初易学无论是褒程朱还是贬程朱，皆以程朱易学来展开自己的思想体系。即使是对宋易图书先天太极说的批评与考辨，也不是一概否定朱子易学（除毛奇龄外），他们大都抛弃的是朱子易学中的河图洛书先天太极说部分，对其中包括义理的其他方面还是肯定的，至少不否定。"② 而且，他们大多并不甚认可汉代象数易学的思想价值，黄宗羲《易学象数论》中的说法有代表性：

> 夫易者，范围天地之书也。广大无所不备，故九流百家之学，皆可窜入焉。自九流百家借之以行其说，而于易之本意反晦矣。汉儒林传：孔子六传至苗川田何，易道大兴。吾不知田何之说何如也！降而焦二乐，世应、飞伏、动爻、互体、五行、纳甲之变，无不具者。吾读李鼎祚易解，一时诸儒之说芜秽康庄，使观象玩占之理，尽人于淫瞽方技之流，可不悲夫！有魏王辅嗣出而注易，得意忘象，得意忘言；日时岁月，五气相推，悉皆摈落，多所不关，庶几潦水尽而寒潭清矣。………逮伊川作《易传》，收其昆仑旁薄者，散之于六十四卦中，理到语精，《易》道于是而大定矣。③

由此可见，黄宗羲辨伪图书、考析象数的意图并非肯定象数之学，恰

---

① 汪学群：《清初易学》，商务印书馆 2004 年版，第 28—29 页。
② 汪学群：《清代中期易学》，社会科学文献出版社 2009 年版，第 3 页。
③ （清）黄宗羲：《易学象数论》，中华书局 2010 年版，第 9 页。

恰相反，其感于"世儒过视象数，以为绝学，故为所欺。余——疏通之，知其于《易》本了无干涉，而后反求之《程传》，或亦廓清之一端也。"其学仍归心于程颐《易传》，因不满于陈抟、邵雍之学窜乱于其中，故欲有以厘清。此种学术立场，在清初研易诸家中堪称典型。

　　事实上，清儒对汉代象数易学的复兴与乾嘉考据学的兴起基本同步，如朱伯崑先生所说："汉学的奠基者为惠栋和戴震两派对汉人解经的态度并不尽同，但都重视古训和考据。汉学的兴盛，对《周易》经传的研究同样起了重要的影响，即从对宋易的批判走上复兴汉易的道路。乾嘉时期，复兴汉易的代表人物为惠栋和张惠言。此派易学以推崇和解说汉易的象数之学为己任，或以汉易为正统。另一派汉学的代表人物为焦循，其解释《周易》经传，并不惟汉易是从，而是依汉人解易的精神，独辟蹊径，建立自己的易学体系。就易学史说，清代汉学家对汉易的整理和解说，对《周易》经传字义的解释，做出了自己的贡献。"① 作为清代汉学开山的惠栋，同时也是汉易学的开山，事实上他的"汉学"的根骨就是汉易学。惠栋在《易汉学》卷首论及复兴汉易的理论依据时说：

　　　　六经定于孔子，毁于秦，传于汉，汉学之亡久矣。独《诗》、《书》二经犹存毛、郑两家。《春秋》为杜氏所乱，《尚书》为孔氏所乱，《易经》为王氏所乱。杜氏虽有更定，大较同于贾、服，伪孔氏则杂采马、王之说，汉学虽亡而未尽亡也。惟王辅嗣以假象说《易》，根本黄老，而汉经师之义，荡然无复有存者矣。故宋人赵紫芝有诗云："辅嗣《易》行无汉学，玄晖诗变有唐风。"盖实录也。栋曾王父朴庵先生尝闻汉易之不存也。取李氏《易解》所者，参众说而为之传。天、崇之际，遭乱散佚，以其说口授王父，王父授之先君，先君于是成《易说》六卷，又尝欲别撰汉经师说《易》之源流而未暇也。栋趋庭之际，习闻余论，左右采获，成书七卷，自孟长卿以下五家之《易》，异流同源，其说略备。呜呼！先君无禄，即世三年矣。以栋之不才，何敢辄议著述，然以四世之学，上承先汉，存什一于千百，庶后之思汉学者，犹知取证，且使吾子孙无忘旧业云。②

　　惠氏曾祖惠有声、祖周惕、父士奇，四世传经。近人刘师培评价说：

_____

　① 朱伯崑：《易学哲学史》第 4 册，昆仑出版社 2005 年版，第 5 页。
　② （清）惠栋：《周易述》下，中华书局 2018 年版，第 513 页。

"东吴惠氏世传《易》学，自周惕作《易传》，其子士奇作《易说》，杂释卦爻，以象为主，专明汉例，但采掇未纯。士奇子栋作《周易述》，以虞注、郑注为主，兼采两汉《易》家之说，旁通曲证，然全书未竟，门人江藩继之作《周易述》补，栋又作《易汉学》《易例》《周易本义辨证》，咸宗汉学。"① 惠栋平生宗虞翻所传之孟氏（孟喜）易说，参以荀爽、郑玄等诸家之学，旨在全面继承和阐扬汉儒象数易学，其《易汉学》一书是系统阐述汉易各流派的著作，采辑孟喜、京房、郑玄、荀爽、虞翻及《易纬》和《参同契》之绪论遗文，钩稽考证，《四库全书总目提要》谓其《易汉学》之著"采辑遗闻，钩稽考证，使学者得略见汉儒之门径，于易亦不为无功矣"②。又谓《周易述》之著的贡献在："自王弼《易》行，汉学遂绝。宋元儒者类以意见揣测，去古寝远。中间言象数者又歧为图书之说，其书愈衍愈繁，而未必皆四圣之本旨。故说经之家莫多于《易》与《春秋》，而《易》尤丛杂。栋能一一原本汉儒，推阐考证，虽掇拾散佚未能备睹专门授受之全，要其引据古义，具有根柢，视空谈说经者则相去远矣。"③ 评价恰如其分。

惠栋之后治汉易的代表人物是常州张惠言，他撰《周易虞氏义》《周易虞氏消息》《虞氏易礼》等书，特重虞翻之学，探赜索隐，深得虞氏易之要领。尔后，复有胡祥麟作《虞氏易消息图》申明张惠言之虞氏学，方申作《虞氏易象汇编》述虞氏易象，李道平的《周易集解纂疏》大量采纳惠栋、张惠言等人的研究成果，详细疏解唐人李鼎祚《周易集解》所辑汉魏诸家之要义。

致力于参酌汉代象数易学而建构新体系之代表者，其代表人物首推扬州焦循，焦循在东汉荀爽、虞翻易学的基础上，冶易学、音韵、训诂、天算于一炉，发明"旁通""相错""时行"诸义例，诠释《周易》经传，进而试图建立一个"以《易》解经"，也就是以易理为总纲，诠释儒家其他众经（尤重对《论语》《孟子》的阐释）的庞大思想体系。清代易家何以形成"尊汉"之潮流，惠栋之父惠士奇之论，或已道出其中缘由：

　　《易》始于伏羲，盛于文王，大备于孔子，而其说犹存于汉。不明孔子之《易》，不足与言文王；不明文王之《易》，不足与言伏羲。

---

① 刘师培：《经学教科书》，上海古籍出版社 2006 年版，第 119 页。
② （清）永瑢、纪昀主编：《四库全书总目提要》，海南出版社 1999 年版，第 40 页。
③ （清）永瑢、纪昀主编：《四库全书总目提要》，海南出版社 1999 年版，第 40 页。

舍文王、孔子之《易》而远问庖牺，吾不知之矣。汉儒言《易》，孟喜以卦气，京房以适变，荀爽以升降，郑康成以爻辰，虞翻以纳甲。其说不同，而指归则一，皆不可废。今所传之《易》，出自费直。费氏本古文，王弼尽改为俗书，又创为虚象之说，遂举汉《易》而空之，而古学亡矣。易者，象也。圣人观象而系辞，君子观象而玩辞，六十四卦皆实象，安得虚哉？①

盖王弼所启之义理派《易》说，古人早有"其弊流而为玄虚"②的认识，清儒取象数而黜义理，与"弃虚蹈实"之学术时代潮流之大要相合，故在乾嘉时期，即使非专治易学的大家若戴震、章学诚等，也多有论《易》之文，戴震的学术思想亦隐然渗有汉代象数易学的影响痕迹，可以说，汉代象数易学之复兴，本身也构成了乾嘉汉学的一条重要思想脉络。

第四节　清代民间对《周易》的神圣化信仰

汉代以来，《周易》一书被推尊为"六经之首"，后世儒门皆循此例，在清儒的观念中也并无变化，《四库全书总目提要》中所说"《易》道广大，无所不包"，"《易》之为书，推天道以明人事者也"③，章学诚所谓《周易》"其道盖包政教典章之所不及矣。象天法地，'是兴神物，以前民用'。其教盖出政教典章之先矣"④等论，堪称代表。而且不仅如此，在清代民间社会中，对于《周易》一书也形成了神圣化的信仰观念，不仅知识阶层推尊《周易》，一般民众也认为《周易》具有趋吉避凶乃至有降伏邪祟的神圣力量，以《周易》为正气和光明的象征。

以《周易》具有辟易黑暗势力的灵异功能，这种观念在史籍中早有记载，若《北史·儒林上》载北齐时治郑氏易学的权会的故事：

会本贫生，无仆隶，初任助教之日，恒乘驴上下。且其职事处多，每须经历，及其退食，非晚不归。曾夜出城东门，钟漏已尽，会唯独乘驴。忽有二人。一人牵头，一人随后，有似相助，其回动轻

---

①　（清）江藩：《国朝汉学师承记》，中华书局 1983 年版，第 20—21 页。

②　（宋）刘克庄：《后村居士集》卷 24，宋刻本。

③　（清）永瑢、纪昀主编：《四库全书总目提要》，海南出版社 1999 年版，第 13 页。

④　（清）章学诚：《文史通义》，上海书店 1988 年版，第 1—2 页。

漂，有异生人。渐渐失路，不由本道。会心甚怪之，遂诵《易经》上篇。一卷不尽，前后二人，忽然离散。会亦不觉堕驴，因尔迷闷，至明始觉。方知堕驴之处，乃是郭外，才去家数里。

此外，宋人所撰笔记小说《南唐近事》载：

> 江都县大厅，相传有鬼物据之，前政令长升之者必为瓦砾所掷，或中夜之后毁去案砚，或家人暴疾，遗火不常，斯邑皆相承居小厅莅事，始获小康。江梦孙闻之，尝愤其说，然梦孙儒行正直，众所推服，无何自秘书郎出宰是邑。下车之日，升正厅受贺讫，向夜具香案端笏，当中而坐，诵《周易》一遍，明日如常理事，蔑尔无闻。自始来至终考，莫睹怪异，后之为政者皆饮其惠焉。①

这两个故事都是讲诵读《周易》使得鬼物畏服，类似的民间信仰观念在清代变得更为普遍。

孔飞力在其名著《叫魂》中便曾述及一则典型案例："湖北有一个姓吴的书生，有一次当众嘲弄了当地一个颇受人尊敬、被认为有本事偷魂的张姓术士的法力。吴书生料到张术士会对他进行报复，便在当天晚上拿着一本《易经》当武器，坐着等候。一个身穿盔甲的鬼怪撞进屋里，对他发起攻击，但当吴书生用《易经》向那鬼怪猛打过去时，那鬼怪竟然仆地而倒。吴书生发现地上只有一个纸人，便把它捡起夹在书中。过后，又有两个黑脸的小妖精闯了进来，也被他用同样的办法对付掉了。过不多久，一个哭哭啼啼的妇人出现在门前，宣称她是那个术士的妻子。她哀求吴书生放了她的丈夫和两个儿子，因为他们的魂都附到纸人的身上去了。她咽着说，现在她家里只剩下了三具尸体，一等到凌晨鸡鸣，他们的魂就回不来了。吴书生教训那妇人道，她们一家人做尽了害人的事，是罪有应得。但出于怜悯之心，他还是还了一个纸人给她。第二天早晨，他才知道张术士和他的大儿子都死了，只有小儿子活了下来。"② 视《周易》本身为降伏妖魔的"法器"，这则故事出自袁枚（1716—1798）所撰《子不语》中的《张奇神》一则，③ 孔飞力则转述自荷兰早期汉学家高延（J. J. M. deGroot，

---

① （宋）郑文宝：《南唐近事》，明万历绣水沈氏尚白斋刻宝颜堂秘籍本。
② 〔美〕孔飞力：《叫魂》，陈兼、刘昶译，上海三联书店2017年版，第130—131页。
③ （清）袁枚：《子不语》上，上海古籍出版社2016年版，第123页。

1854—1921）的《中国的宗教体系》一书，由于这些西方学者的介绍而为人熟知。

《子不语》中类似的故事非仅此一桩，还有《棺床》一则载：

> 陆秀才退龄，赴闽中幕馆。路过江山县，天大雨，赶店不及，日已夕矣。望前村树木浓密，瓦屋数间，奔往叩门，求借一宿。主人出迎，颇清雅，自言沈姓，亦系江山秀才，家无余屋延宾。陆再三求，沈不得已，指东厢一间曰："此可草榻也。"持烛送入。陆见左停一棺，意颇恶之，又自念平素胆壮，且舍此亦无他宿处，乃唯唯作谢。其房中原有木榻，即将行李铺上，辞主人出，而心不能无悸，取所带《易经》一部灯下观。至二鼓，不敢熄烛，和衣而寝。少顷，闻棺中窸窣有声，注目视之，棺前盖已掀起矣，有翁白须朱履，伸两腿而出。陆大骇，紧扣其帐，而于帐缝窥之。翁至陆坐处，翻其《易经》，了无惧色，袖出烟袋，就烛上吃烟。陆更惊，以为鬼不畏《易经》，又能吃烟，真恶鬼矣。[①]

后来发现，这位老翁其实是房主的父亲，年老而生性达观，"以为自古皆有死，何不先为演习"，所以习惯睡在棺材中，实为虚惊一场。这则故事并无任何神异性，很可能是真实发生过的，反映出当时民间以"鬼畏《易经》"是相当普遍的观念。

《清代文字狱档》中记载了一起乾隆四十八年二月"冯起炎注解《易》《诗》二经欲行投呈案"之事件，山西临汾县的生员冯起炎欲拦截乾隆帝之"圣驾"，呈献其"以《易》解《诗》"的作品，却因形迹可疑被抓捕。鲁迅在其《隔膜》一文中述及其事，并幽默地评论说："（冯起炎）不过着了当时通行的才子佳人小说的迷，想一举成名，天子做媒，表妹入抱而已。不料事实结局却不大好，署直隶总督袁守侗拟奏罪名是'阅其呈首，胆敢于圣主之前，混讲经书，而呈尾措词，尤属狂妄。核其情罪，较冲突仪仗为更重。冯起炎一犯，应从重发往黑龙江等处，给披甲人为奴。俟部复到日，照例解部刺字发遣。'这位才子，后来大约终于单身出关做西崽去了。"[②] 这位冯君所呈文字，系"抄袭《易》《诗》二经语句

---

① （清）袁枚：《子不语》上，上海古籍出版社2016年版，第187页。

② 鲁迅：《且介亭杂文·隔膜》，《鲁迅全集》第6册，人民文学出版社2005年版，43—44页。

强为注解"①，自属鄙俚不足道，倒是可以反映出"书莫大于《易》"（冯氏呈文中所语）这种观念也是当时民间社会的普遍认识。

《周易》在清代的民间宗教信仰体系中也有相当重要的地位，清初有所谓"混元教"在其"宝卷"《立天卷》中利用《周易》的阴阳八卦说构建了一套创世观念：

> 太极混元之图像内有红白二道，分出三才、四相、五行、六爻、七政、八卦、九宫、十干。天地阴阳合成八卦乾坤。乾为天、坤为地、天为父、地为母，坎为水，离为火，坎离交始，水火均平，而能生万物。自从先天一气，三皇治世，安八卦、立五行，造下金木水火土，分出五岳明山四大部洲，七十二国。②

混元教以阴阳八卦相交组合，构成其修炼内丹的理论，并认为其创生自然万物，乃至人类社会和国家，这虽然是比较粗浅的"民间哲学"，但其说渊源于《周易》是无疑的。康熙年间刘佐臣创"八卦教"，不仅吸收了这类观念，更将八卦纳入心性修炼学说中，以人人皆有一八卦，其《八卦教理条》谓："八卦六爻人人有，迷人不省东西走。有人参透内八卦，好过青松九个九。"③ 以觉醒心性内在之八卦为修行途径。刘佐臣并按"内安九宫，外立八卦"的组织形式收徒设教。即认为世界被乾、坤、震、巽、坎、离、艮、兑八卦分成西北、西南、正东、东南、正北、正南、东北、正西八个方位，这八个方位又都围绕着中央方位。八卦即八宫，加上中央宫为九宫。教徒依八卦分为八股，以教主居中，形成八卦教的组织机构。

直至晚清，"末后一着教"教主王觉一（又名"北海老人"）撰有《三易探原》，开篇即谓："《易》之为书，不易、变易、交易之义明。而理学、数学、象学之法备。大而圣域贤关，尽性至命，天道之微；次而纲常名教，持身涉世，人事之显；再次而治历明时，阴阳盈虚，物类消长，吉凶休咎之变。先天下开其物，后天下而成其物。此《易》所以为诸经之祖，万法之源也。"此论实可看作清代民间宗教对《周易》神圣性的普遍看法。

---

① 上海书店出版社编：《清代文字狱档》，上海书店 2007 年版，第 520 页。
② 转引自马西沙、韩秉方《中国民间宗教史》，中国社会科学出版社 2004 年版，第 706 页。
③ 转引自马西沙、韩秉方《中国民间宗教史》，中国社会科学出版社 2004 年版，第 707 页。

由此可见，无论在精英群体中，还是在民间的草野，也就是所谓"大传统"和"小传统"两个社会层面上，《周易》在清代的思想界都占有毋庸置疑的重要地位，深入且广泛地渗透了士林乃至庶民的精神生活。正如路遥所说："从古老社会传承下来的许多原初性信仰，因其长久扎根于本土而同广大民众日常生活紧密相连，仍然表现为较普遍的非制度化信仰形态。这方面内容极其复杂，也因其长久世俗化而成为粗野民俗的组成部分。它大致可分为两大类：一是巫术，另一是数术，两者互为交叉。"① 中国的传统民间数术信仰与《周易》有直接关联，表达了社会大众对易学的神秘化和神圣化的双重想象，此种情况在当代社会中仍在延续。同时，民间文化也总会潜移默化地渗透和影响精英社会的文化生活，就易学而论，汉代象数易学本身就夹杂了相当多的秦汉民间信仰的观念成分，在清代，吸纳了许多智识阶层的民间儒学团体太谷学派，其易学观念在此方面表现得尤为明显。②

---

① 路遥：《中国传统社会民间信仰之考察》，《文史哲》2010 年第 4 期。
② 详本书第四章第五节。

第三章　清代"气本论"思想源流与《周易》诠释

　　以"气"为天地万物生成环节中之重要基元，是先秦两汉时期主流哲学观念之一。据有关考证，甲骨文、金文文献中已有"气"字，但其义为"乞求""迄至""终止"等，只是普通的常用字词。[①] 按现有文献记载，"气"抽绎为有哲学意味的观念，当始于《国语·周语》："幽王二年，西周三川皆震。伯阳父曰：'周将亡矣！夫天地之气，不失其序；若过其序，民乱之也。阳伏而不能出，阴迫而不能蒸，于是有地震。今三川实震，是阳失其所而镇阴也。阳失而在阴，川源必塞；源塞，国必亡。夫水土演而民用也。水土无所演，民乏财用，不亡何待？'"这一论述把地震现象的成因解释为天地之气（也就是阴阳二气）的失衡，这是中国哲学发展史上阴阳观念与气论的第一次交汇，然实如张岱年先生所说，这还只是表述为自然界中的两种力量，尚无认为是一切本根的意思。直到《易传》乃成立阴阳的宇宙论。《易·彖传》以乾元与坤元为宇宙万物之本根，乾元即阳，坤元即阴。如《乾卦·彖》云："大哉乾元，万物资始，乃统天。云行雨施，品物流形。"《坤卦·彖》云："至哉坤元，万物资生，乃顺承天。坤厚载物，德合无疆。含弘光大，品物咸亨。"乾元为万物所资以始，坤元为万物所资以生。以乾元为万物之究竟本始，然仅有乾元不能独立生物，必有坤元配合，方能生成万物。乾之象为天。乾为天之本性，故统天。坤之象为地，故顺承天。乾元、坤元的相互对待，乃能生成一切品物。[②] 钱穆先生则指出：

　　　　《周易》上下经，本不言阴阳，《十传》始言阴阳。故曰："易以道阴阳"，其实乃据《十传》言。其言阴阳，即天地也。……凡其言

---

　　①　于省吾：《甲骨文字释林》，中华书局1979年版，第79页。
　　②　张岱年：《中国哲学大纲》，江苏教育出版社2005年版，第53页。

天地阴阳，则皆以指其为一气之积与化而已。故《易传》曰："乾，阳物也。坤，阴物也。"又曰："广大配天地，转变配四时，阴阳之义配日月。"又："法象莫大乎天地，变通莫大乎四时。"①

此种以天地阴阳为"一气积化"观念之由来，盖源出于此之一问："天既与地为伍，下侪于一物，则彼苍者天，与块然者地亦无以异。天帝之创制不存，宇宙何由而运转，种物何由而作始乎?"②先哲以"一气之聚散"释此疑难，故"可称为气化的宇宙观，以其认宇宙万物皆不过为一气之转化也"③。《易传》中之气化观念，又以不息与永久为特征。故曰"一阴一阳之谓道"，即指阴阳之永久迭运不息。

故《易传》的阴阳生化之观念，实为中国气论哲学重要发轫源头之一。然就《易传》文本本身而言，其所言"气"，尚为一种朴素的认识，尚需借助具体的卦象来表达，如《咸卦·象》所谓："柔上而刚下，二气感应以相与。"此"二气"指山泽之气中的阴阳分判，山属阳刚，泽为阴柔，咸卦艮（山）在下，兑（泽）在上，故有此说。至汉儒则特张《易传》之说，完成气论哲学的系统化，如熊十力所言："气之为物，灵妙而有理则，变化不屈。故自汉《易》家以来，常用气化一词。"故"中国哲学史上以气为元之论，汉以后，其势力极盛"④。熊氏所谓"以气为元"者，可称汉代气论哲学之统绪。此说源远流长，迁延于后世，于清代新义理学中尤有重要影响。

第一节 汉代易学的"卦气"说与气论哲学

先秦文献中论"气"之思想者，诸子书中亦不少见。《老子·四十二章》已言："万物负阴而抱阳，冲气以为和。"《庄子》书中言气更多，且已有万物本根之意涵，若《庄子·至乐》："察其始而本无生，非徒无生也

---

① 钱穆：《〈易传〉与〈小戴礼记〉中之宇宙论》，《中国思想学术史论丛》第2册，生活·读书·新知三联书店2019年版，第19页。
② 钱穆：《〈易传〉与〈小戴礼记〉中之宇宙论》，《中国思想学术史论丛》第2册，生活·读书·新知三联书店2019年版，第19页。
③ 钱穆：《〈易传〉与〈小戴礼记〉中之宇宙论》，《中国思想学术史论丛》第2册，生活·读书·新知三联书店2019年版，第21页。
④ 熊十力：《与友人》，载《体用论》，中华书局1996年版，第28—29页。

而本无形，非徒无形也而本无气。杂乎芒芴之间，变而有气，气变而有形，形变而有生，今又变而之死，是相与为春秋冬夏四时行也。"《庄子·知北游》："生也死之徒，死也生之始，孰知其纪！人之生，气之聚也。聚则为生，散则为死。若死生为徒，吾又何患！故万物一也。"以人之生死与天之四时运转皆为一气之迁化，所谓"通天下一气耳"。儒家的《孟子》书中有所谓"浩然之气""夜气""平旦之气"之说；《荀子》中多言"血气"，二家论气多与工夫论相关。《管子》书中言"精气"，《心术下》说："一气能变成曰精。"这种精微之气遍布时空。《内业》说："凡物之精，比则为生。"又曰："凡物之精，此则为生。下生五谷，上为列星。流于天地之间，谓之鬼神；藏于胸中，谓之圣人。是故民气，杲乎如登于天，杳乎如入于渊，淖乎如在于海，卒乎如在于己。是故此气也，不可止以力，而可安以德；不可呼以声，而可迎以音。敬守勿失，是谓成德，德成而智出，万物果得。"以精气普遍存在于万物，周流于天地。《管子》成书较晚，约在战国后期，其与《庄子》气论有相似性。

先秦诸子专言阴阳二气之迁化的学说，是阴阳家一派，《史记·太史公自序》论阴阳家："学夫阴阳四时、八位、十二度、二十四节各有教令，顺之者昌，逆之者不死则亡，未必然也，故曰'使人拘而多畏'。夫春生夏长，秋收冬藏，此天道之大经也，弗顺则无以为天下纲纪，故曰'四时之大顺，不可失也'。""天道之大经"，由阴阳二气消息的主宰，随四时推移而节度流行，此亦"历法"形成之理论依据。学者指出，这种"历法"，不仅制约社会生活的实用方面，还与中国古代当政者的政治哲学有着关系。"因此，王朝交替之际，作为受天命的天子为了使天下周知，就要改变诸种制度，即所谓'受命改制'进行改变正朔这种改历的重要仪式。然而那种历，在实用性方面，具有农耕历的显著性格；在历法方面，基本上是作为太阴太阳历来进行改历的。说明与这种历法密切相关来施行政治的文献是《月令》。所谓'月令'，就是一年十二个月的政令之意，见于《礼记》，而其先导，则在《吕氏春秋》的十二纪。"[1]《吕氏春秋》共有二十六卷，其中前十二卷分别以孟春纪、仲春纪、季春纪、孟夏纪、仲夏纪、季夏纪、孟秋纪、仲秋纪、季秋纪、孟冬纪、仲冬纪、季冬纪为卷名，合称十二纪。亦称十二月纪。十二纪分别叙述每个月太阳在恒星间的位置，昏、旦中星和有关的时令节气变化，及相应的物候变化，乃至天

---

[1] 〔日〕小野泽精一等：《气的思想——中国自然观与人的观念的发展》，李庆译，上海世纪出版集团 2007 年版，第 95—96 页。

子在衣食住行各方面应遵守的规制。《吕氏春秋》以阴阳二气的彼此消长更迭，来解释十二纪的迁流循环。如《孟春纪》谓："是月也，天气下降，地气上腾，天地和同，草木繁动。"《季春纪》谓："是月也，生气方盛，阳气发泄，句者毕出，萌者尽达。"《仲夏纪》："是月也，日长至，阴阳争，死生分。"《仲冬纪》："是月也，日短至，阴阳争，诸生荡。"如此等等。类似的记载也同样见于《礼记·月令》与《淮南子》诸书中，"把四时的运行、推移视为阴阳二气的消息，说明了这样的阴阳消息观在《吕氏春秋》的十二纪中是显然存在的"，"然而在四时各个月中阴阳消息的详细状况并不明确，支撑着这些的思想根据也不明确。这要到汉初的卦气说中才明确地显示出来，而在这里，《易传》的阴阳思想就成了媒介"①。也就是用诸卦卦爻的阴阳消息规律，来比配和解释天地四时物候的迁化，是为"卦气"之说。

一　孟喜、京房及《易纬》的"卦气"说

（一）孟喜的"卦气"说

"卦气"之说，是汉代易学象数学中形成较早的学说，最初见于孟喜的《孟氏章句》书中。孟喜青年时从田何再传弟子田王孙学《易》，史载其"得《易》家候阴阳灾变书"（《汉书·儒林传》），先儒多认定此即其"卦气"说之所承。孟氏之书唐时尚存，《新唐书·艺文志》载："孟喜章句十卷。"僧一行尚见其书，并有所评议。《新唐书》载一行《卦议》之论："十二月卦出于孟氏章句，其说《易》本于气，而后以人事明之。"其说以六十四卦中的《复》《临》《泰》《大壮》《夬》《乾》《姤》《遁》《否》《观》《剥》《坤》这十二个卦为"月卦"，亦称"十二消息卦"，"消"指消灭，"息"指生长，在一个卦体中，凡阳爻去而阴爻来称为"消"；阴爻去而阳爻来称为"息"。也就是以这十二卦中蕴含的阴阳二气的消长变化规律，来解释十二个月的气候迁变之理。如图3-1。

根据刘大钧先生考证，"卦气"之基本观念渊源甚早，春秋战国时期的《子夏易传》和《易传》中，已多见"卦气"说的零星叙述，如《说卦》言"兑，正秋也，万物之所说也"，明确说明早在《说卦》成篇时，已有以兑主秋季之说。更早甚至可以追溯至甲骨卜辞中所记四方之名，也

---

① 〔日〕小野泽精一等：《气的思想——中国自然观与人的观念的发展》，李庆译，上海世纪出版集团2007年版，第95—96页。

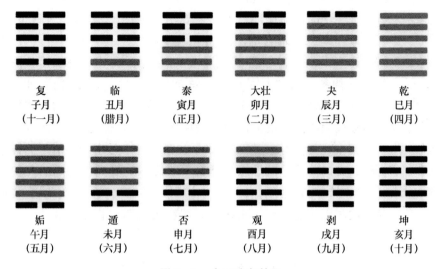

图 3 - 1　十二消息卦图

与后天八卦方位中的四正卦相同。① 对此，笔者觉得比较合理的解释是，先民根据生活生产经验，总结出一年四季的风向各自不同，如卜辞之言四方风名"东方曰析，风曰协。南方曰因，风曰微"等，于是将四季之性比配于四方方位，而八卦之说成立后，将其说延续到八卦方位理论之中。总之，卦气说其中应该蕴含了先民所总结的一年四季的气候特性与风向方位相互比配的相当古老的思想元素，而通过四季之寒暑交替渐进的观察，也很容易联系到阴阳二气的消长变化之理，汉人孟喜等则对这一思想进行了更为精细的系统化，进而建构起精密的易学思想体系。

　　孟喜之卦气说除了以十二消息卦联系一年十二月的气候变化的理论，尚有其"卦气值日"说，其说之要以《坎》《离》《震》《兑》为"四正卦"，以"二至二分"（冬至、夏至，春分、秋分）为分界来对应四季，《坎》主冬，《震》主春，《离》主夏，《兑》主秋。再以此四卦的二十四爻分主一年二十四节气。即《坎》卦初爻主冬至，九二主小寒，六三主大寒，六四主立春，九五主雨水，上六主惊蛰；《离》卦初爻主夏至，六二主小暑，九三主大暑，九四主立秋，六五主处暑，上九主白露；《震》卦初九主春分，六二主清明，六三主谷雨，九四主立夏，六五主小满，上六主芒种；《兑》卦初爻主秋分，九二主寒露，六三主霜降，九四主立冬，

———————

① 刘大钧：《"卦气"溯源》，《中国社会科学》2000 年第 5 期。

九五主小雪，上六主大雪。——以此说结合十二消息卦说，如图3-2。

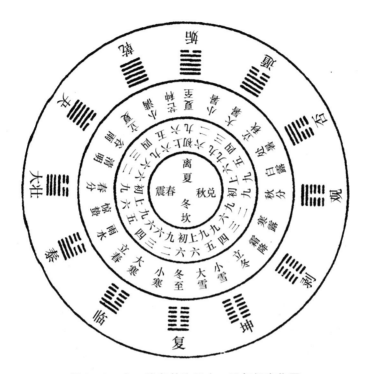

图3-2　十二消息卦比配十二月气候变化图

进而，二十四节气中的每个节气又可以分为“三候”，即初候、中候、末候，一个节气有十五天，故每候主五天。又以六十四卦中除去四正卦之外的六十卦平均分配一年的365又1/4天，故每卦主6又7/80天，这个“6又7/80”的结果被称为“六日七分”。

此六十卦与七十二候之间亦可相配，六十卦按辟（君）、公、侯、卿、大夫五爵位，分为五组，每组各有十二卦。十二辟卦即上述十二消息卦。十二侯卦为屯、小过、需、豫、旅、大有、鼎、恒、巽、归妹、艮、未济。其它卦分别为公、卿、大夫卦。七十二候配六十卦时，初候为始卦，次候为中卦，末候为终卦。凡始候二十四，配以公卦和侯卦；次候二十四，配以辟卦和大夫卦；末候二十四，配以侯卦和卿卦。六十卦配七十二候，缺十二卦，则以侯卦补之。

宋人李溉的《卦气图》则以十二消息卦的七十二爻配七十二候，另成一说。

唐代僧人一行《卦议》中介绍了孟喜以四正卦划分四季的理论解释：

一月之策，九六七八，是为三十。而卦以地六，候以天五，五六相乘。消息一变，十有二变而岁复初。坎、震、离、兑，二十四气，次主一爻，其初则二至、二分也。坎以阴包阳，故自北正，微阳动于下，升而未达，极于二月，凝涸之气消，坎运终焉。春分出于震，始据万物之元，为主于内，则群阴化而从之，极于南正，而丰大之变穷，震功究焉。离以阳包阴，故自南正，微阴生于地下，积而未章，至于八月，文明之质衰，离运终焉。仲秋阴形于兑，始循万物之末，为主于内，群阳降而承之，极于北正，而天泽之施穷，兑功究焉。故阳七之静始于坎，阳九之动始于震，阴八之静始于离，阴六之动始于兑。故四象之变，皆兼六爻，而中节之应备矣。（《新唐书·卷二十七上》）

这是说，一个月的日数，等于筮法中九六七八之数相加之值三十，即"是为三十"。"卦以地六"，是说每卦主管的天数是六天多一点（即"六日七分"），按《系辞》中天地之数的说法，地六为地数中的中数。"候以天五"，是说每候五天，五又是《系辞》中天数中的中数。"五六相乘"，五乘六也正好是一个月的三十日。"消息一变，十有二变而岁复初"是说十二消息卦的循环往复，一年一年十二个月的周而复始。以下讲四正卦，各主管二十四节气中的六个节气，即从冬至到惊蛰为坎卦用事，春分到芒种为震卦用事，夏至到白露为离卦用事，秋分到大雪为兑卦用事。"次主一爻"，谓一卦六爻，四正卦共二十四爻，每一爻都主管一个节气。坎主北方，卦象以阴包阳，阴气为盛，故主冬季；《说卦》言"帝出乎震"，震为万物一元之始（按：春季多雷声，此中亦当有雷震而万物生发之义），故主春季。离为火，卦象以阳包阴，故主炎夏；兑卦卦象，阴气又生于上"群阳降而承之"，故主秋季。盖以四季寒热往来呼应阴阳变化，可见孟喜"卦气"说的系统化虽颇繁复，但其理论基础实是对自然界的一种朴素直观的认知，并非全然是神秘主义的东西。

（二）京房的卦气说

孟喜之后于卦气理论继有创见者为京房，京房受学于梁人焦延寿，焦延寿自称学《易》于孟喜，京房以为焦氏《易》即孟氏之学，但孟喜的弟子白生、翟牧却不承认。焦延寿讲《易》，喜推灾异，以自然灾害解释卦象，推衍人事。《汉书·京房传》概括焦延寿的学术道："其说长于灾变，分六十卦更值日用事，以风雨寒温为候，各有占验。"京房承其学，说《易》亦长于灾变，乃至涉及政事，焦延寿于此颇忧虑，谓"得我道以亡身者，京生也"（《汉书·京房传》）。汉元帝初元四年（前45年），京房举孝廉为郎，多次上疏论说灾异，后果然涉入政治纷争而死于非命。

京房易学所涉庞杂，以阴阳二气的相互对待纳入其各种学说中，其最具代表性的学说是其"纳甲"理论，《京氏易传》云："分天地乾坤之象，益之以甲乙壬癸。震巽之象配庚辛，坎离之象配戊己，艮兑之象配丙丁。八卦分阴阳、六位，配五行。光明四通，变易立节。"① 也就是以八卦比配天干，乃至将五行生克理论也纳入其易学中。

基于孟喜十二消息卦中所表达的阴阳消长之理（《复》《临》《泰》《大壮》《夬》《乾》是阳气渐生、阴气渐消的过程，《姤》《遁》《否》《观》《剥》《坤》是阴气渐生、阳气渐消的过程，然后由《坤》而《复》，循环不已）。京房将全部六十四卦皆基于此理进行重新排列，是为其"八宫卦"之说。其以八纯卦为八宫，八卦逐爻变化而变出本宫的其他七卦，即《乾》《震》《坎》《艮》《坤》《巽》《离》《兑》，此种顺序出于《说卦》，以乾坤为父母卦，各统率三男三女。前四卦为阳卦，后四卦为阴卦。八纯卦各主一宫，称"本宫卦"，下接七卦，曰"一世""二世""三世""四世""五世""游魂""归魂"。八宫各宫变化规律相同，有一爻变者，即阳爻变阴爻，或阴爻变阳爻，为一世卦，如乾宫中的姤卦，初画为阴爻，乃乾卦初九所变。有二爻变者，为二世卦，如乾宫中的遁卦，初画和二画都是阴爻，乃乾卦初九、九二所变。有三爻变者，为三世卦，如否卦，下卦三画皆阴爻，乃乾卦下卦三阳爻所变。有四爻变者，为四世卦，如观卦，初画至四画皆为阴爻，乃由乾卦初九、九二、九三、九四所变。有五爻变者，为五世卦，如剥卦，五画皆为阴爻，乃乾卦五阳爻所变。

八宫中上爻皆不变，称"上世"，之所以如此，以乾宫为例，若五爻变后上爻亦变，则成了坤卦，则是另一宫了。所以，每宫的第六变开始改变方式，称"游魂卦"，这一卦将五世卦中的第四画，若为阳爻则变为阴爻，若为阴爻则变为阳爻，如乾宫中的五世卦《剥》第四爻变为阳爻，则为晋卦。归魂卦，则是以游魂卦下卦，恢复本宫卦的下卦象（也可以理解为游魂卦的下卦三爻皆变），即为归魂卦。如乾宫中游魂卦晋，其下卦为坤，变为乾，即为归魂卦大有。——"游魂""归魂"的说法，本于《系辞》："精气为物，游魂为变，是故知鬼神之情状。"所以京房将这两类卦称为"鬼易"。

① （汉）京房撰，（三国·吴）陆绩注：《京氏易传》卷下，清嘉庆十年，虞山张氏照旷阁刻学津讨原本。

八宫诸卦皆依上述规则为变。八宫卦其图如下（图3-3）：

八宫	八纯卦	初爻变	二爻变	三爻变	四爻变	五爻变	游魂卦	归魂卦
乾宫	乾为天	天风姤	天山遁	天地否	风地观	山地剥	火地晋	火天大有
坎宫	坎为水	水泽节	水雷屯	水火既济	泽火革	雷火丰	地火明夷	地水师
艮宫	艮为山	山火贲	山天大畜	山泽损	火泽睽	天泽履	风泽中孚	风山渐
震宫	震为雷	雷地豫	雷水解	雷风恒	地风升	水风井	泽风大过	泽雷随
巽宫	巽为风	风天小畜	风火家人	风雷益	天雷无妄	火雷噬嗑	山雷颐	山风蛊
离宫	离为火	火山旅	火风鼎	火水未济	山水蒙	风水涣	天水讼	天火同人
坤宫	坤为地	地雷复	地泽临	地天泰	雷天大壮	泽天夬	水天需	水地比
兑宫	兑为泽	泽水困	泽地萃	泽山咸	水山蹇	地山谦	雷山小过	雷泽归妹

图3-3 京房八宫卦图

《后汉书·律历志》引京房之说："夫十二律之变，至六十，犹八卦之变为六十四卦也。宓牺作易，纪阳气之初，以为律法。"又说："以六十律分期之日，黄钟自冬至始，及冬至而复，阴阳寒燠风雨之生焉。"律历的十二律即代表十二月，据《淮南子·天文训》，其对应的关系是：黄钟（子，十一月）、大吕（丑，十二月）、太簇（寅，正月）、夹钟（卯，二月）、姑洗（辰，三月）、中吕（巳，四月）、蕤宾（午，五月）、林钟（未，六月）、夷则（申，七月）、南吕（酉，八月）、无射（戌，九月）、应钟（亥，十月）。故京房有"纳甲""纳支"之法，八宫卦各配以十干，其各爻又分别配以十二支。甲为十干之首,故此说称为"纳甲";配以十二支,称为"纳支"。——孟喜以十二消息卦表达阴阳二气的消长,来比配一年十二月的季候变化,京房则在此思路的基础上进一步以《周易》卦爻比配干支,推衍愈繁。

八宫卦之说在实践上主要用于占卜,只能算是一种与卦气说有关的理论。就严格意义上的卦气理论而言,京房于孟喜之学颇有继承,亦有一些自己的发明。京房亦以卦爻比配二十四节气,其在《易传》中说:"分六十四卦,配三百八十四爻,成万一千五百二十策,定气候二十四,考五行于运命,人事天道日月星辰局于指掌。"其说的基本理论大体沿袭孟喜,然亦有与孟喜不同者,若孟喜以除去坎、离、震、兑四正卦之外的六十卦,配一年之日数,每卦配日"六日七分";而京房则以全部的六十四卦配一年日数,这样算法就有区别了。一行于《卦议》中引孟喜说之后,继又评论京房卦气说:"京氏又以卦爻配期之日,坎、离、震、兑,其用事自分、至之首,皆得八十分日之七十三。颐、晋、井、大畜,皆五日十四分,余皆六日七分。"其日数的分配是,四正卦分别主二至(夏至、冬至)和二分(春分、秋分),各为一日的八十分之七十三(也就是0.9125天);颐、晋、井、大畜,此四卦各居四正卦之前,各为五日十四分(5又14/80,即5.175天);其余卦仍按孟喜的算法配六日七分(6又7/80,即6.0875天)。——孟喜卦气之说,本以四正卦对应二至二分,京房的算法则是对孟喜之说的润色,使其显得更为严密,并未改动其大体。

由于四正卦分主二至二分,京房由此进一步将它们对应二至二分的所在月份,也就是坎当十一月,离当五月,震当二月,兑当八月。进而,他将八卦中的另外四卦也分别比配于月份,即乾主立冬,当十月;坤主立秋,当七月;巽主立夏,当四月,艮主立春,当正月。由此制成"八卦卦气图",如图3-4。

此说又联系到了十二月所对应的地支,按《京氏易传》中所说"阴从午,阳从子,子午分行,子左行,午右行"的运行规律(即所谓"子午分行"),从子左行至午,为阳气从萌发至于极盛的过程;从午右行至子,为阴气从萌发到极盛的过程,周而复始,表现一年气候之流转。京房以六十四卦配一年之日的方法及八卦卦气说,后世影响深远,为术家多所沿袭。

(三)《易纬》以卦气比配"八风"说

汉代的方士化儒生制造了一类典籍,以神秘主义的思想来附会解释儒家经书,由于其与"经"相对,故称"纬书"。汉人认定的"七经"皆有其纬书,即《易纬》《尚书纬》《诗纬》《礼纬》《春秋纬》《乐纬》《孝经

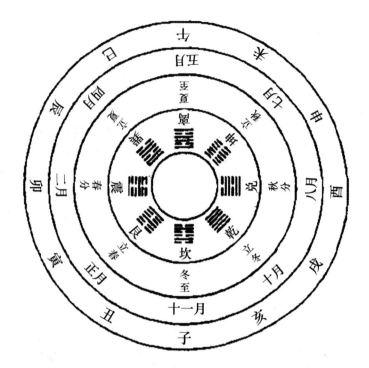

图 3 - 4 京房八卦卦气图

纬》，篇目相当多。《易纬》共有八种：《乾坤凿度》《乾凿度》《稽览图》《辨终备》《通卦验》《乾元序制记》《是类谋》及《坤灵图》。宋人晁公武《郡斋读书志》误将《乾坤凿度》及《乾凿度》并为一书，致后世有《易纬》七种之误说。"纬书"有时亦称"谶纬"，其实"谶"与"纬"有别，《四库全书总目提要》云："按儒者多称'谶纬'，其实谶自谶，纬自纬，非一类也。谶者，诡为隐语，预决吉凶……纬者，经之支流，衍及旁义……盖秦、汉以来，去圣日远，儒者推阐论说，各自成书……渐杂以术数之言，既不知作者为谁，因附会以神其说。迨弥传弥失，又益以妖妄之词，遂与谶合而为一。"① 纬书的成书年代，历代争议颇多，南朝刘勰《文心雕龙·正纬》辨及纬书之伪，谓"通儒讨核，谓起哀平"②，认为这类作品都作于西汉后期的哀帝与平帝之间，其说颇可信从。纬书后世亡佚，清儒及近人编有辑本多种。

今存《易纬》内容中，涉及卦气者不少，内容颇为驳杂，亦有相当繁

---

① （清）永瑢、纪昀主编：《四库全书总目提要》，海南出版社 1999 年版，第 42 页。
② （梁）刘勰著，周振甫注：《文心雕龙注释》，人民文学出版社 1998 年版，第 29 页。

琐之说。纬书之成书晚于孟喜、京房，其说可能出于孟、京学派学说的影响，但也有些独特的地方，如今传《乾元序制记》中有四正卦配二十四气、八风的内容：

> 坎初六冬至，广漠风，九二小寒，六三大寒，六四立春条风，九五雨水，上六惊蛰。震初九春分明庶风，六二清明，六三谷雨，九四立夏温风，六五小满，上六芒种。离初九夏至景风，六二小暑，九三大暑，九四立秋凉风至，六五处暑，上九白露。兑初九春分阊阖风，九二寒露，六三霜降，九四立冬始冰不周风，九五小雪，上六大雪也。①

以四正卦配四个季节的八种风，此说不见于孟、京的卦气学说系统中。《稽览图》中也有类似内容，稍有不同，八风于离初九夏至作凯风，震九四立夏及兑九四立冬下脱温风及不周风，其他全同。《稽览图》并以"冬至日在坎，春分日在震，夏至日在离，秋分日在兑"②，又引《是类谋》之说曰：

> 冬至日在坎，春分日在震，夏至日在离，秋分日在兑。四正之卦，卦有六爻，爻主一气。余六十卦，卦主六日七分八十分日之七。岁有十二月三百六十五日四分日之一，六十而一周。③（今本《是类谋》无此文）

此说与孟喜卦气之说全同，但增加了与"八风"的比配。八风之名，于《吕氏春秋》《淮南子》《说文解字》亦有记载，与上文之风名互有同异。《左传·隐公五年》："夫舞所以节八音，而行八风。"陆德明释文："八方之风，谓东方谷风，东南清明风，南方凯风，西南凉风。西方阊阖风，西北不周风，北方广莫风，东北融风。"此说后世较为通行，八风分别来自不同方向，这一点大约可以提示我们，也许"卦气"说的起源，确实与可溯源至甲骨卜辞的以风向比配方位、再联系季节气候的思路有关，渊源甚古。

---

① （清）赵在翰辑：《七纬》上，中华书局2012年版，第124页。
② （清）赵在翰辑：《七纬》上，中华书局2012年版，第106页。
③ （清）赵在翰辑：《七纬》上，中华书局2012年版，第106页。

二　京房与《易纬》的气论哲学

"卦气"之说以阴阳二气的彼此消长来解释一年中气候的变化更迭，世间万物也在这一过程中运化生成，这一思路中蕴含了阴阳二气作为世界本根的观念。这一观念在《易传》中其来有自，《系辞上》谓："刚柔相摩，八卦相荡，鼓之以雷霆，润之以风雨；日月运行，一寒一暑。乾道成男，坤道成女。乾知大始，坤作成物。"日月风雨寒暑乃至一切人物，皆由乾坤的刚柔之性相摩而生成。《系辞下》说："乾坤，其易之门耶？乾，阳物也；坤，阴物也。"又说："天地氤氲，万物化醇。男女构精，万物化生。"天地相交，周密无间，男女即代表人与物之阴阳，男女合精，而万物化生不穷。故汉代深研卦气理论的易学家，亦有以阴阳二气为世界本根的气论哲学之思考，京房便是其中之典型代表人物。如朱伯崑先生所说："京房易学，就对《周易》原理的理解说，发展了《易传》中的阴阳说，鲜明地提出阴阳二气说。其在《易传》中所说的阴阳，不仅是其易学的最高范畴，也是其哲学的最高范畴。就其易学范畴说，阴阳指卦爻的性质，就哲学范畴说，指阴阳二气。并且以阴阳二气解释易学中的阴阳范畴。他认为《周易》是讲变化的，所谓变化，就是阴阳变易。"[1]《京氏易传》中说：

> 乾、坤、震、巽、坎、离、艮、兑，八卦相荡。二气阳入阴，阴入阳，二气交互不停，故曰生生之谓易，天地之内无不通。[2]

此论显然由《系辞上》之"八卦相荡"之语而来，而说相荡者为"二气"，明确了气论的说法。京房认为易道的"日新"和"生生"，都是指阴阳二气的变易永无停止之时，所谓"新新不停，生生相续"。如其解坤卦说：

> 阴阳二气，天地相接，人事吉凶见乎其象，六位适变，八卦分焉。阴虽虚纳于阳位称实，升降反复，不能久处，千变万化，故称乎易。[3]

---

① 朱伯崑：《易学哲学史》第 1 册，昆仑出版社 2009 年版，第 157 页。
② （汉）京房撰，（三国·吴）陆绩注：《京氏易传》卷下，清嘉庆十年，虞山张氏照旷阁刻学津讨原本。
③ （汉）京房撰，（三国·吴）陆绩注：《京氏易传》卷中，清嘉庆十年，虞山张氏照旷阁刻学津讨原本。

所谓"称实",是说坤卦六爻皆阴,阴爻亦居阳位,阴为虚,阳为实,故其位不能久处而必然发生运动和变化,以此说明"易",就是阴阳二气升降变易而永无止境。《京氏易传》中,对每一卦卦爻象的解说,都是从阴阳二气升降变化的这一原则出发的。如其解释泰卦说:

> 乾坤二象,合为一运,天入地交泰,万物生焉。小往大来,阳长阴危,金土二气交合。《易》云:泰者,通也。通天地,长于品汇,阳气内进,阴气升降,升降之道,成于泰象。①

泰卦坤上乾下,此又以五行说的金、土二气以比附,金气指乾,土气指坤。此以阴阳二气升降而相交,解释《彖》《象》中有关泰卦的天地交泰说。此象中或有生殖崇拜的象征意味,"天入地交泰"象征男女交合,故万物由此生焉。反之,若阴阳不交则万物无由而生,故京房论讼卦时说:"阴阳相背,二气不交,物何由生?"② 讼卦乾上坎下。《象》文说:"天与水违行,讼。"意思是天道运行的方向由东而西(即日生于东而没于西),而天下之水则是由西而东的流向(因我国地势西高东低),彼此背道而驰,为阴阳二气不交而万物不生之象。又其解井卦说:

> 阴生阳消,阳生阴灭,二气交互,万物生焉。③

井卦坎上巽下,阴爻与阳爻各三,交错排列。此云"交互"即相推移,以二气相推往来而生成万物的意思来解释井卦,盖《象》云:"井,养而不穷也。"井水被先民视为生命之源泉,故有"万物生焉"之义蕴于其中。又其解家人卦说:

> 火木分形,阴阳得位,内外相资,二气相合,君君臣臣,父父子子,兄兄弟弟。《易》曰:家人嗃嗃,父(按:今本作"妇")子嘻嘻。治家之道,分于此也。④

---

① (汉)京房撰,(三国·吴)陆绩注:《京氏易传》卷中,清嘉庆十年,虞山张氏照旷阁刻学津讨原本。
② (汉)京房撰,(三国·吴)陆绩注:《京氏易传》卷中,清嘉庆十年,虞山张氏照旷阁刻学津讨原本。
③ (汉)京房撰,(三国·吴)陆绩注:《京氏易传》卷上,清嘉庆十年,虞山张氏照旷阁刻学津讨原本。
④ (汉)京房撰,(三国·吴)陆绩注:《京氏易传》卷中,清嘉庆十年,虞山张氏照旷阁刻学津讨原本。

此卦到巽上离下，按五行比配，巽为木，离为火，故说"火木分形"。
二、五爻各当其位（第二爻为阴位，第五爻为阳位，阴位为阴爻、阳位为
阳爻时，称"得位"），故君臣父子兄弟各当其位，为阴阳相合之象，这是
用阴阳二气之说来解释儒家的纲常伦理秩序。——以君臣父子的尊卑有序
上应天道，对人间的等级制度进行神圣化，此亦汉代儒教神学的基本观念
宗旨之一。对此《京氏易传》中还有系统论述：

> 　　阴阳运行，一寒一暑，五行互用，一吉一凶。以通神明之德以类
> 万物之情。故《易》所以断天下之理，定之以人伦而明王道。八卦
> 建，五气立，五常法象乾坤，顺于阴阳，以正君臣父子之义。故
> 《易》曰：元亨利贞。①

以《周易》囊括阴阳二气运行和五行生克的法则，不仅通于天地万
物，人间的纲常礼法亦由此而生。在京房的易学体系中，五常即仁义礼智
信配比五行，而五行又可配比八卦，故八卦阴阳变易的规律中也蕴含了君
臣父子之义，由此天道与人道相交，给人间的等级秩序寻找到了易学的依
据。由此可见，京房的易学体系之建立，绝不仅仅局限于神秘主义的灾异
占验功能，而是试图形成一套庞大的气论哲学体系，以统贯天人万物，堪
称汉代易学中所蕴形上哲思之典型。

孟喜、京房的卦气说及有关阴阳二气生化万物的论述，直接影响到了
汉代主流哲学思想的建构，朱伯崑先生指出："西汉的哲学家扬雄，模仿
《周易》的结构，作《太玄》，提出一个世界图式，显然是受了孟京卦气
说的影响。《太玄》中的'首'，类似《周易》中的卦象，共八十一首，
类似《周易》爻象，称为方州部家。首有首辞，相当于卦辞，每首有九
赞，相当于爻辞。八十一首排列的顺序是，从中首开始，到最后一首养首
为止。第一首表示阳气将要发生，到三十六首强首，阳气最盛；到四十一
首应首，阳气衰退，阴气天始发动；到四十九首逃首，阴气极盛；到七十
八首将首，阳气又将恢复。他以八十一首的排列，表示一年四季乃阴阳消
息的过程。值得注意的是，其中许多首的名字同孟京卦气说是一致的。"
扬雄所建立的这一体系，相对淡化了汉代象数易学中的阴阳灾变之类的神
秘主义思想，"京房易学所建立的体系，发展为占候之术，大肆宣扬阴阳

---

① （汉）京房撰，（三国·吴）陆绩注：《京氏易传》卷下，清嘉庆十年，虞山张氏照旷阁
　　刻学津讨原本。

灾变。《太玄》则不讲阴阳灾变,这同今文经学派的学风是不同的。但扬雄认为,《太玄》也可以推断人事吉凶,所谓'圣人乃作蓍龟,钻精倚神,藉知休咎,玄术莹之'。以上这些说明,扬雄的《太玄》同孟京易学存在着继承关系。如果说,西汉的自然哲学始于《淮南子》,那么经过孟京的易学,到扬雄的《太玄》则发展为高峰"[1]。

气论哲学在《易纬》文献中有更明确的表达,《周易乾凿度》中说:

> 昔者圣人因阴阳,定消息,立乾坤以统天地也。夫有形生于无形,乾坤安从生?故曰有太易,有太初,有太始,有太素也。太易者未见气也。太初者气之始也。太始者形之始也。太素者质之始也。气形质具而未离,故曰浑沦。浑沦者言万物相浑成而未相离。视之不见,听之不闻,循之不得,故曰易也。易无形畔,易变而为一,一变而为七,七变而为九,九者气变之究也。乃复变而为一。一者形变之始,清轻者上为天,浊重者下为地。物有始有壮有究,故三画而成乾。乾坤相并俱生。物有阴阳,因而重之,故六画而成卦。[2]

这将宇宙生成之过程分为四个阶段,即太易、太初、太始、太素,后文所言"易变而为一,一变而为七,七变而为九"即形容此一变化过程,郑玄《易纬注》曰:"太易变而为一,谓为太初也。一变而为七,谓变为太始也。七变而为九,谓变为太素也。"[3]"气"生于第二阶段的"太初"。故张岱年先生认为:"此亦以气为由无而有未成形质之状态。未见气之太易,乃最根本的;气之始为太初,乃次根本。"[4] 此亦汉代气论哲学的总体特点,即承认"气"是宇宙万物生成之本根,然气之上是否复有一更具本源性质的存在?若《周易乾凿度》中所说之"太易",到底是实体性的还是非实体性的?此均引发后人疑问和争议之问题。所以,先秦乃至汉代的有关思想,尚不能说是名副其实的"气本论",只能说是认为"气"在宇宙生成过程中具有相当重要性的"气论"哲学。

三 汉代易学"气论"思想的影响与后世学说演进

汉代哲学中言"气"者极普遍,《淮南子》中以虽以"道"为宇宙本

① 朱伯崑:《易学哲学史》第1册,昆仑出版社2009年版,第171—172页。
② (清)赵在翰辑:《七纬》上,中华书局2012年版,第33—34页。
③ (清)赵在翰辑:《七纬》上,中华书局2012年版,第44页。
④ 张岱年:《中国哲学大纲》,江苏教育出版社2005年版,第66页。

根，其《天文训》中亦讲"宇宙生元气"，董仲舒《春秋繁露·五行相生》篇讲"天地之气，合而为一，分为阴阳，判为四时，列为五行"。正如日本学者户川芳郎所指出，以董仲舒为代表的《春秋》灾异说与孟、京卦气说在汉代并行发展，卦气说更通过其"律历性"的宇宙观，"可以进一步数理地解释和表现天地自然的法则，尤其是通过在历法中，从《春秋》和《易传》来求得人事和天道自然的统一原理，可以说，就完成了西汉阴阳说的宇宙观。天人统一的法则，是'太极'和'元气'都可以象征的，把天道和人道，天地自然和人间社会都归结到作为它们唯一根元的原理基础上，使其秩序化之物"①。

至东汉时期，可称为汉代最有批判精神、激烈反对谶纬和阴阳灾异迷信的杰出思想家王充，亦在《论衡》中倡"元气"之说，有"元气，天地之精微也"（《论衡·四讳》）、"万物自生，皆禀元气"（《论衡·言毒》）、"天地，合气之自然也"（《论衡·谈天》）诸论。值得注意的是，王充《论衡·寒温》篇中亦曾对京房卦气之说有所评论，其谓："易京氏布六十四卦，于一岁中，六日七分，一卦用事。卦有阴阳，气有升降，阳升则温，阴升则寒。由此言之，寒温随卦而至，不应政治也。"又说："京氏占寒温以阴阳升降，变复之家以刑赏喜怒，两家乖迹。"对京房以卦气的阴阳升降解释一年季候之寒温变化，持肯定态度。但同时亦认为，讲天人感应的"变复之家"持此说比附于政治人事的做法则是虚妄和不可取的。

张岱年先生认为，先秦与秦汉之气论，皆尚未明确表示"气"为万物生成之绝对性"本根"，若《周易乾凿度》中之"太易"说，仍受道家哲学之影响，以"无"为究竟本根，故张岱年说：

> 《庄子·外篇》及汉代道家以道为宇宙本根，而亦言气。唯气论之气的观念实与道家宇宙论中之气的观念有关。然道家虽言气而不以气为本根，唯气论则以为气是最究竟的。太极论不以道为究竟本根而谓本根是太极，所谓太极可以说即是阴阳未分之气。然太极论不以气为主要观念。唯气论则以为太极即是气。显明的以气为万物之本根者，为后汉之何休。何氏云："元者，气也。无形以起，有形以分，造起天地，天地之始也。"（《公羊传》隐元年解诂）"元"即董仲舒所谓"元"。但董仲舒未尝明白以"元"为"气"，何氏则确定地以元为气。②

---

① 〔日〕小野泽精一等：《气的思想——中国自然观与人的观念的发展》，李庆译，上海世纪出版社 2007 年版，第 189 页。
② 张岱年：《中国哲学大纲》，江苏教育出版社 2005 年版，第 66 页。

《易纬》形成于西汉末，于东汉易学影响深远，"后来郑玄的易学、魏伯阳的易学，都受其影响，尤其管辂的术数易，根本就是出于易纬思想"①。东汉末年，可称为汉代经学之"殿军"，亦今古文经学的集大成者郑玄（127—200）深研《易纬》，作注以阐其义，其注《乾凿度》"太易"之说谓："以其寂然无物，故名之为太易，元气之所本始。"② 注《乾凿度》"易无形畔"时说："此明太易无形之时，虚豁寂寞，不可以视听寻，《系辞》曰'易无体'，此之谓也。"③ 并谓"易道无为，故天地万物各得以自通也"④。注《乾凿度》"易始于太极"云："气象未分之时，天地之所始也。"⑤ 由此可见，郑玄的宇宙生成论，亦隐含了万物生于"无"的老庄哲学思维，以有生于无，"无"在"气"之先，是最高的本体，故而"太易"在逻辑上高于"太初"和"太极"。有学者指出："可以这样理解郑玄视野中的太易、太极、道、无等概念：太易是无，太极是道，道是淳和未分之气，淳和未分之气是有，有生于无，所以道生于无，道生于太易。""从郑玄的'太易'说中对'无'的偏好可以看出，在两汉时期宇宙生成论极大发展的学术背景之下，也蕴藏着由宇宙生成论向本体论哲学转向的萌芽。"⑥ 此说可视为后来王弼以老庄玄理解《易》思路之先声，王弼开启的义理派易学强调"圣人体无"，以"无"为世界本体，如王弼注复卦的象辞曰："复者，反本之谓也。天地以本为心者也。凡动息则静，静非对动者也；语息则默，默非对语者也。然则天地虽大，富有万物，雷动风行，运化万变，寂然至无，是其本矣。"彻底扬弃了汉代易学的气论思想，皮锡瑞谓晋人学风"名物制度，略而弗讲，多以老庄之旨，发为骈丽之文，与汉人说经相去悬绝"⑦，此说符合实际。

王弼开启的以玄理解《易》之说风行一代，至唐人孔颖达编撰《周易正义》对其又有反思，孔颖达在《周易正义序》中说："其江南义疏十有余家，皆辞尚虚玄，义多浮诞。原夫易理难穷，虽复玄之又玄，至于垂范作则，便是有而教有。若论住内住外之空，就能就所之说，斯乃义涉于释氏，非为教于孔门也，既背其本，又违于注。"⑧ 于晋人解易之风深为不

① 高怀民：《两汉易学史》，广西师范大学出版社 2007 年版，第 21 页。
② （清）赵在翰辑：《七纬》上，中华书局 2012 年版，第 33 页。
③ （清）赵在翰辑：《七纬》上，中华书局 2012 年版，第 34 页。
④ （清）赵在翰辑：《七纬》上，中华书局 2012 年版，第 30 页。
⑤ （清）赵在翰辑：《七纬》上，中华书局 2012 年版，第 31 页。
⑥ 刘云超：《郑玄"太易"说与中国哲学本体论逻辑进程》，《周易研究》2012 年第 4 期。
⑦ （清）皮锡瑞：《经学历史》，中华书局 2011 年版，第 123 页。
⑧ （魏）王弼注，（唐）孔颖达疏：《周易正义》，北京大学出版社 2000 年版，第 3 页。

满。清儒陈澧在《东塾读书记》中评价孔颖达《周易正义》的贡献："江左说《易》者，不但杂以老氏之说，且杂以释氏之说，冲远（按：孔颖达字冲远）皆扫弃之，大有廓清之功也。"孔颖达解《易》，又将王弼"本无"之说，复归于汉儒气论的致思方向上来。

王弼易学以"无"为最高本体，孔颖达为强调儒学与佛道二氏之根本区别，更强调"有"，谓"易之三义，唯在于有"（《论易之三名》）①，以易简、变易、不易之理，以"有"一以贯之，故谓："然有从无出，理则包无。故《乾凿度》云：'夫有形者生于无形，则乾坤安从生？故有太易，有太初，有太始，有太素……'"以"有"为宇宙生成的本根，但按《乾凿度》之说"有"又出于"无"，调和这一矛盾的办法，是以《易》理含括无和有。由此，他进一步论述道：

> 是知易理备包有无，而易象唯在于有者，盖以圣人作易，本以垂教，教之所备，本备于有。故《系辞》云："形而上者谓之道。"道即无也；形而下者谓之器，器即有也。故以无言之，存乎道体；以有言之，存乎器用。以变化害之，存乎其神；以生成言之，存乎其易。以真言之，存乎其性；以邪言之，存乎其情。以气言之，存乎阴阳；以质言之，存乎爻象。以教言之，存乎精义；以人言之，存乎景行，此等是也。（《论易之三名》）②

孔颖达认为，易理包括有和无两个方面。"无"指"道"的领域，道是无形的，所以为"无"，"有"指"器"的领域，器是有形象的，所以称为"有"，故称"易理备包有无"。更值得注意的是，孔颖达对"无"的理解，也不是绝对的虚无，而应是尚未成形而显化出形质的"气"。他在解《系辞》文"形而上者谓之道，形而下者谓之器"时谓：

> 道是无体之名，形是有质之称。凡有从无而生，形由道而立。是先道而后形，是道在形之上，形在道之下。故自形外已上者谓之道也；自形内而下者谓之器也。形虽处道器两畔之际，形在器不在道也。既有形质，可以为器用，故云形而下者谓之器也。③

---

① （魏）王弼注，（唐）孔颖达疏：《周易正义》，北京大学出版社2000年版，第6页。
② （魏）王弼注，（唐）孔颖达疏：《周易正义》，北京大学出版社2000年版，第6—7页。
③ （魏）王弼注，（唐）孔颖达疏：《周易正义》，北京大学出版社2000年版，第344页。

"自形外已上者",即无形之谓,凡无形的东西都可以叫作道;"自形内而下者",即有形之谓,凡有形的东西都可称为器。孔颖达将"道"解释为无形的东西,与后文所说"既有形质,可以为器用"对论。与《论易之三名》"以气言之,存乎阴阳,以质言之,存乎爻象"之论印证,可见"质",即形质,指有形而言,又同"气"形成对待关系,由此可见,未成形之"气",在孔颖达的理论体系中即指无形的道。此亦合于张岱年先生对气论哲学的概括:"所谓形而上者,即未有形而显于形之谊。凡未有形而为形之所显者,皆形而上,以此谊言之,事理俱可谓形上,物为形下。……气无定形,亦为形上。"[1] 孔颖达以"有"说《易》的学术史意义,诚如朱伯崑先生所总结:

> 有和无的范畴,是由老庄哲学提出来的,王弼派用来解释《周易》的原理,以"无"代表易理和世界的基本原理,以"有"代表卦象和物象。孔疏对此加以改造,以阴阳二气及其变化之理无有形体,解释"无"的涵义,从而认为"易理备包有无",这样便扬弃了玄学派的理论体系,为宋易的形成提供了思想的基础。[2]

宋儒《易》说,虽然在方法取径上较为偏重于义理派易学的思路,但无论是张载《横渠易说》和《正蒙》中的"以气解《易》",还是程颐《伊川易传》开启的"以理解《易》"之方向,无论是"气"还是"理",在哲学存有论上都属于"实有"之性质。而张载更基于对《周易》的诠释建构了一套体大思精的气本论哲学系统,又直接影响了清初诸儒气本论思想的形成。

第二节　接续汉唐气论思想的张载易学及其对清初诸儒的影响

一　张载的气本论与其《周易》诠释

张载(1020—1077)是宋代新儒学开山的"北宋五子"之一,他在其代表作《正蒙》中提出"太虚即气"这一哲学命题,以"气本论"建立

---

① 张岱年:《天人五论》,《张岱年全集》第 3 卷,河北人民出版社 2007 年版,第 200 页。
② 朱伯崑:《易学哲学史》第 1 册,昆仑出版社 2009 年版,第 412 页。

其学说根基。张岱年先生在《中国哲学大纲》中总结其宇宙本根论之要旨，谓："其最主要之义，在于以一切形质之本始材朴之气，解释一切，认为宇宙乃一气之变化历程；以为空若无物之太虚，并非纯然无物，而乃气散而未聚之原始状态，实乃气之本然；气涵有内在的对立，是气之能动的本性，由之而发生变化屈伸。一切变化，乃缘于气所固有之能变之性。"① 并认为"气本论"之说与西方唯物论有近似之处，谓："太虚实可谓与现代英国哲学家亚历山大（Alexander）所谓'空时'（Space-time）略相近似。张子以太虚为气之原始，亚历山大以空时为物质之本原，为说亦甚相近。张子谓太虚乃气之本体，即谓空时非纯然无有，而乃物质之本原。空时凝结而成最细微的物质，最细微的物质聚合而成通常的物质。所以张子的本根论，确实可以说是一种唯物论。"② 以张载之气论思想近于西洋唯物论，此为后来张岱年及多数国内学者之通议。中国台湾地区学者牟宗三对此有不同意见，他认为："横渠以天道性命相贯通为其思参造化之重点，此实正宗之儒家思理，决不可视之为唯气论者。"③ 然他亦不能否定张载"以气之絪缊说太和、说道，则著于气之意味太重，因而自然主义之意味亦太重"④。盖牟氏平生于唯物论有颇深成见，极不愿承认宋儒学说中存在此说之萌蘖，故有意出此曲折之解。实则，宋明儒一系学说中，气论思想的脉络是清楚的，中国台湾地区学者杨儒宾近年亦强调，程朱言"性体"，陆王言"心体"，张载之气本论为"道体"，指的是"以气化之道作为本体的展现的学说"，以张载、方以智、王夫之等代表道体论一系，"可视为理学的第三系"⑤，此说切合实情。

如冯友兰所说："横渠之学，亦系从《易》推衍而来。"⑥ 其哲学体系之建构，基于《易传》，气本论说之前承，则更出于汉唐易学之相关学说。诚如有学者所说："张载以阴阳二气统一体解释太极，其源头应该在京房和《易纬》。"并有所扬弃，"京氏易学的气论，其目的最终还是为他讲阴阳灾异服务的，而后世从孔颖达到张载继承了其中的阴阳二气说，抛弃了

---

① 张岱年：《中国哲学大纲》，江苏教育出版社 2005 年版，第 73 页。
② 张岱年：《中国哲学大纲》，江苏教育出版社 2005 年版，第 73 页。
③ 牟宗三：《心体与性体》，《牟宗三先生全集》第 5 册，联经出版事业股份有限公司 2003 年版，第 459—460 页。
④ 牟宗三：《心体与性体》，《牟宗三先生全集》第 5 册，联经出版事业股份有限公司 2003 年版，第 459 页。
⑤ 杨儒宾：《继成的人性论：道体论的论点》，《中国文化》2019 年第 2 期。
⑥ 冯友兰：《中国哲学史》下，华东师范大学出版社 2000 年版，第 228 页。

他的占候之术，赋予了易学气论新的生命"①。朱伯崑先生则指出："孔疏解易，继承了汉易中的卦气说，扬弃了其天人感应的因素，以阴阳二气的变易解说《周易》的基本原理，成为张载气论的先驱，但仍保留了王弼派易学的形式，并未完全摆脱玄学的影响。张载的《易说》，一方面继承了孔疏以阴阳二气解易的传统，另一方面又抛弃了孔疏的玄学形式，通过对《系辞》的解释，终于建立起气论哲学的体系。"② 强调张载气论与孔颖达《易》说的关联，辨明了其思想脉络渊源。

张载《正蒙》一书为其晚年定论之作，所谓"蒙"即出自《周易》之蒙卦，张载所谓"养其蒙使正者，圣人之功也"，书名由此而来。《正蒙》中首先阐释了"太和"这一核心概念：

> 太和所谓道，中涵浮沉、升降、动静相感之性，是生絪缊、相荡、胜负、屈伸之始。其来也几微易简，其究也广大坚固。起知于易者乾乎！效法于简者坤乎！散殊而可象为气，清通而不可象为神。不如野马、絪缊，不足谓之太和。语道者知此，谓之知道；学《易》者见此，谓之见《易》。③

"太和"出自《周易·乾卦·彖》"保合大和，乃利贞"之语，"大和"亦作"太和"，孔疏释曰："纯阳刚暴，若无和顺，则物不得利，又失其正。以能保安合会太和之道，乃能利贞于万物，言万物得利而贞正也。"以乾道之纯阳需辅以坤道之和顺，太和之道，是浮沉、升降、动静这类矛盾双方在动态过程中的调和。郑吉雄就此指出："'太和'是'道'，内容就都是'气'的冲突，'和'又是二仪矛盾冲突的描述，那么，《周易》哲学所宣示的终极真理，不是'气'之外有层次更高的别有一'理'，而是'浮沈、升降、动静、相感之性'本身。正因这缘故，一讲到'太和'，就只能描述'气'的各种形态变化。"④ 此气充塞宇宙，是谓"太虚即气"之说。《正蒙·太和》中说：

> 太虚无形，气之本体，其聚其散，变化之客形尔；至静无感，性之渊源，有识有知，物交之客感尔。客感客形与无感无形，惟尽性者

---

① 辛亚民：《张载易学研究》，中国社会科学出版社 2015 年版，第 144—145 页。
② 朱伯崑：《易学哲学史》第 2 册，昆仑出版社 2009 年版，第 307 页。
③ 张载：《正蒙·太和篇第一》，《张载集》，中华书局 1978 年版，第 7 页。
④ 郑吉雄：《周易阶梯》，上海古籍出版社 2018 年版，第 147 页。

一之。天地之气，虽聚散、攻取百涂，然其为理也顺而不妄。气之为物，散入无形，适得吾体；聚为有象，不失吾常。太虚不能无气，气不能不聚而为万物，万物不能不散而为太虚。循是出入，是皆不得已而然也。然则圣人尽道其间，兼体而不累者，存神其至矣。彼语寂灭者往而不反，徇生执有者物而不化，二者虽有间矣，以言乎失道则均焉。①

太虚一词，始见于《庄子·知北游》"若是者，外不观乎宇宙，内不知乎太初，是以不过乎昆仑，不游于太虚"，按一般理解，"太虚"指广袤无垠的空间，"然非与时间相离对立，太虚实可以说即包括时间在内"②。按张载的解释，气散则遍布太虚，气聚则为万物，非离气别有一太虚。故此篇中又谓："气之聚散于太虚，犹冰凝释于水，知太虚即气，则无无。"③明确反对在"气"之上还有一个被视为"有生于无"的更高存在者，也就是说气化流行的状态本身就是本体，不承认其上还有一个若道家之"无"或佛家之"空"的更高的本根。张载批判"二氏"之论曰："知虚空即气，则有无隐显、神化性命，通一无二。……若谓虚能生气，则虚无穷，气有限，体用殊绝，入老氏'有生于无'自然之论，不识所谓有无混一之常。若谓万象为太虚中所见之物，则物与虚不相资，形自形，性自性，形性天人不相待而有，陷于浮屠以山河大地为见病之说。"④认为道家和佛教的误区，都是因为割裂了太虚与气的关系，把体用打为两截，这样本体与现象之间的逻辑关系则很难说得通了。张载以太虚即气，否定还另外有一个"无"的论述，极为明确清晰地建立了一个堪称典型的"气本论"哲学体系，如侯外庐等所说："在中国思想史上，把'气'引入本体论，古已有之，但建立一个以'气'为宇宙本体的宇宙观，张载却是首功。"⑤从《易传》到汉唐哲学中的气论思想由此实现了完成形态。

张载以气本论解《易》，以《易》所言之"象"，其本质亦为气，其《正蒙·乾称》中谓：

凡可状，皆有也。凡有，皆象也。凡象，皆气也。气之性本虚而

---

① 张载：《张载集》，中华书局 1978 年版，第 7 页。
② 张岱年：《中国哲学大纲》，江苏教育出版社 2005 年版，第 73 页。
③ 张载：《张载集》，中华书局 1978 年版，第 8 页。
④ 张载：《张载集》，中华书局 1978 年版，第 8 页。
⑤ 侯外庐、邱汉生、张岂之：《宋明理学史》上，人民出版社 1997 年版，第 104 页。

神，则神与性乃气所固有，此鬼神所以体物而不可遗也。①

气之无固定形态的性质谓之"虚"，气的运动变化莫测的状态谓之"神"，"虚"与"神"这类性质皆从属于气之下。由此可见，牟宗三反对视张载哲学为气本论的说法，以"太和"之下"分解为气与神"②，这种将"神"和"气"理解为并列关系的说法，显然是一种有意无意的误读。

《正蒙·神化》中又言：

> 所谓气也者，非待其蒸郁凝聚，接于目而后知之；苟健、顺、动、止、浩然、湛然之得言，皆可名之象尔。然则象若非气，指何为象？时若非象，指何为时？③

此言气化流行，非可见之气体，森罗万象之迁变所表现出的"象"，本身就是气的运动状态，如四时之寒暖之迁变，即阴阳二气之消长。这显然是汉儒卦气说对张载气本论的启示。

《易传》本身即气论学说之萌蘖，然其中亦言"形而上者之谓道"，此"道"与阴阳二气的关系如何，是汉晋诸儒争议的焦点，张载则解为"气之生即是道即是易"，其《横渠易说·系辞上》注"形而上者之谓道"之言谓：

> 凡不形以上者，皆谓之道，惟是有无相接与形不形处，知之为难。须知气从此首，盖为气能一有无，无则气自然生，气之生即是道是易。④

《易》以"生"为天地之大德，描述出一片生机的宇宙。张载以气之未成形而物化为器物的气，就是道本身，并非由道生出气来。这样，所谓之"有"与"无"就是气的未形与成形的区别，故"有"与"无"都是形容气的存在状态，气包举有无。虽然万物生成坏灭的过程中，"有无相接"也就是从气未成形到成形两种状态交接的环节，颇难理解，但气的变化正是由此起始的。后来张载在《正蒙·乾称》中说："语其推行故曰道，

---

① 张载：《张载集》，中华书局 1978 年版，第 63 页。
② 牟宗三：《心体与性体》，《牟宗三先生全集》第 5 册，联经出版事业股份有限公司 2003 年版，第 459 页。
③ 张载：《张载集》，中华书局 1978 年版，第 16 页。
④ 张载：《张载集》，中华书局 1978 年版，第 207 页。

语其不测故曰神，语其生生故曰易，其实一物，指事而异名尔。"① 此所谓
"一物"即气。气的迁流变化的状态称作"道"，就其变化万千而神妙莫
测而言叫做"神"；就其生生不息而无穷演运的状态而言，叫做"易"。
在张载看来，《周易》卦爻象之间蕴含的生生变化之理，即对气化流行规
律的总结和掌握，此即"一阴一阳之谓道"。这就是张载通过对《周易》
的诠释所构建的气本论哲学体系的主要内容。

张载学说继承了汉唐易学气论的思想脉络，但又扬弃了其中好讲阴阳
灾异的神秘主义成分。《宋史·道学传》中评价其学："尊礼贵德，乐天安
命，以《易》为宗，以《中庸》为体，以孔孟为法，黜怪妄，辨鬼神。"
其学颇具理性主义精神。张载之学重经世力行，其《西铭》中"民胞物
与"的情怀传誉后世，"四句教"更成为士林格言。如吕思勉说："以规
模阔大、制行坚卓论，有宋诸家，皆不及张子也。张子之言曰：'为天地
立心，为生民立命，为往圣继绝学，为万世开太平。'此岂他人所能道
哉？"② 宋儒之学，濂洛关闽四家合称，张载所开启的"关学"一脉，气
象格局之宏阔，在宋世诸儒中堪称异军，更非后世唯知拘拘辨析心性工夫
者可及。后继其学者有明儒王廷相等，至明清之际，杰出思想家王夫之
（船山）尤心折于张载，并为《正蒙》作注，他在《张子正蒙注序论》中
称："张子言无非《易》，立天、立地、立人，反经研几，精义存神，以纲
维三才，贞生而安死，则往圣之传，非张子其孰与归！呜呼！孟子之功不
在禹下，张子之功又岂非疏瀹水之歧流，引万派而归墟，使斯人去昏垫而
履平康之坦道哉！"又谓："张子之学，上承孔、孟之志，下救来兹之失，
如皎日丽天，无幽不烛，圣人复起，未有能易焉者也。"③ 王船山的儒学和
易学接续关学思路，一反南宋以降儒林热衷说理谈心的玄辨之思，气学传
统由此重兴。

二 王夫之"天下唯器"的气本论与其《周易》诠释

明清之际的杰出思想家王夫之（1619—1692），字而农，号姜斋，世
称"船山先生"。张岱年认为，他是"张子以后第二个伟大的唯气论者"，
"船山认为气是宇宙中之根本，无气则无理。"故"船山的唯气哲学，实是
张子学说之发挥"④。侯外庐等在《宋明理学史》中则指出："就本体论而

① 张载：《张载集》，中华书局1978年版，第65—66页。
② 吕思勉：《理学纲要》，江西教育出版社2018年版，第51页。
③ 王夫之：《张子正蒙注序论》，载《张子正蒙注》，古籍出版社1956年版，第9—10页。
④ 张岱年：《中国哲学大纲》，江苏教育出版社2005年版，第98页。

言，理学家中有三种观点：一是张载的气本论，一是程朱的理本论，一是陆王的心本论。在十一世纪至十七世纪的以往六百年间，程朱理学和陆王心学的内在逻辑已经完全展开，程朱学派于明中叶渐趋衰落；陆王心学于明末流为'狂禅'，被讥为'曲学误国'。"①　因此，王夫之思想可视为张载气本论的进一步展开，"他的主观意图是清楚的，即要以张载思想为基础，批判地吸收程、朱关于性命道德论述的合理成分，创造一种别开生面的哲学体系，树立以气本、主动、珍生、日新为原则的时代风气"，"从形式上看，王夫之哲学表现为对张载思想的继承和发扬"，从而"使气本论的内在逻辑得到充分展开"②。这通过对宋明儒学说的三系分判，阐明了王夫之学说的思想渊源。

与张载一样，王夫之的哲学体系以对《周易》的诠释立基，嵇文甫先生指出："船山最深于易学。他称赞张横渠'言无非易'，正可以说是'夫子自道'。他著有《周易内传》《外传》《稗疏》《大象解》……几种解易的专书。其他各种著述中牵涉到易学的亦比比皆是。从方法论上讲，船山的易学显然仍是走着宋人的路径。他在《周易内传》发例中历评各家的易学，而卒归宗于横渠。"③　在《周易内传·发例》中，王夫之总括自己的易学宗旨说：

> 大略以乾坤并建为宗，错综合一为象，彖爻一致、四圣一揆为释，占学一理、得失吉凶一道为义，占义不占利，劝诫君子、不渎告小人为用。畏文、周、孔子之正训，辟京房、陈抟、日者、黄冠之图说为防。诚知得罪于先儒，而畏圣人之言，不敢以小道俗学异端相乱，则亦患其研之未精，执之未固，辨之未严，敢辞罪乎！④

船山这里提出的五点，可归纳为三方面。朱伯崑先生总结说："一是'乾坤并建'，'错综合一'。此是讲易学原理，阐述《周易》的基本法则，其锋芒是反对王弼派玄学和图书学派特别是邵雍的先天易学。二是'彖爻一致'，'占学一理'。主张经传不分，即占即学，不赞成朱熹提出的'将易各自看'和'易本卜筮之书'的易学观。三是'占义不占利'。此是发挥义理学派的共同观点，以《周易》为提高思想境界的典籍，即张载说的

---

① 侯外庐、邱汉生、张岂之：《宋明理学史》下，人民出版社1987年版，第909页。
② 侯外庐、邱汉生、张岂之：《宋明理学史》下，人民出版社1987年版，第909页。
③ 嵇文甫：《王船山学术论丛》，生活·读书·新知三联书店1978年版，第75页。
④ 王夫之：《船山全书》第1册，岳麓书社2011年版，第683页。

'易为君子谋，不为小人谋'。"① 这三方面看法，"乾坤并建" 之说与其气本论哲学直接相关。

　　所谓 "乾坤并建"，是说《周易》卦序始于乾坤二卦，而并非独以乾卦为尊。他在《周易外传·系辞上传》中说："乾坤并建于上，时无先后，权无主辅，犹呼吸也，犹雷电也，犹两目视，两耳听，见闻同觉也。" 因为天地万物皆有阴阳两方面，并无孤阴孤阳的情况存在，即使就天地本身而言，"无有天而无地，况可有地而无天？"② 天可称天，是因为与地相对待而言，无地则亦无天，反之亦然。此说当如嵇文甫所评价："乾坤并建，相反相成，道并行而不相悖，这里面包含一种思想上的民主精神。"③ 也许有意无意地挟带了一定倾向 "近代性" 的早期思想启蒙之蕴意。

　　船山在《周易内传》卷一中阐其义曰：

　　　　易者，互相推移以摩荡之谓。《周易》之书，乾坤并建以为首，易之体也；六十二卦错综乎三十四象而交列焉，易之用也。纯乾纯坤，未有易也，而相峙以并立，则易之道在，而立乎至足者为易之资。《屯》《蒙》以下，或错而幽明易其位，或综而往复易其几，互相易于六位之中，则天道之变化、人事之通塞尽焉。而人之所以酬酢万事、进退行藏、质文刑赏之道，即于是而在。④

　　此以乾坤二卦为《易》之体，六十四卦的其余六十二卦为易之用。而诸卦之 "象" 共有三十四，这是根据诸卦 "错综" 的算法得出的。按 "错卦" 的算法，六十四卦的任何一卦，各爻阴阳互变另成一卦。而按 "综卦" 的算法，是将任何一卦旋转 180 度，另成一卦。船山统计诸卦错综的算法，错而不综之卦有八，其象亦八；错综同象之卦八，其象四；综卦四十八，其象二十四，合之为三十六象。此言三十四象者，当除去 "错而不综" 的乾、坤二象本身而言者。⑤ 船山以森罗万象之生成，皆阴阳二气互相摩荡错综而成，故其在《周易内传·系辞下传》中注 "圣人有以见天下之赜，而拟诸其形容，象其物宜，是故谓之象" 语说："物之生，器

---

① 朱伯崑：《易学哲学史》第 4 册，昆仑出版社 2009 年版，第 15—16 页。
② 王夫之：《船山全书》第 1 册，岳麓书社 2011 年版，第 989 页。
③ 嵇文甫：《王船山学术论丛》，生活·读书·新知三联书店 1978 年版，第 81 页。
④ 王夫之：《船山全书》第 1 册，岳麓书社 2011 年版，第 4 页。
⑤ 王夫之对易象算法的具体介绍，参见朱伯崑《易学哲学史》第 4 册，昆仑出版社 2009 年版，第 93—95 页。

之成，气化之消长，世运之治乱，人事之顺逆，学术、事功之得失，皆一阴一阳之错综所就，而宜不宜者因乎时位，故圣人画卦而为之名，系之象以拟而象之，皆所以示人应天下之至赜者也。"① 故爻位的六位变化组合而形成的"象"，可象征天道与人事的一切事物。故"乾坤并建"者，如张学智所说："将易释作推移摩荡，突出的是它在运动中的延伸展开、对立面的既融合又斗争诸义。准之前人对'易'的解释，王夫之注目的是易的交易、变易义。而对立斗争、运动延伸，必有物质性实体'气'为之承担。就此义说，乾、坤就是气的两种基本势用。"② 自汉代开始，易学中的气论哲学主要以阴阳二气的消长平衡关系来解释卦爻的演运规律，以及象、数、辞之间的联系，并进而以之解释世间万象，船山的"乾坤并建"说，在这一脉络上显然是一种更具辩证逻辑的理论特点的新创见。

气本论学说之理论向度，所谓"太虚即气"，以天地乾坤为一气之流行，而天地间之事事物物，无非均为气的凝结，这样，本体与现象的对待关系，实如近儒熊十力常所援引的佛家的"大海"与"众沤"的比喻，大海为众沤之总相，而每一"众沤"，亦无非一大海，故即体即用，每一现象之本身皆即本体，是所谓"体用不二"。这一进路在船山学说中的表现，便是其"天下唯器"之说。如其《周易内传·系辞上》解释"形而上者谓之道，形而下者谓之器"时谓：

> 形而上者，当其未形而隐然有不可逾之天则，天以之化，而人以为心之作用，形之所自生，隐而未见者也。及其形之既成而形可见，形之所可用以效其当然之能者，如车之所以可载、器之所以可盛，乃至父子之有孝慈、君臣之有忠礼，皆隐于形之中而不显。二者则所谓当然之道也，形而上者也。形而下即形之已成乎物而可见可循者也。③

一切事物，以"形"之隐而未见者即"形而上"，已然"成乎物"而有形者即"形而下"，二者之间并无本质区别。故其又谓"合道器而尽上下之理，则圣人之意可见矣"，提出了"无其器则无其道"，也就是"天下唯器"之命题。其谓：

① 王夫之：《船山全书》第1册，岳麓书社2011年版，第537页。
② 张学智：《王夫之"乾坤并建"的诠释面向——以〈周易外传〉为中心》，《复旦学报》（社会科学版）2012年第4期。
③ 王夫之：《船山全书》第1册，岳麓书社2011年版，第568页。

天下唯器而已矣，道者器之道，器者不可谓之道之器也。无其道则无其器，人类能言之，虽然，苟有其器矣，岂患无道哉？君子之所不知而圣人知之，圣人之所不能而匹夫匹妇能之，人或昧于其道者；其器不成，不成非无器也。无其器则无其道，人鲜能言之，而固其诚然者也。洪荒无揖让之道，唐虞无吊伐之道，汉唐无今日之道，则今日无他年之道者多矣。未有弓矢而无射道，未有牢醴、璧币、钟磬、管弦而无礼乐之道，则未有子而无父道，未有弟而无兄道，道之可有而且无者多矣。故无其器则无其道，诚然之言也，而人特未之察耳。故古之圣人能治器而不能治道，治器者则谓之道。①

有其器方有其道，正如有弓矢之"器"后，方能有射箭方法之"道"。同样，在船山看来，古人治国之"道"，基于古人因应当时具体的社会情状，后世情况发生变化了，古人之道自不能适用今日。这种思路与西洋唯物论大体相合，在历史观上也表现出近于欧洲思想启蒙时代的历史进步观念。故船山以君子之所当为者，非空言理论与参悟玄虚之"道"，盖"君子之道，尽夫器而已矣"，"尽器则道在其中矣"。

船山的气本论哲学重视"器"，主张即器求道，这一思想取向他并非仅停留于纯然理论之探讨，他同时也颇重视对于自然现象界之观察，并以之印证己说。他在《张子正蒙注·太和》中提出："于太虚之中具有而未成乎形，气自足也，聚散变化，而其本体不为损益。"② 这一观点，近于西洋唯物论之"物质不灭"说。船山举出的现象界例证如：

车薪之火，一烈已尽，而为焰、为烟、为烬，木者仍归木，水者仍归水，土者仍归土，特希微而人不见尔。③

惟两端迭用，遂成对立之象，于是可知所动所静，所聚所散，为虚为实，为清为浊，皆取给于太和氤氲之实体。一之体立，故两之用行；如水唯一体，则寒可为冰，热可为汤，于冰汤之异，足知水之常体。④

汞受火煎，无以覆之，则散而无有；盂覆其上，遂成朱粉。油薪爇于空旷，烟散而无纤埃，密室闭窗，乃有煤墨。⑤

---

① 王夫之：《周易外传》，《船山全书》第 1 册，岳麓书社 2011 年版，第 1027—1028 页。
② 王夫之：《张子正蒙注》，古籍出版社 1956 年版，第 3 页。
③ 王夫之：《张子正蒙注》，古籍出版社 1956 年版，第 7 页。
④ 王夫之：《张子正蒙注》，古籍出版社 1956 年版，第 18 页。
⑤ 王夫之：《俟解》，《船山全书》第 12 册，岳麓书社 2011 年版，第 482 页。

王夫之通过观察燃烧现象、水与汞的凝结与蒸发，得出一物之气，永不坏灭，只是在不断转化形态的结论，用梁启超、胡适的说法，这显然已经非常近于"科学精神"了。

日本学者山井涌提出："主理派（理的哲学）多是讲求义理，与此相反，主气派（气的哲学）博学的倾向则很强。"① 这一点可以在王夫之身上得到印证，其何以如此，大约源于理、气两种本体论蕴含的价值取向的分野。以"理"为本体者，如朱熹所说"未有物而已有物之理"，"未有这事先有这理"，其题中之义，只有"理"的世界才是纯然洁净的，而现实的"器"世界中，难免有杂质、有污染、有种种欲望，故以回归"理"的纯粹性为鹄的，自难免更为热衷于精神世界本质性的探讨；而若以"气"之本身为本体，森罗万象无非气化流行，除此之外并无高悬于现象界之上的存在，这样，世间事事物物的本身道理，无外都是有关本体的学问。由此，清代以降学者何以多热衷于博物与考据之学，在气本论哲学的视域上，可以寻得顺理成章的内在理路。

三　"清学开山"顾炎武的气论思想倾向

王夫之遥继张载，通过对《周易》的诠释构建了一套体大思精的气本论哲学体系，堪称斯学之高峰。然因其毕生持节抗清，备尝艰辛，辗转于苗瑶山洞之中，梁启超说他生前"到处拾些破纸或烂账簿之类充著作稿纸，著书极多，二百年来几乎没有人知道"②。至道、咸年间，王船山遗著重新被几位湖南学人"再发现"，并在晚清的同治年间才在曾国荃的支持下将其全部遗著付梓，成《船山遗书》。梁启超说船山著作长期"几乎没有人知道"可能不完全准确，但在清代前中期影响不大确是事实。③ 然明清之际的诸大儒间，倾向于气论哲学者非独船山，被后世尊为"清学

① 〔日〕小野泽精一等：《气的思想——中国自然观与人的观念的发展》，李庆译，上海世纪出版集团2007年版，第450页。

② 梁启超：《中国近三百年学术史》，中华书局2020年版，第146页。

③ 有学者查证，乾隆年间开四库馆所收录的王夫之著作有《周易稗疏》四卷附《考异》一卷、《书经稗疏》四卷、《诗经稗疏》四卷、《春秋稗疏》二卷，凡四种；另有存目两种，分别是《尚书引义》六卷和《春秋家说》三卷。揆诸《钦定四库全书总目》所著，经馆臣评介的王夫之著作一共六种，且皆为湖南巡抚采进本。《皇朝（清）文献通考·经籍考》与《四库全书总目》所著录者同。此外，检索《清代禁毁书目四种》，可以发现王夫之的《船山自定稿》《五十自定稿》《六十自定稿》《七十自定稿》《夕堂戏墨》《船山鼓棹》《五言近体诗》《七言近体诗》被列入"外省移咨应毁各种书目"中，多属于王夫之诗文作品。参见钱寅《乾隆时期官方学界对王夫之的认识——以〈四库〉馆臣的评介为例》，《船山学刊》2017年第1期。

开山之祖"（梁启超语）的顾炎武（1613—1682），平生虽于宋明儒学颇多批判，然亦颇推重张载气论，由此亦颇可见彼时思想风气的倾向所在。

顾炎武平生激于家国沦亡之痛，反思明季亡国之因，认为士林热衷空谈心性而不重视切实有用的学风，要承担很大的责任，故标"行己有耻"与"博学于文"二语立平生宗旨，其在《与友人论学书》中说："愚所谓圣人之道者如之何？曰'博学于文'，曰'行己有耻'。自一身以至于天下国家，皆学之事也；自子臣弟友以至出入、往来、辞受、取与之间，皆有耻之事也。"他感慨于明末风气，"士而不先言耻，则为无本之人；非好古而多闻，则为空虚之学。以无本之人而讲空虚之学，吾见其日是从事于圣人而去之弥远也"①。因为热衷空谈心性，所以忽视经世致用，以为明亡之因实肇于此，他说：

> 五胡乱华，本于清谈之流祸，人人知之，孰知今日之清谈有甚于前代者。昔之清谈谈老、庄，今之清谈谈孔、孟，未得其精而已遗其粗，未究其本而先辞其末。不习六艺之文，不考百王之典，不综当代之务，举夫子论学、论政之大端一切不问，而曰"一贯"，曰"无言"，以明心见性之空言，代修己治人之实学。股肱惰而万事荒，爪牙亡而四国乱，神州荡覆，宗社丘墟。昔王衍妙善玄言，自比子贡，及为石勒所杀，将死，顾而言曰："呜呼，吾曹虽不如古人，向若不祖尚浮虚，戮力以匡天下，犹可不至今日。"今之君子，得不有愧乎其言？（《日知录》卷七）②

"清谈孔孟"风气之成，亭林追溯其根源，认为是阳明心学肇其祸端，其谓：

> 以一人而易天下，其流风至于百有余年之久者，古有之矣。王夷甫之清谈，王介甫之新说，其在于今，则王伯安之良知是也。孟子曰："天下之生久矣。一治一乱。"拨乱世反之正，岂不在于后贤乎！（《日知录》卷十八）③

① 顾炎武：《顾亭林诗文集》，中华书局1983年版，第41页。
② 顾炎武著，黄汝成集释：《日知录集释》上，上海古籍出版社2006年版，第402页。
③ 顾炎武著，黄汝成集释：《日知录集释》中，上海古籍出版社2006年版，第1068页。

亭林以儒门之本来宗旨，在躬行实践日用常行之实务，"古之圣人所以教人之说，其行在孝弟、忠信，其职在洒扫、应对、进退，其文在《诗》《书》《礼》《易》《春秋》，其用之身在出处、去就、交际，其施之天下在政令、教化、刑罚"（《日知录》卷十八）。[1] 故其认同前人的这一说法："孔门未有专用心于内之说也，用心于内，近世禅学之说耳。"[2] 故以阳明心学的本质亦实为禅学之流衍："近世喜言心学，舍全章本旨而独论人心道心，甚者单撦道心二字，而直谓'即心是道'，盖陷于禅学而不自知，其去尧、舜、禹授受天下之本旨远矣。"[3]

亭林深斥王学为误国之伪学，但其于朱熹的学说则尚抱有一定认同和尊重，故其平生"未尝直攻程朱"[4]，盖因朱子重格物致知，厘清文献章句，整肃人伦道德，非后世徒好空言之道学家可及者。然亭林于程朱的心性义理之论，亦同样颇为不慊，乃至认定"理学"之名本身便不可独立存在，故有其"经学即理学"之名论，亭林《与施愚山书》中言："愚独以为理学之名，自宋人始有之。古之所谓理学，经学也，非数十年不能通也。……今之所谓理学，禅学也，不取之五经而但资之语录，校诸帖括之文而尤易也。"[5] 后儒全祖望于《亭林先生神道表》中总结其意，谓："晚益笃志六经，谓古今安得有别所谓理学者？经学即理学也。"斯论主要针对明儒好空言之风气而论，于宋代理学尚存一定肯定。然即使针对程朱之学，亭林亦决不承认有高踞于现象世界的"天理"之独立存在，故尝谓："理具于吾心，而验于事物。心者，所以统宗此理而别白其是非。"故"圣贤之学，自一心而达之天下国家之用，无非至理之流行，明白洞达，人人所同，历千载而无间者"。（《日知录》卷十八）[6] 诚如有学者所论："凡程朱言及心性之处，或程朱于人伦之上别立一道（理）之说，顾炎武皆不以为然，惟措辞较为委婉而已。"[7] 此说甚当。

然亭林虽于陆王、程朱两系之说皆有批评，然于张载的气本论学说，倒是颇为认可的态度。《日知录》卷一"游魂为变"一则，援引张载《正蒙》之说来解释《周易·系辞上》中的"精气为物，游魂为变"之语谓：

---

[1] 顾炎武著，黄汝成集释：《日知录集释》中，上海古籍出版社2006年版，第1045页。

[2] 顾炎武著，黄汝成集释：《日知录集释》中，上海古籍出版社2006年版，第1047页。

[3] 顾炎武著，黄汝成集释：《日知录集释》中，上海古籍出版社2006年版，第1048页。

[4] 梁启超：《清代学术概论》，上海世纪出版集团2005年版，第8页。

[5] 顾炎武：《顾亭林诗文集》，中华书局1983年版，第58页。

[6] 顾炎武著，黄汝成集释：《日知录集释》中，上海古籍出版社2006年版，第1049页。

[7] 董金裕：《顾炎武对理学的态度及其批评》，载《清代学术论丛》，文津出版社2001年版，第163页。

　　"精气为物"，自无而之有也；"游魂为变"，自有而之无也。夫
子之答宰我曰："骨肉毙于下，阴为野土；其气发扬于上，为昭明，
蒿凄怆。"所谓"游魂为变"者，情状具于是矣。延陵季子之葬其
子也，曰："骨肉归复于土，命也。若魂气则无不之也，无不之
也。"张子《正蒙》有云："太虚不能无气，气不能不聚而为万物，
万物不能不散而为太虚。循是出入，是皆不得已而然也。然则圣人
尽道其间兼体而不累者，存神其至矣，其精矣乎！"鬼者，归也，张
子曰："气之为物，散入无形，适得吾体，此之谓归。"……盈天地之
间者，气也。气之盛者为神，神者，天地之气而人之心也。故曰：
"视之而弗见，听之而弗闻，体物而不可遗，使天下之人齐明盛服以
承祭祀，洋洋乎如在其上，如在其左右。"圣人所以知鬼神之情状者
如此。①

　　亭林以天地万物鬼神，皆为一气之流行，其"盈天地之间者气也"之
说，显然承自张载，与王船山有类似的思想取向。其《日知录》卷十四之
"嘉靖更定从祀"一则中亦提及，以张载之《西铭》《正蒙》"亦羽翼《六
经》之作也"②。日本学者佐藤震二认为，顾炎武"虽尊重朱子，却不依
理气说，而指向气之哲学"③。其说虽未充分进行论证，亦显然颇有见地。
亭林并非有意构筑哲学体系的那种学者，故谓气本论只是他的一种思想之
"指向"，也是恰如其分的。

　　顾炎武的思想进路，无论其在明末清初的文化环境中，还是其对后世
清儒的影响，都堪称典型。其对张载哲学的相对肯定之态度，在后来的
"反理学"思潮中亦颇具代表性。如稍后一代的颜元（1635—1704）平生
对宋明程朱、陆王两系学说均持全然否定的态度，"其对于宋学，为绝无
闪缩之正面攻击"④，乃至认定"必破一分程、朱，始入一分孔、孟"⑤，
其平生于本体论问题虽无深切思考，然其所主者亦有气论倾向，⑥ 若《存
性编》谓："盖气即理之气，理即气之理。"⑦ 其平生攻讦程朱、陆王之语

① 顾炎武著，黄汝成集释：《日知录集释》上，上海古籍出版社 2006 年版，第 38—40 页。
② 顾炎武著，黄汝成集释：《日知录集释》中，上海古籍出版社 2006 年版，第 855 页。
③ 〔日〕佐藤震二：《世界观之转换——气之哲学的展开》，载〔日〕赤冢忠等《中国思想
　　史》，张昭译，儒林图书公司 1981 年版，第 297 页。
④ 梁启超：《清代学术概论》，上海世纪出版集团 2005 年版，第 17 页。
⑤ 《颜习斋先生年谱卷下》，《颜元集》下，中华书局 2009 年版，第 774 页。
⑥ 张岱年：《中国哲学大纲》，江苏教育出版社 2005 年版，第 100 页。
⑦ 颜元：《颜元集》上，中华书局 2009 年版，第 1 页。

可谓不胜枚举，然所见似未涉及非议横渠者，此亦足以说明清初思想界的气论转向，实已潜移默化，氤氲成风。

第三节　惠栋"以气为元"的《周易》诠释

乾嘉学术所谓"汉学"的真正确立者，实为"吴派"学者惠栋（1697—1758），惠氏曾祖惠有声、祖周惕、父士奇，四世传经。刘师培评价说："东吴惠氏世传《易》学，自周惕作《易传》，其子士奇作《易说》，杂释卦爻，以象为主，专明汉例，但采掇未纯。士奇子栋作《周易述》，以虞注、郑注为主，兼采两汉《易》家之说，旁通曲证，然全书未竟，门人江藩继之作《周易述》补，栋又作《易汉学》《易例》《周易本义辨证》，咸宗汉学。"① 惠栋治经学，与清初学者尚多对宋儒有所保留和宽容的态度相比，发生了很大变化，他取明确的扬汉抑宋之立场，认定宋儒解经，"不仅不及汉，且不及唐"，这是因为他们"臆说居多，而不好古也"②。惠栋及其"吴派"后学的治学旨趣，旨在恢复汉代经学代代相承的"家法"或"师法"，认为汉儒去古未远，故其经说较之后儒远为可信，他在《九经古义述首》中说：

> 汉人通经有家法，故有五经师；训诂之学，皆由师所口授其后乃著竹帛。所以汉经师之说，立于学官，与经并行，五经出于屋壁，多古言古字，非经师不能辨。经之义存乎训。识字审音，乃知其义。是故乃知古训不可改也，经师不可废也。③

故惠氏一派学术的治学基本方法，有学者总结："以经为纲领，以传为条目，以周秦诸子为佐证，以两汉儒者为羽翼，信而好之，择其善者而从之。"而且"绝对不从唐宋以下诸人那里取得材料"④。惠栋以宋儒之学，多任主观，随意发挥，故往往曲解经义乃至郢书燕说，故谓："训诂，

---

① 刘师培：《经学教科书》，上海古籍出版社2006年版，第119页。
② （清）惠栋：《九曜斋笔记》，《丛书集成续编》第92册，上海书店1994年版，第515页。
③ 惠栋：《九经古义述首》，历城周氏竹西书屋据益都李文藻刻版重编印《贷园丛书》初集本，清乾隆三十八年。
④ 刘墨：《乾嘉学术十论》，生活·读书·新知三联书店2006年版，第68页。

汉儒其词约，其义古；宋人则词费矣，文亦近鄙。"① 惠栋平生遍治诸经，尤以治《易》为宗。《清史稿·惠栋传》介绍说："栋于诸经熟洽贯串，谓诂训古字古音，非经师不能辨，作《九经古义》二十二卷。尤邃于《易》，其撰《易汉学》八卷，掇拾孟喜、虞翻、荀爽绪论，以见大凡。其末篇附以己意，发明汉《易》之理，以辨正河图、洛书、先天、太极之学。《易例》二卷，乃镕铸旧说以发明《易》之本例，实为栋论《易》诸家发凡。其撰《周易述》二十三卷，以荀爽、虞翻为主，而参以郑康成、宋咸、干宝之说，约其旨为注，演其说为疏。书垂成而疾革，遂阙革至未济十五卦及《序卦》《杂卦》两传，虽为未善之书，然汉学之绝者千有五百余年，至是而粲然复明。撰《明堂大道录》八卷《禘说》二卷，谓禘行于明堂，明堂法本于《易》。《古文尚书考》二卷，辨郑康成所传之二十四篇为孔壁真古文，东晋晚出之二十五篇为伪。又撰《后汉书补注》二十四卷、《王士祯精华录训纂》二十四卷、《九曜斋笔记》、《松崖文钞》诸书。"其要大抵如是。

惠栋的易学研究旨趣以及最大贡献，是对汉代象数易学的全面梳理考掘，使之复明于世，可以说，后世学者对汉代象数易学体系的了解和研究，至今仍蒙其泽。其《易汉学》一书，便是旨在"识得汉易源流，乃可用汉学解经"② 之著，《易汉学》全书八卷，重在追考汉儒易学，掇拾要旨，以见大略。第一、二卷考孟喜易学，第三卷考虞翻易学，第四、五卷考京房易学并附干宝易学，第六卷考郑玄易学，第七卷考荀爽易学，第八卷为惠栋发明汉《易》之理，辨正河图洛书、先天太极之说，以证宋儒之误。诚如《惠栋评传》作者李开说："《易汉学》旨在追考和恢复汉儒易学的本来面目，其性质当是汉儒易学文献考古，意义十分重大。"③

不过，由于惠栋治《易》宗旨，要之在于复汉儒古说，兼之以考据之学厘定《周易》文本，其平生主要易学著作若《易汉学》《周易述》《易例》三书，皆有"述而不作"的性质，故后世学者往往认为他在哲学义理方面的贡献不多，朱伯崑先生的评价颇具代表性："惠栋的《周易述》和《易汉学》作为清代汉学家的代表作，就经学史说，对汉易的整理和解说，积累了大量的史料，对《周易》经传中的文字，依古训加以注疏，有其贡

---

① （清）惠栋：《九曜斋笔记》，《丛书集成续编》第 92 册，上海书店 1994 年版，第 507 页。
② （清）惠栋：《九曜斋笔记》，《丛书集成续编》第 92 册，上海书店 1994 年版，第 526 页。
③ 李开：《惠栋评传》，南京大学出版社 2010 年版，第 184 页。

献。但就哲学史说，除阐述汉易的卦气说外，别无新的建树。可见，惠栋只是一位考据学者，并非哲学家。"①

这种说法当然有其道理，但也有补充的余地。因为，惠栋虽然谈不上是"哲学家"，却也确实有他的义理思想方面的追求。因为，惠栋的易学著作中尚有《易微言》《易大义》（此书未完稿，或称世传《中庸注》即该书的一部分）《明堂大道录》这些书，正如有学者指出的："考据学者可能十分畏惧或厌烦听到微言、大义、大道这样的词。可惠栋一发全用了。"② 惠栋在《周易》哲学义理方面的有关阐述，虽然谈不上如何的体大思精，但观点非常明确而且颇具特色，即倾向于气本论的以气为"元"之说，这在《易微言》一书中有明确表达，也可在他对宋儒义理思想的批评中得到印证。

一 以气为元

对汉儒象数易学"卦气"说的梳理与考辨，是惠栋易学的主要贡献之一，其于《九曜斋笔记》卷二中强调："卦气之学，传自孟喜，盖周、秦以来遗法，京房传全用卦气，其后谷永、刘歆、荀爽、马融、黄复皆祖其学。秦燔《诗》、《书》，而《易》以卜筮独存，故九宫、纳甲、卦气、爻辰诸学存焉。《尚书》遭毁，故《洪范》五行之说不传。惟略见于伏生书，刘更生传其学，其书皆亡，惜哉！《易乾凿度》亦用卦气。"③ 孟、京卦气之说中的有关理论，千余年间若存若亡，经惠栋蒐集整理遗文，并加系统考索，始渐复明于世。同时，卦气说也是惠栋解读《周易》文本的主要理论依据，朱伯崑先生指出："其对六十四卦卦象的解释，皆主卦气说。如论乾卦说：'八纯卦，象天，消息四月。'论坤卦说：'八纯卦，象地，消息十月。'论屯卦说：'坎宫二世卦，消息内卦十一月，外卦十二月。'论蒙卦说：'离宫四世卦，消息正月。'论师卦说：'坎宫归魂卦，消息四月。'其论明夷卦说：'坎宫游魂卦，消息九月。'等等。以上皆见《周易述》。此是依孟喜卦气说和京房八宫卦说，以六十四卦代表年十二月阴阳消息的变化过程。"④ 汉儒的气论哲学与卦气说密切相关（对此本章第一节已有述及），故汉儒易学的"以气为元"的气论学说，也顺理成章地被惠

---

① 朱伯崑：《易学哲学史》第 4 册，昆仑出版社 2009 年版，第 340 页。
② 谷继明：《惠栋的经学史研究与经学史中的惠栋》，《学衡》第 1 辑，北京联合出版有限责任公司 2020 年版，第 23 页。
③ （清）惠栋：《九曜斋笔记》，《丛书集成续编》第 92 册，上海书店 1994 年版，第 503 页。
④ 朱伯崑：《易学哲学史》第 4 册，昆仑出版社 2009 年版，第 331 页。

栋所全盘接受。

《周易》之"元"，为乾卦之卦辞："乾，元亨利贞。"此语亦《周易》全经之起始。惠栋在《周易述》中注曰："元，始；亨，通；利，和；贞，正也。乾初为道本，故曰元。"① 此所取义，为孔颖达《周易正义》引《子夏易传》之说："元，始也；亨，通也；利，和也；贞，正也。"② 惠栋以"元"为"道本"，将之理解为有本体性质的概念。

据近人考证，"元亨利贞"之本义，"元"为"大"之义，"亨"即"享"字，意谓祭祀，"利"即利益之"利"，"贞"即占问。因此所谓"元亨利贞"，实谓"筮遇此卦，可举行大享之祭，乃有利之占问"③。然自先秦始，历代儒者多有哲学性的引申诠释，《易传·文言》的解读是："元者，善之长也；亨者，嘉之会也；利者，义之和也；贞者，事之干也。"《左传·襄公九年》载，穆姜释随卦卦辞亦引述此语，大同小异，均赋予道德论之意涵。宋程颐《伊川易传》中进一步引申，谓"元者万物之始，亨者万物之长，利者万物之遂，贞者万物之成"④。又赋予天道运行阶段性规律的含义。朱熹对此也有发挥，他以梅花为例："梅蕊初生为元，开花为亨，结子为利，成熟为贞。物生为元，长为亨，成而未完为利，成熟为贞。"⑤ 这一过程循环往复，无始无终，故"元亨利贞无断处，贞了又元"。"贞了又元"即后人所说"贞下起元"的出处。

惠栋在其疏释中，引汉儒诸说证"元"即"乾初为道本"之义，谓：

> 乾初，谓初九也。初，始也。元，亦始也。何休注《公羊》曰："元者，气也，天地之始。"故《传》曰："大哉乾元，万物资始。"《说文》曰："元从一。"故《春秋》一年称元年。《说文》又曰："唯初大始，道立于一，造分天地，化生万物。"董子《对策》曰："谓一为元者，视大始而欲正本。"是乾初为道本，故曰元也。⑥

惠栋以《周易》之元即"道立于一"的"一"，为绝对而无待的本体。又证以何休以元即气之说，由此可见，惠栋以"元"为本体，其实正

---

① （清）惠栋：《周易述》上，中华书局2018年版，第3页。

② （魏）王弼注，（唐）孔颖达疏：《周易正义》，北京大学出版社2000年版，第1页。

③ 高亨：《周易大传今注》，齐鲁书社2019年版，第32页。

④ （宋）程颢、程颐：《二程集》下，中华书局2004年版，第695页。

⑤ 黎靖德编：《朱子语类》第5册，中华书局1986年版，第1688页。

⑥ （清）惠栋：《周易述》上，中华书局2018年版，第4页。

是一种源出自汉儒的气本论思想。

惠栋又有专门致力于《周易》义理概念体系阐释的《易微言》之作，其著述旨趣，如钱穆所总结："松崖治《易》既主还复于汉儒，而汉易率主象数占筮，少言义理，故松崖又为《易微言》，会纳先秦两汉诸家与《易》辞相通者，依次列举，间出己见。其目为：元、体元、无、潜、隐、爱、微、三微、知微之显、几、虚、独、蜀独同义、始、素、深、初、本、至、要、约、极、一、致一、贯、一贯、忠恕之义、一贯之道、子、藏、心、养心。以上为上卷。道、远、玄、神、幽赞、幽明、妙、诚、仁、中、善、纯、辨精字义、易简、性命性反之辨、三才、才、情、积、天地尚积、圣学尚积、王者尚积、孟子言积善、三五、乾元用九天下治义、大、理、人心道心、诚独之辨、生安之辨、精一之辨。以上为下卷。大抵上卷言天道，下卷言人道，所谓义理存乎故训，故训当本汉儒，而周、秦诸子可以为之旁证也。当时吴派学者实欲以此夺宋儒讲义理之传统，松崖粗发其绪而未竟。"① 可见钱穆先生早已注意到惠栋乃至其开启的乾嘉"吴派"之学的义理关注向度，这一向度则又是直接从《周易》的诠释所开启的。

对于"元"的阐释是《易微言》的全书起始，惠栋再次强调了他的"元，始也。乾初为道本，故曰元"这个基本理念，尤其值得注意的是，惠栋援引了大量的汉代以降"以气为元"的有关论述。首先，仍为东汉何休基于春秋公羊学的"以气为元"之说，何休针对《公羊传》中"元年春，王正月。元年者何？君之始年也"之说注曰："变一为元，元者，气也。无形以起，有形以分，造起天地，天地之始也。"此显为惠栋释"元"的基本取义。此外，惠栋胪列《庄子·大宗师》"伏戏得之，以袭气母"（司马彪云："袭，入也。气母，元气之母也。"），《通典》"元者，一也，首也，气之初也"，《春秋命历序》"元气正，则天地八卦孳也"，《说题辞》"元，清气以为天，浑沌无形体"，《礼统》"天地者，元气之所生，万物之祖"，《三统历》"太极元气，函三为一。极，中也。元，始也"及《吕氏春秋》《淮南子》中之"与元同气"说等以证。② 《易微言》惠栋释"元"共征引古典文献26条，直接涉及"以气为元"的论述有13条，达半数之多，足证"中国哲学史上以气为元之论，汉以后，其势力极盛"③。

---

① 钱穆：《中国近三百年学术史》上，商务印书馆1997年版，第358—359页。

② （清）惠栋：《周易述》下，中华书局2018年版，第393—398页。

③ 熊十力：《与友人》，《体用论》，中华书局1996年版，第28—29页。

亦足证惠栋有关义理学方面的思考全然服膺于此论。

从惠栋对"以气为元"之说的接受可知，其义理学的形而上思考亦属气本论一路，这从他对《易经·系辞》"形而上者谓之道，形而下者谓之器"的阐释也可得到印证，其《周易述》中引《乾凿度》之文注曰："《易说》①：'易无形畔，易变而为一，一变而为七，七变而为九，九者气变之究也。乃复变而为一，一者形变之始。'清轻者上为天，故形而上者谓之道；浊重者下为地，故形而下者谓之器也。"② 在进一步的疏释中，惠栋以郑玄《易纬注》中的说法进行释义："易无形畔者谓太易也，易变而为一者谓太初也；一变而为七者，七主南方，谓太始也；七变而为九者，九主西方，谓太素也；九者，气变之究也者，郑氏谓西方阳气所终究之始也；乃复变而为一者，郑氏谓此一则元气形见而未分者。一者形变之始者，即乾之初也。'清轻者上为天，浊重者下为地'，亦《乾凿度》文。乾息至二，则升坤五，故清轻者上为天，乾为道，故形而上者谓之道；坤消至五，则降乾二，故浊重者下为地，坤为器，故形而下者谓之器也。"③ 此据郑玄《易纬注》"太易变而为一，谓为太初也。一变而为七，谓变为太始也。七变而为九，谓变为太素也"④ 这一说法，将宇宙生成过程中太易—太初—太始—太素理解为气化流行的过程。虽然，对于《乾凿度》中所言"无形畔"的"太易"，惠栋亦未确定其到底是一种气的存在状态，抑或绝对的虚无状态，但明确将《系辞》所言之"形而上者谓之道"的"道"，解释为"清轻者上为天"之气，已然可以说明问题了。

二 弃虚蹈实

有关惠栋对汉儒卦气说的考辨及与之相关的气论哲学倾向，李开在所著《惠栋评传》中评价甚高，认为惠栋在考索孟、京之学的背后，"深深地蕴涵着宇宙生成之初的'太初之气'的唯物见解。这一见解保持着与孟喜、郑玄、《易纬》、僧一行等的连贯与一致，惠栋汉学的文献考索，并非无识，其最高之识，乃是他立足于有限宇宙之初始（无限宇宙是无始无终的无限系列）及后来的天体视运动的自然观唯物主义，至于系之人事，都不可避免地存在一定的神学迷信"，但那些神秘主义的错误前提中"却可

---

① 下文出自《周易乾凿度》，此言《易说》，当谓这一说法来自乃父惠士奇的《易说》一书。

② （清）惠栋：《周易述》上，中华书局 2018 年版，第 295 页。

③ （清）惠栋：《周易述》上，中华书局 2018 年版，第 297 页。

④ （清）赵在翰辑：《七纬》上，中华书局 2012 年版，第 44 页。

有以下推论：人事修而天下宁。惠栋考索孟喜《易》卦气图说除开它的以视运动为背景的历法价值、自然观唯物主义以外，还有劝善惩恶的人文价值"①。虽然这种自然主义的气论哲学是否可判定就是"唯物主义"当然可以见仁见智，但这一看法总体应该还是公允的，当然，惠栋在《明堂大道录》这类书中，受汉代天人感应信仰的影响，如章太炎所说"颇多迷信之谈"②，也是客观事实，这恐怕也是乾嘉汉学过分"好古"，"惟汉是从"的常见流弊。

但也有学者对李开的看法明确提出反对意见，认为："惠栋《易汉学》之作，当如其自序所言，旨在存续汉易，实际上他的卦气学研究主要是在转述汉人的思想。也就是说，如果说惠氏的哲学思想倾向，就其汉易卦学研究来说，可以说是赞同汉人的思想认识的，他本人并没有在这种研究中鲜明地表达出什么有自己特色的思想。"③ 这种认为惠栋乃至后来的大多数乾嘉汉学学者并无明确的思想特色的看法，也是颇有代表性的。

至少就惠栋本人而言，如果认定其"并无明确的思想特色"，恐怕是不正确的，因为，惠栋的"思想特色"，在《易微言》一书中有直接或间接的表达。——如果只是对汉儒气论亦步亦趋，当然谈不上什么"特色"，但惠栋基于这一哲学立场，对宋明儒学的核心观念亦有所反思和批判，可见他的义理追求，并非无意识的，而是存在明确的自身价值指向的。如其释"理"④ 字，最具清儒义理学的代表性：

> 理字之义，兼两之谓也。人之性秉于天性，必兼两，在天曰阴与阳，在地曰柔与刚，在人曰仁与义，兼三才而两之。故曰性命之理。《乐记》言天理，谓好与恶也。好近仁，恶近义，好恶得其正谓之天理，好恶失其正谓之灭天理。《大学》谓之拂人性。天命之谓性，性有阴阳、刚柔、仁义，故曰天理。后人以天人理欲为对待，且曰天即理也，尤谬。⑤

① 李开：《惠栋评传》，南京大学出版社 2010 年版，第 193 页。
② 章太炎：《清代学术之系统》，《章太炎演讲集》，上海人民出版社 2011 年版，第 307 页。
③ 梁韦弦：《惠栋〈易汉学〉的卦气学研究》，《福建师范大学学报》（哲学社会科学版）2006 年第 4 期。
④ 《周易》中"理"字多见，若《系辞上》曰"易简而天下之理得矣"，《说卦》曰"昔者圣人之作易也，将以顺性命之理""穷理尽性以至于命"等皆是。
⑤ （清）惠栋：《周易述》下，中华书局 2018 年版，第 504 页。

此明确反对宋儒以天理、人欲为非此即彼的对待关系之说，就此问题，惠栋以《乐记》中关于"天理"的论述为证，《乐记》中的有关原文是：

> 是故先王之制礼乐也，非以极口腹耳目之欲也，将以教民平好恶而反人道之正也。人生而静，天之性也；感于物而动，性之欲也。物至知知，然后好恶形焉。好恶无节于内，知诱于外，不能反躬，天理灭矣。夫物之感人无穷，而人之好恶无节，则是物至而人化物也。人化物也者，灭天理而穷人欲者也。于是有悖逆诈伪之心，有淫泆作乱之事。

这是说，人性中其所"好"与其所"恶"的两方面取向，作为相反相成的一对范畴，通过礼乐的教化应该达到一个正确合理的状态，也就是惠栋所说的"好恶得其正谓之天理"。而"感于物而动，性之欲也"，则承认人感于外物而动之"欲"的必然性，故天理与人欲之别，在于所好所恶是否合乎分寸，即"有节"与"无节"之别，显非将"欲"彻底弃绝，故以宋儒理、欲二者相互对立之论为谬说。这显然与后来戴震（1724—1777）批判宋儒"天理"观念的"理也者，情之不爽失也，未有情不得而理得者也""今以情之不爽失为理，是理者存乎欲者也"[1]之类说法颇有类似之处。

惠栋以"天理"之本义兼具"好"与"恶"，故谓之"兼两"。"兼两"说的来源，出于对《说卦》"昔者圣人之作易也，将以顺性命之理。是以立天之道，曰阴与阳；立地之道，曰柔与刚；立人之道，曰仁与义。兼三才而两之，故易六画而成卦"之文的解读。其在《周易述》中注曰："谓'乾道变化，各正性命'。以阳顺性，以阴顺命。阴与阳、柔与刚、仁与义，所谓理也。"[2]以爻有阴阳、刚柔、仁义，阳爻代表阳、刚、仁的性质，阴爻代表阴、柔、义的性质。并在疏释中阐释："《乾凿度》曰：'天动而施曰仁，地静而理曰义。'以乾通坤，故谓之理义也。"[3]乾为天，坤为地，理义为乾坤相通，从"兼两"的角度说，兼具天地二德，故惠栋以《乐记》所言之"天理"为人之天性的合理表现状态（所谓"人生而

---

① （清）戴震：《孟子字义疏证》，《戴震集》，上海古籍出版社 2018 年版，第 265、273 页。
② （清）惠栋：《周易述》下，中华书局 2018 年版，第 369 页。
③ （清）惠栋：《周易述》下，中华书局 2018 年版，第 369 页。

静"），而并非天道本身就是"理"，如漆永祥谓，惠栋此说"一方面将天理、人欲统一起来，另一方面由宋儒强调形而上的天道转而强调形而下的人事，使哲学伦理化"①。因此惠栋不认同宋儒将"理"作为世界本体去理解，视宋儒以天即理的"天理"之说"尤谬"。

惠栋又以"坤为理，以乾推坤故谓之穷理；乾为性，以坤变乾故谓之尽性"②，将"穷理尽性"之义解释为乾坤阴阳二气的交互作用，由此亦可见，其不承认宋儒所言的"如有物焉，得于天而具于心"的天理存在，也是其气论哲学指向的题中应有之义。

类似诠释"理"的这种情况，有意识地与宋明儒相驳议之说，在惠栋的《易微言》中并非孤例，若释"中"字时谓：

> 《系上》曰："易简而天下之理得矣。天下之理得，而成位乎其中矣。"荀爽注云："易谓坎离，阳位成于五，五为上中。阴位成于二，二为下中。故易成位乎其中。"案：易简即天地之中也。③

这是援用汉儒荀爽的象数之说解释"中"，《周易》以每卦的二、五爻位为中，"坎离"即离下坎上的"既济"卦，此卦的六爻中，阳爻居五位，为上中；阴爻居二爻，为下中。阴阳爻在这种情况时称为"得位"，象征天地万物各得其所，也即所谓"中和"。"易二五为中和，坎上离下为既济，天地位，万物育，中和之效也"④，故在惠栋看来，此种情况的"中"即"易简"之理。

释"中"字之条目，惠栋尚援引儒家《中庸》《论语》《孟子》诸书中的那些为人熟知的有关论述为印证，如：

> 《中庸》曰："天命之谓性。"又曰："喜怒哀乐之未发谓之中。"又曰："中也者，天下之大本也。"又曰："立天下之大本。"
>
> 《论语·尧曰》："咨！尔舜！天之历数在尔躬，允执其中。四海困穷，天禄永终。舜亦以命禹。"
>
> 《孟子》曰："汤执中。"⑤

---

① 漆永祥：《乾嘉考据学研究》（增订本），北京大学出版社 2020 年版，第 19 页。
② （清）惠栋：《周易述》下，中华书局 2018 年版，第 367 页。
③ （清）惠栋：《周易述》下，中华书局 2018 年版，第 474 页。
④ （清）惠栋：《周易述》下，中华书局 2018 年版，第 659 页。
⑤ （清）惠栋：《周易述》下，中华书局 2018 年版，第 474—476 页。

在惠栋看来，所谓"中"，从既济卦的象数之微义看，即天地万物均能"得位"，此即"民极"，三代时古圣先贤皆明此理，"大舜执其两端，用其中于民。周公设官分职以为民极。极，中也。虞、周皆既济之世，赞化育之功，同也"①。这一诠释，与宋儒程颐说"不偏之谓中"、朱熹说"中者，不偏不倚，无过不及之名"② 等说相比较，虽然可能稍嫌迂曲，但更直接地蕴含了一定经世致用的实学指向，可视为清儒在义理阐释方面倾向"弃虚蹈实"的典型例证。

《易微言》中所论列的《周易》的这些核心概念，事实上大多同时也是儒学本身的核心义理范畴，惠栋在诠释这些概念时有意识地与宋明儒之旧说另树旗帜，隐含了倾向气论、重视实学的义理取向，这显然就是他的"有自己特色的思想"。

三　惠栋《易微言》是否影响过戴震

钱穆《中国近三百年学术史》著中对于乾嘉学派中惠栋、戴震这二位引领风气的巨擘的学术关系进行了一些考辨，他认为，就当时"吴派"与"皖派"的学术倾向而言，"以徽学与吴学较，则吴学实为急进，为趋新，走先一步，带有革命之气度；而徽学以地僻风淳，大体仍袭东林遗绪，初志尚在阐宋，尚在述朱，并不如吴学高瞻远瞩，划分汉、宋，若冀、越之不同道也"③，故后来"东原论学之尊汉抑宋，则实有闻于苏州惠氏之风而起也"④。钱穆考证，乾隆二十二年（1757），戴震35 岁时拜会已经年过花甲的惠栋，二人"论学有合"。九年后（1765），戴震撰《题惠定宇先生授经图》，其文要在"东原深推松崖，谓舍故训无以明理义"⑤，于惠氏之学推崇备至。钱穆并认定后来戴震所撰义理学作品《原善》与惠栋的《易微言》从体例到思想倾向都有一定相近之处，认为《易微言》之著"抽其绪而未究厥奥也"，"而东原《原善》三篇，则其文颇似受松崖《易微言》之影响。……《原善》三篇，亦有故为简奥之病，而其即故训中求义理之意，则固明明与松崖出一辙也"⑥。

钱穆的这一看法在当代学界引起了一些争议，陈祖武、李开等学者较

---

① （清）惠栋：《周易述》下，中华书局 2018 年版，第 474 页。
② （宋）朱熹：《四书章句集注》，中华书局 1983 年版，第 17 页。
③ 钱穆：《中国近三百年学术史》上，商务印书馆 1997 年版，第 354 页。
④ 钱穆：《中国近三百年学术史》上，商务印书馆 1997 年版，第 355 页。
⑤ 钱穆：《中国近三百年学术史》上，商务印书馆 1997 年版，第 361 页。
⑥ 钱穆：《中国近三百年学术史》上，商务印书馆 1997 年版，第 359 页。

为认同此说，认为戴震因惠栋的影响而转变对待汉宋之学的态度。① 而许苏民对此说持一定保留意见，他经过考察戴震义理学思想形成的时间线索发现，戴震与宋儒义理分道扬镳而撰写三卷本《原善》的时间在1766年，公开点出程朱的名字对理学进行批判的《绪言》撰于1769年，此时距戴、惠二家之会已过了十年左右了，故许氏认为："钱穆以戴震结识惠栋为其思想转变之契机，以惠栋的思想为戴震思想之直接来源，又显得证据不足。我们只能说，戴震在结识惠栋10年后发生思想转变时有可能读过惠栋的书，特别是惠栋的《周易述》。仅仅是有可能而已。"② 亦未完全否定钱穆观点成立的可能性。吴根友则全然反对戴学曾受惠栋影响的说法，他认为："惠栋的学术成就主要在经学史，特别是汉代经学成果的继承与发扬方面，其突出成就表现在有深厚家学渊源的易学方面，而戴震的学术成就主要在小学与孟子学，特别是哲学方面。相比较而言，惠栋是一个经学家，而戴震是一个思想家、哲学家。戴震的所有学术功夫都是服务于其思想创造的，而惠栋的思想则主要在经学的夹缝里表现出来。"因此，吴氏认定"戴震在学术思想方面并未像钱穆所说的那样深受惠栋的影响，进而也说明了吴派学术并未对皖派学术产生重大影响"③。就这一问题的上述争议看法，以下略作辨析。

首先，戴震早年义理学作品《原善》三章（非后来三卷本的同名著作），学者考证其撰于戴震四十岁以前，约在乾隆二十五年（1760）至二十八年（1763）之间，④ 距惠、戴之会时间尚早，此文之撰虽尚未与理学有所立异，但已然可以看出戴震的义理学构建亦颇受《易传》思想的影响。其反复强调《易》之"生生"，谓："生生者，仁乎！生生而条理者，礼与义乎！"又强调"易简"之理，所谓"至仁必易，大智必简，仁智而道义出于斯矣"。李畅然则针对后来的三卷本《原善》研究其中的《易传》思想元素，据其统计，三卷本《原善》共三十三章，"以'《易》曰'开头的高达六章，其中卷上的五章也即第二、三、四、八和十一章，全都出自《易传》"。考察这五章的内容可见，《系辞》"形而上者谓之道，形而下者谓之器"与"一阴一阳之谓道"分别为戴震建立本体论提供了话语

① 参见陈祖武《乾嘉学派研究》，河北人民出版社2005年版，第264—270页；李开《戴震评传》，南京大学出版社2011年版，第155—163页。

② 许苏民：《戴震与中国文化》，贵州人民出版社2000年版，第177页。

③ 吴根友：《再论皖派与吴派的学术关系——以戴震与惠栋为例》，《中国高校社会科学》2014年第3期。

④ 参见李畅然《戴震〈原善〉表微》，北京大学出版社2014年版，第3页。

支撑。"生生"和"易简"都是《原善》重要的话语、命题和范畴，其中"生生而条理"尤为戴震义理学基本的范畴模式，"《易传》之'生生'则对《原善》思想具有深刻影响，因而成为《原善》独具特色的话语"①。由此可见，戴震的义理学构建过程中所汲取的思想资源绝非仅限于《孟子》，《周易》亦具有相当的重要性。故吴根友所说之"从33岁至43岁这十年里，戴震在研究《孟子》一书的哲学思想。其《原善》三篇与三卷本《原善》当作于这一时期，他后来所作的《绪言》也与这十年里研究《孟子》密切相关。而惠栋的学问主要在易学，对《孟子》几乎没有什么特别的研究"② 这一看法自非确论，因为易学自为惠栋所长，但戴震义理学显然亦与易学有一定关系。故钱穆所说："惠氏《易微言》多列故训，而少发挥，其书固不如东原《原善》之精洁而明畅，然据《易·系》，申孟子，合才性，通理欲，泯天人，治终始，重积学，而反虚无，则大体不能谓不近。今以东原交游行迹先后，合之其著述议论之异同，而谓《原善》一书，或颇受松崖《易微言》影响，虽无明据，亦非尽渺茫矣。"③ 显非无因之谈。

其次，许苏民、吴根友均认为，在戴震与惠栋正式会面之前，戴震已经形成了"由字以通其词，由词以通其道"④ 的基本治学理念，⑤ 其本人一直在学术上有义理关注，因此他后来在义理学上的有关探索，与其治学理念有一贯性。这一推论当然有其合理性，而且，即使戴震确与惠栋的观点有所近似，亦不能排除"闭门造车出门合辙"的情况。不过，吴根友举戴震早年书信《与方希原书》中"圣人之道在六经。汉儒得其制数，失其义；宋儒得其义理，失其制数"⑥ 之论，来证实"戴震要超越汉学与宋学的思想倾向"，且由此论定在《题惠定宇先生授经图》中"戴震并未有独宗汉儒、贬抑宋儒的思想倾向，钱穆所言'其先以康成、程、朱分说，谓于义理、制数互有得失者，今则并归一途，所得尽在汉，所失尽在宋，义理统于故训典制，不啻曰即故训即典制而义理矣'更不准确"⑦ 这一解

---

① 李畅然：《〈易传〉对戴震〈原善〉的影响》，《周易研究》2013年第2期。
② 吴根友：《再论皖派与吴派的学术关系——以戴震与惠栋为例》，《中国高校社会科学》2014年第3期。
③ 钱穆：《中国近三百年学术史》上，商务印书馆1997年版，第374页。
④ （清）戴震：《与是仲明论学书》，《戴震集》，上海古籍出版社2018年版，第183页。
⑤ 许苏民：《戴震与中国文化》，贵州人民出版社2000年版，第177页；吴根友：《再论皖派与吴派的学术关系——以戴震与惠栋为例》，《中国高校社会科学》2014年第3期。
⑥ （清）戴震：《与方希原书》，《戴震集》，上海古籍出版社2018年版，第189页。
⑦ 吴根友：《再论皖派与吴派的学术关系——以戴震与惠栋为例》，《中国高校社会科学》2014年第3期。

读就难免有些过当了。因为,《题惠定宇先生授经图》中是这样说的:

> 震自愧学无所就,于前儒大师,不能得所专主,是以莫之能窥测先生涯涘。然病夫六经微言,后人以岐趋而失之也。言者辄曰:"有汉儒经学,有宋儒经学,一主于训故,一主于理义。"此诚震之大不解也者。夫所谓理义,苟可以舍经而空凭胸臆,将人人凿空得之,奚有于经学之云乎哉?惟空凭胸臆之卒无当于贤人圣人之理义,然后求之古经。求之古经而遗文垂绝,今古悬隔也,然后求之训故。训故明则古经明,古经明则贤人圣人之理义明,而我心之所同然者乃因之而明。贤人圣人之理义非它,存乎典章制度者是也。松崖先生之为经也,欲学者事于汉经师之训故,以博稽三古典章制度,由是推求理义,确有据依。彼歧训故、理义二之,是训故非以明理义,而训故胡为?理义不存乎典章制度,势必流入异学曲说而不自知,其亦远乎先生之教矣。①

很明显,《与方希原书》中戴震所谓"汉儒得其制数,失其义理;宋儒得其义理,失其制数",仍然取当时流行的一般见解,即汉儒长于典章制度的故训考证,而宋儒长于身心性命的义理辨析。但在《题惠定宇先生授经图》的看法明显与此不同了,认为汉宋经学"一主于训故,一主于理义"之论,是他"大不解也者",后文则明确了"理义"必"存乎典章制度者是也",舍此途径而求之,"势必流入异学曲说而不自知",其中显然隐含着对惠栋以宋学"臆说居多,而不好古也"②这一基本立场的肯定,明确了汉学因"好古"而求诸"古经"本身,亦自有其自身相应的义理取向。并强调惠栋通过研究"汉经师之训故"以明典章制度,"由是推求理义,确有据依",以惠学之所长者在此。

由此可见,戴震在早年撰写《与方希原书》时,尚承认(至少不否认)宋儒理学的合理性,到了撰写《题惠定宇先生授经图》,已然明确了无论是"训故"还是"理义",都以汉学更为合理,这通过对惠栋学术大方向的全面肯定进行了表达。戴震固然从青年时代起已存在义理关怀,但《题惠定宇先生授经图》中所论,确可视为其走向"扬汉抑宋"的关捩点。故钱穆以戴震此时的经学理念,以"所得尽在汉,所失尽在宋,义理

---

① (清)戴震:《题惠定宇先生授经图》,《戴震集》,上海古籍出版社2018年版,第214页。
② (清)惠栋:《九曜斋笔记》,《丛书集成续编》第92册,上海书店1994年版,第515页。

统于故训典制"①，显然并无误解。唯"所得尽在汉"一语略嫌夸饰，戴学与惠学相较，戴震未必如惠栋那样"惟汉是式"，而是旨在求经学之本旨，以汉学近古，相对较为可靠而已。

要之，钱穆推断戴震的义理学思想曾可能受到惠栋《易微言》之著影响的说法，无论在二家著作体例和义理思考的某些相似性上（如对宋儒言"理"的批评），及戴震本人思想转向的时间线索上，都确有一定依据。当然，由于毕竟缺乏铁证，许苏民认为此说"仅仅是有可能而已"②，亦有其道理。但若断然否定这种可能性，则显然颇有些勉强。

此外，惠栋与戴震在义理学上的另一主要相似点，便是皆主"气本"这一本体论立场了。戴震主张阴阳气化即道，在其有关义理学诸书中，著成于1766年以前的《原善》已然基本明确了这一立场，若其谓："《易》曰：'天地之大德曰生。'气化之于品物，可以一言尽也，生生之谓欤！"③根据《易传》思想，将天地之德理解为一气生化的过程。数年后的1769年所著《孟子私淑录》在解答"何谓天道"这一问时明确阐述：

> 古人称名，道也、行也、路也，其义交互相通，惟路字专用途路，《诗》三百多以行字当道字，大致道之名义，于行尤近。谓之气者指其实体之名，谓之道者指其流行之名。道有天道人道，天道以天地之化言也，人道以人伦日用言也。是故在天地则气化流行，生生不息，是谓道。在人物，则人伦日用，凡生生所有事，亦如气化之不可已，是谓道。《易》曰："一阴一阳之谓道。"此言天道也。《中庸》曰："性之谓道。"此言人道也。④

以气为道之实体，非离气之外而另有一玄虚之道。又后几年（约于1772年前后）成书的《绪言》则更出现了对宋儒言"理"的明确驳议，若谓：

> 阴阳流行，其自然也；精言之，期于无憾，所谓理也。理非他，盖其必然也。阴阳之期于无憾也，犹人之期于无失也，能无失者，其

---

① 钱穆：《中国近三百年学术史》上，商务印书馆1997年版，第356页。
② 许苏民：《戴震与中国文化》，贵州人民出版社2000年版，第177页
③ （清）戴震：《原善》，《戴震集》，上海古籍出版社2018年版，第333页。
④ （清）戴震：《孟子私淑录》，《戴震集》，上海古籍出版社2018年版，第407—408页。

惟圣人乎！圣人而后尽乎人之理，尽乎人之理非他，人伦日用尽乎其必然而已矣。语阴阳而精言其理，犹语人而精言之至于圣人也。期于无憾无失之为必然，乃要其后，非原其先，乃就一物而语其不可讥议，奈何以虚语夫不可讥议指为一物，与气沦然而成，主宰枢纽其中也？况气之流行既为生气，则生气之灵乃其主宰，如人之一身，心君乎耳目百体是也，岂待别求一物为阴阳五行之主宰枢纽！下而就男女万物言之，则阴阳五行乃其根柢，乃其生生之本，亦岂待别求一物为之根柢，而阴阳五行不足生生哉！[①]

盖戴震认为，气之一元论已然足以揭示阴阳生化流行之奥秘，此盖如西人"如无必要切勿增加实体"之说，以"理"之概念，系"别求一物"而叠床架屋，并无成立之必要。

上述诸义，在作为戴震"晚年定论"的《孟子字义疏证》（约撰于1776—1777年间）有更为全面和充分的论述。戴震的气本论思想，其与惠栋气论易学是否有所关涉，遽难断言，然其与惠栋同处于汉唐以来气论哲学的脉络源流之中，此殆无可疑者。此外，戴震义理学诸著中，反复强调"血气心知"即"性"之义，这一说法的来源，与惠栋反思宋儒之说而言"天理"的有关依据，均同出于《礼记·乐记》，此亦不可忽者。

四 结语

惠栋在其平生易学著作中，以汉儒卦气、纳甲、爻辰、八宫、升降、卦变诸说，重构了汉代易学的宇宙生成和运化模式，[②] 这一倾向于自然哲学的模式以气论说为本体论基础。惠栋的气论易学思想，"有可能"直接或间接给予作为"乾嘉新义理学"的集大成者，也就是戴震思想体系的形成以一定影响和启发。不仅如此，惠栋正式开启的宗法汉代象数易学的研究取向，对后来的清代易学有重大影响，若张惠言承惠氏之学风，立说专宗虞翻，对世传虞翻易学的有关文字进行分类并进行详细分梳，更以消息说重构虞氏易学，进一步深化了汉易研究；戴震的后学焦循在通过检讨两汉易学而重构象数模式，融数学天算与音韵训诂于一炉，"从《周易》方面发挥道德哲学解析价值世界"[③] 而成一家之言。惠、张、焦三代学者，

---

① （清）戴震：《绪言》，《戴震集》，上海古籍出版社2018年版，第355页。
② 参见赵晓翠《从惠栋重构汉代象数宇宙图式看清代易学哲学的范式转换》，《孔子研究》2019年第5期。
③ 牟宗三：《从周易方面研究中国之元学及道德哲学》，天津大公报馆1935年版，第247页。

被后人称之"乾嘉易学三大家",他们在义理学的研究上亦有多所造就。

第四节　戴震的义理学与《周易》诠释

先秦哲学对天地万物本根问题的思考,以道论、气论这两个进路为大宗,重在言"道"者如《老子》,重在言"气"者如《易传》。当然,《老子》亦言"气",《易传》亦言"道",道、气之说在彼时尚不是非此即彼的关系,只能说是有所偏重。张岱年先生指出:"最早的本根论是道论,以究竟理则或究竟规律为宇宙本根。继之者为太极论,以阴阳未分之体为宇宙本根。其后乃有气论,以无形物质解说一切。"三者的关系,"气论是太极论之发展,而其气的观念,则可以说出于道论"①。彼此之间具有内在逻辑关系。自汉迄唐,气论哲学在儒家哲学的发展中,具有颇为重要的地位,这一进路由北宋张载集其大成,形成典型的"气本论"学说。然宋儒理气心性之辨,其一重要目的,意在阐明天地万物之何由而始,故周敦颐《太极图说》有"无极而太极"之论,其义如钱穆先生所说:"若必求天地万物何由始,则必涉于渺茫之域。老庄谓天地万物生于有,有生于无,无极而太极,即此意。朱子谓理生气,即本濂溪而微变之者。横渠屏除此问题不论,即气之一阴一阳者便是道,更不问此气何自始,何自来。"②易言之,实为就"第一因"的简单追问:若气为天地万物生化之源起,那么"气"本身又是从何而来的?若简单释以"无极而太极",近于老子"有生于无",则儒家的本体论并未与佛道二氏言"虚无""真空"的世界观划清畛域,由此很自然地,逼显出"由理生气""理在气先"的结论,"理"本身是精神性的实有,并非虚无,程朱言"天理"之说由此立基。如《朱子语类》卷九十九对于张载哲学的"太虚"概念便另作新解:

> 问:横渠云太虚即气,太虚何所指?曰:他亦指理,但说得不分晓。曰:太和如何?曰:亦指气。曰:他又云由昧者指虚空为性,而不本天道,如何?曰:既曰道,则不是无,释氏便直指空了。大要横渠当初说出此道理多误。③

---

① 张岱年:《中国哲学大纲》,江苏教育出版社 2005 年版,第 106 页。
② 钱穆:《〈正蒙〉大义发微》,《中国学术思想史论丛》第 5 册,生活·读书·新知三联书店 2019 年版,第 91 页。
③ 黎靖德编:《朱子语类》第 7 册,中华书局 1986 年版,第 2534 页。

张载本言"太虚即气",形容气于空间的弥散状态,而朱熹则曲解太虚指理,此如钱穆说所说,朱熹"自以己见说横渠,则自见横渠为说得不清楚矣,惟释氏直指空了固不是。而横渠必指曰虚,究竟虚与空所辨何在,终嫌用字不当"①。盖以"太虚"之"虚",易被误读为佛道崇虚之虚,朱熹乃故作此解。

程朱以天理为本体,先秦之"理"字虽本无本体含义,无非"道"之别名,故宋儒"理论无非道论的新形态"②,"理在气先"之说,亦不妨视为哲学由气论向道论的归复。但"第一因"的问题其实仍然还在:"若求天地最先第一因,必陷于无因可得,此正横渠所讥以人见之小,因缘天地,彼见世事常若因果相续,因据以推天地,必谓天地万物有其前因。"③即便安立"理"为最高本体,问题无非又落在"理从何来"上,此问将辗转无穷尽,永无其解。

这也是一切倾向于本体论(或"本根论")哲学体系的根本难题,若跳出这一循环怪圈,无非改变思路,不再以现象与本体分离为二事,以现象界之外并无本体,或曰即体即用,或曰现象即本体。清儒戴震否定"理"在构建哲学体系上的必要性,而曰"气化流行";乃至近儒熊十力所言体用不二的"大化流行"之义,皆无非这种类乎本体论的思想理路历经"否定之否定"过程,所抵达的一个自然节点。

一　"气化流行"说

戴震平生遍治群经,尤精三《礼》之学,其平生虽无专门的论《易》著述,但自青年时代已然对《周易》有所涉及。其早年所著《经考》,第一卷便是对《周易》一些基本概念若重卦、三易等问题的考论,多征汉唐以降诸家之说,虽谈不上如何深入,亦足见其用心。段玉裁所撰《年谱》中曾记戴震之言,谓孔颖达为诸经所作《正义》,"不能广为搜罗,得所折衷",如"于《易》专取王弼",而导致"遂使士人所习不精"④。由此可见,与同时代的倾向汉代象数学的易学学者一样,戴震亦对王弼之《易》说有所不满,当以汉儒之学更为近古。

①　钱穆:《〈正蒙〉大义发微》,《中国学术思想史论丛》第5册,生活·读书·新知三联书店2019年版,第94页。

②　张岱年:《中国哲学大纲》,江苏教育出版社2005年版,第52页。

③　钱穆:《〈正蒙〉大义发微》,《中国学术思想史论丛》第5册,生活·读书·新知三联书店2019年版,第94页。

④　《戴震集》,上海古籍出版社2018年版,第490页。

　　戴震有探讨义理问题的短文《法象论》，其具体撰述时间不详，学界一般断定其成篇稍早于《原善》三篇本，应可视为其现存最早的谈义理之文。所谓"法象"，即出于《周易·系辞上》"法象莫大乎天地"之语，其开篇即谓：

　　　　《易》曰："法象莫大乎天地。"又曰："成象之谓乾，效法之谓坤。"又曰："仰则观象于天，俯则观法于地。"夫道无远迩，能以尽于人伦者反身求之，则靡不尽也。作论以诒好学治经者。①

　　所谓"法象"，依朱熹《周易本义》的解释，"法"即"造化之详密而可见者"②；"象"则可释为"造化之至微无形者"③，合而言之，代表天地间一切事相和法则。后文继言："观象于天，观法于地，三极之道，参之以人也。"④ 可见此篇宗旨，为阐释贯通天人的大道。其间之中介，即所谓"气化"，故文中言："阴阳者，气化之男女也。"又言：

　　　　盈天地之间，道，其体也；阴阳，其徒也；日月星，其运行而寒暑昼夜也；山川原隰，丘陵溪谷，其相得而终始也。生生者，化之原；生生而条理者，化之流。⑤

　　以阴阳为气化状态之流行，但"道"本身是否就是"气"，此文尚未明言。盖《法象论》之撰述时，戴震自己的义理学体系尚未最终完成，虽重气化之说，但尚未与宋儒理学明确立异。如前文所言及，著成于1766年以前的《原善》（三卷本）中谓："《易》曰：'天地之大德曰生。'气化之于品物，可以一言尽也，生生之谓软！"⑥ 根据《易传》思想，将天地之德明确理解为一气生化的过程。数年后的1769年所著《孟子私淑录》在解答"何谓天道"这一问时明确阐述："道之名义"者，"谓之气者指其实体之名，谓之道者指其流行之名"，"气化之不可已，是谓道"⑦。至

---

① （清）戴震：《法象论》，《戴震集》，上海古籍出版社2018年版，第154页。
② （宋）朱熹：《周易本义》，中华书局2020年版，第170页。
③ 参见杨立华《气本与神化》，北京大学出版社2008年版，第31—34页。
④ （清）戴震：《法象论》，《戴震集》，上海古籍出版社2018年版，第154页。
⑤ （清）戴震：《法象论》，《戴震集》，上海古籍出版社2018年版，第156页。
⑥ （清）戴震：《原善》，《戴震集》，上海古籍出版社2018年版，第333页。
⑦ （清）戴震：《孟子私淑录》，《戴震集》，上海古籍出版社2018年版，第407—408页。

其义理学研究的晚年定论，也就是《孟子字义疏证》中，有了更为明确的表述：

> 道，犹行也；气化流行，生生不息，是故谓之道。《易》曰："一阴一阳之谓道。"《洪范》："五行，一曰水，二曰火，三曰木，四曰金，五曰土。"行亦道之通称。举阴阳则赅五行，阴阳各具五行；举五行即赅阴阳，五行各有阴阳也。……阴阳五行，道之实体也。①

以"道"即"气化流行"，气所表现出的"阴阳五行"为"道之实体"，这是明确的"气本论"哲学立场。其所立论，亦隐含与朱子"天即理"之说的针锋相对，朱熹《中庸章句》中释"天命之谓性"语有云：

> 命，犹令也。性，即理也。天以阴阳五行化生万物，气以成形，而理亦赋焉，犹命令也。于是人物之生，因各得其所赋之理，以为健顺五常之德，所谓性也。②

朱子虽亦以阴阳五行化生万物为"气以成形"的过程，但复以其中更有"理"的最高主宰。故天命即理，在人曰性，性亦是理。所以在朱子的哲学体系中"气"只能居于理之后，故谓"理在气先"。

戴震之《法象论》《原善》诸篇虽已基本明确了气论哲学之义理倾向，然其明确与宋儒一争是非的理论愿景，则当始于《绪言》之作，《绪言》实即《孟子字义疏证》的初稿。据钱穆查证：

> 《绪言》成书年月，据程易田与段懋堂札，谓："壬辰东原馆京师朱文正珪家，自言曩在山西方伯署中，伪病者十数日，起而语方伯：'我非真病，乃发狂打破宋儒家中太极图耳。'"段氏谓："伪病十余日，正是造绪言。窃揣此书创始于乙酉、丙戌，成于己丑朱方伯署中。"③

《绪言》撰述时间，据钱穆考证，段玉裁之说有小误，"应是创始于己

---

① （清）戴震：《孟子字义疏证》，《戴震集》，上海古籍出版社2018年版，第287页。
② （宋）朱熹：《四书章句集注》，中华书局1983年版，第17页。
③ 钱穆：《中国近三百年学术史》上，商务印书馆1997年版，第362页。

丑秋前，而完成于壬辰之菊月”①，也就是 1669—1772 年，然“《绪言》草创，应在己丑秋前客山西藩署时无疑”，也就是戴震在 1669 年前后时应山西布政使（后任巡抚）朱珪（1731—1807）之邀，于其幕府任职时，蕴藉已久的义理学思考终至成熟，终于决心要“发狂打破宋儒家中太极图”。

所谓“宋儒家中太极图”，即“宋儒的‘天理’所赖以建立的玄之又玄的神秘武库”②。《绪言》中对于宋儒之“理”的驳议，上一节已略言之，进一步深入思考，如钱穆所论：“东原特提‘理、欲’之辨以驳宋儒，其说惟见于《疏证》，《原善》《绪言》皆无之。”③《孟子字义疏证》撰于 1776—1777 年间，“丁酉与懋堂两书，郑重道及，正是初成书后语也。《疏证》之作，定在丙申易田抄《绪言》之后，而即成于是年。至翌年丁酉正月与段懋堂书，正为‘理’字义解，乃《疏证》最后新得，故属草既竟，即以函告。及四月一札，乃云‘仆生平著述最大者为《孟子字义疏证》一书’，则其新著初成踌躇满志之情也”④。此所言“丁酉正月与段懋堂书”即戴震在其人生的最后一年初给段玉裁的书信，其中谓：

> 仆自十七岁时，有志闻道，谓非求之《六经》、孔、孟不得，非从事于字义、制度、名物无由以通其语言。为之三十余年，灼然知古今治乱之源在是。古人曰“理解”者，即寻其腠理而析之也。曰“天理”者，如庄周言，“依乎天理”，即所谓“彼节者有间”也。古贤人、圣人，以体民之情、遂民之欲为得理，今人以己之意见不出于私为理，是以意见杀人，咸自信为理矣。此犹舍字义、制度、名物，去语言、训诂，而欲得圣人之道于遗经也。⑤

此即《孟子字义疏证》的基本精义所在，其书明确提出：“理也者，情之不爽失也，未有情不得而理得者也。”⑥“理”之本义，并未出乎人情日用之间，故以“天理”与“人欲”相对待之说为谬，“理者存乎欲者”⑦，人之感物而动，“则欲出于性。一人之欲，天下人之之（所）同欲

①　钱穆：《中国近三百年学术史》上，商务印书馆 1997 年版，第 363 页。
②　许苏民：《戴震与中国文化》，贵州人民出版社 2000 年版，第 87 页。
③　钱穆：《中国近三百年学术史》上，商务印书馆 1997 年版，第 364 页。
④　钱穆：《中国近三百年学术史》上，商务印书馆 1997 年版，第 364 页。
⑤　（清）戴震：《与段若膺论理书》，《孟子字义疏证》，中华书局 1982 年版，第 184 页。
⑥　（清）戴震：《孟子字义疏证》，《戴震集》，上海古籍出版社 2018 年版，第 265 页。
⑦　（清）戴震：《孟子字义疏证》，《戴震集》，上海古籍出版社 2018 年版，第 273 页。

也，故曰'性之欲'"，"情得其平，是为好恶之节，是为依乎天理"①，也就是说，满足人类情欲恰如其分的需求，"无过情无不及情之谓理"②，非离乎人欲之外别有一"如有物焉，得于天而具于心"③ 之"理"的存在。故曰：

> 天地、人物、事为，不闻无可言之理者也，《诗》曰"有物有则"是也。物者，指其实体实事之名；则者，称其纯粹中正之名。实体实事，罔非自然，而归于必然，天地、人物、事为之理得矣。夫天地之大，人物之蕃，事为之委曲条分，苟得其理矣，如直者之中悬，平者之中水，圆者之中规，方者之中矩，然后推诸天下万世而准。④

以天地、人物、事为，皆存在其各自的关钥所在，若庖丁之解牛"依乎天理"，实为谙熟牛的肌理结构，故能"以无厚入有间，恢恢乎其于游刃必有余地矣"，断非离牛之外尚别有一"牛之理"的存在，于"实体实事"中得其窍要，此即理也。张岱年先生说："东原所谓必然，即今所谓应当。但事物必然之则，乃事物之所至非事物之所本。事物并非由理而生成。程、朱一派，将事物之条理抬高，使成为独立的实体，以为在事物之先之上，其实虚妄。"⑤ 解戴震此义甚谛。

戴震以宋儒之言"理"，为"理散在事物，于是冥心求理，谓'一本万殊'"，而其本人所论定"理"的本义当是"事物之理，必就事物剖析至微而后理得"⑥，故理只是同类事物间的某种共性，通过经验和实践得以把握，断非一"理一分殊"的实存，而天下间万事万物无非又是实体性质的阴阳五行的"气化流行"，故"气本论"成为戴震的理气之辨的最终指向。

今人颇有持清儒无形上关怀之论者，其实戴震在《绪言》中已然对此疑问有所辨析，文谓：

> 问：《易》曰"形而上者谓之道，形而下者谓之器。"程子云：

---

① （清）戴震：《孟子字义疏证》，《戴震集》，上海古籍出版社 2018 年版，第 266 页。
② （清）戴震：《孟子字义疏证》，《戴震集》，上海古籍出版社 2018 年版，第 266 页。
③ （清）戴震：《孟子字义疏证》，《戴震集》，上海古籍出版社 2018 年版，第 267 页。
④ （清）戴震：《孟子字义疏证》，《戴震集》，上海古籍出版社 2018 年版，第 278 页。
⑤ 张岱年：《中国哲学大纲》，江苏教育出版社 2005 年版，第 103 页。着重号为笔者所加。
⑥ （清）戴震：《孟子字义疏证》，《戴震集》，上海古籍出版社 2018 年版，第 324 页。

"惟此语截得上下最分明，元来只此是道，要在人默而识之。"后儒言道，多得之此。朱子云："阴阳，气也，形而下者也；所以一阴一阳者，理也，形而上者也；道即理之名也。"朱子此言，以道之称惟理足以当之。今但曰"气化流行，生生不息"非程朱所目为形而下者欤？

曰：气化之于品物，则形而上下之分也。形乃品物之谓，非气化之谓。《易》又有之："立天之道，曰阴与阳。"直举阴阳，不辨所以阴阳而始可当道之称，岂圣人立言皆辞不备哉？一阴一阳，流行不已，夫是之谓道而已。……《易》"形而上者谓之道，形而下者谓之器"，亦非为道器言之，以道器区别其形而上形而下耳。形谓已成形质，形而上犹曰形以前，形而下犹曰形以后。①

后《孟子字义疏证》亦有此论，内容近似。盖程朱以理为形而上，气为形而下；戴震则以已成形质之气为形而下，未成形质之气为形而上，释义有殊而已，断不能说对"形而上"一词的理解与程朱不同，就没有形而上关怀了；否则，若张载、船山之学，皆有此情况，可谓之无形上关怀乎？张岱年先生于此早有论析，谓："往昔中国哲学中，程朱以为理方为形上，而为物之本始材朴之气则为形而下者。张横渠与戴东原则以为气无定形，亦为形上。"② 此说公允可从。

二 "生生即仁"说

戴震反对设定一个高踞世间万物之上的本体性的"理"的存在，更反对程朱理学以天理、人欲为相互对待之说，认为孔孟之道本非禁欲主义，故断定宋儒理欲之辨的基本路向，当来源于佛老之学，他说：

老、释之学，则皆贵于"抱一"，贵于"无欲"；宋以来儒者，盖以理之说（说之）。其辨乎理欲，犹之执中无权；举凡饥寒愁怨，饮食男女、常情隐曲之感，则名之曰"人欲"，故终其身见欲之难制；其所谓"存理"，空有理之名，究不过绝情欲之感耳。何以能绝？曰"主一无适"，此即老氏之"抱一""无欲"，故周子以一为学圣之要，且明中曰"一者，无欲也"。天下必无舍生养之道而得存者，凡事为

① （清）戴震：《绪言》，《戴震集》，上海古籍出版社 2018 年版，第 351—352 页。
② 张岱年：《天人五论》，《张岱年全集》第 3 卷，河北人民出版社 2007 年版，第 200 页。

皆有于欲，无欲则无为矣；有欲而后有为，有为而归于至当不可易之谓理；无欲无为又焉有理！老、庄、释氏主于无欲无为，故不言理；圣人务在有欲有为之咸得理。是故君子亦无私而已矣，不贵无欲。君子使欲出于正，不出于邪，不必无饥寒愁怨、饮食男女、常情隐曲之感，于是谗说诬辞，反得刻议君子而罪之，此理欲之辨使君子无完行者，为祸如是也。①

戴震认为，宋儒多曾出入于老释之学而受到他们的潜移默化的影响，故常主"无欲"，实则孔孟之教贵"无私"而非"无欲"，出于正当的途径满足欲望，并能体谅他人亦有追求欲望的本能，即今人所谓之"同理心"，此即天理，非无欲乃能得天理也。

由此，戴震以人之情欲出于与生俱来"血气心知"的本能，所谓："夫人之生也，血气心知而已矣。老、庄、释氏见常人任其血气之自然之不可，而静以养其心知之自然；于心知之自然谓之性，血气之自然谓之欲，说虽巧变，要不过分血气心知为二本。"② 所谓"血气"，即人的本能冲动；所谓"心知"，即人的"心之能知"的思维活动。"血气心知"亦为物质性的气化在人身上的表现，谓"人之血气心知本乎阴阳五行者，性也"③，戴震以佛、道及宋明理学将"血气"和"心知"视为矛盾性的"二本"，但以之印证《孟子》之言，实为扞格不入，其谓：

孟子言"口之于味也，有同嗜焉；耳之于声也，有同听焉；目之于色也，有同美焉；至于心独无所同然乎"，明理义之悦心，犹味之悦口，声之悦耳，色之悦目之为性。味也、声也、色也在物，而接于我之血气；理义在事，而接于我之心知。血气心知，有自具之能：口能辨味，耳能辨声，目能辨色，心能辨夫理义。味与声色，在物不在我，接于我之血气，能辨之而悦之；其悦者，必其尤美者也；理义在事情之条分缕析，接于我之心知，能辨之而悦之；其悦者，必其至是者也。④

戴震以人之五官之功能，若"口能辨味，耳能辨声，目能辨色"，与

---

① （清）戴震：《孟子字义疏证》，《戴震集》，上海古籍出版社 2018 年版，第 327—328 页。
② （清）戴震：《孟子字义疏证》，《戴震集》，上海古籍出版社 2018 年版，第 285 页。
③ （清）戴震：《孟子字义疏证》，《戴震集》，上海古籍出版社 2018 年版，第 272 页。
④ （清）戴震：《孟子字义疏证》，《戴震集》，上海古籍出版社 2018 年版，第 269 页。

人的认知能力，也就是"心能辨夫理义"，虽前者为"血气"之属，后者为"心知"，然皆属百姓日用之所同者，如天下之口有同嗜，天下之理义亦有同然，"如好好色，如恶恶臭"的本能与"知善知恶、知是知非"的认知能力，有共同的心理基础，而非矛盾性的存在。

克实而言，戴震此说不无可议之处，就吾人日常经验而言，人之感官体验，也未必皆好恶相同或相近，以"声之悦耳"为例，"下里巴人"与"阳春白雪"之不同趣向，古人已有认识；至于能够拥有"理义在事情之条分缕析，接于我之心知"能力的人，凤毛麟角，古今一揆。人之追逐情欲，大抵往而不返，终无穷尽；而能明辨是非善恶，头脑条理清楚的人，总是极少数的，孔子"民可使由之，不可使知之"之叹，亦当由此而生。后世西人亦有"庸众"乃至"庸众的专制尤胜暴君"之论，故戴震"血气心知"同一之说，若推衍广之，难免有一定的民粹主义的指向。虽然，置身于戴震所处的宗法专制愈加酷烈的环境背景下，目睹种种"后儒以理杀人"之惨，出此矫枉过正之论，亦当可"同情理解"者。

尚有略须一辨者，今之论者多举《朱子语类》卷十三之言，以证朱子亦以天理人欲未必相违，其文谓：

> 问："饮食之间，孰为天理，孰为人欲？"曰："饮食者，天理也；要求美味，人欲也。"①

朱子此说盖谓，饮食男女，作为维系自身生存和人类繁衍的行为，亦为天理，也就是将之视为一种不得不承担的社会责任而已。然起心动念追求声色美味之享受，一念之间便转为人欲矣。此虽非彻底的禁欲主义，但仅仅给人的生理本能留下了一个最低限度的底线。此论与戴震的理欲之辨貌似而实异，简而言之，戴君于情欲本身并非以为恶，只有超出了常人所有的限度，才是悖理之行；朱子则以情欲本身就是恶的表现，维系到比常人低得多的底线，才能算是天理。以朱子所言饮食之例为譬，由戴震的思想推论，喜欢美味本身无可厚非，只要不浪费食物、追求太过奢靡的珍馐，即不违于理；而朱子的意思，吃饭无非保证能活着，最好是箪食瓢饮地生活，才更值得推崇。二者之分野大体如是。

戴震论定程朱理学的禁欲主义源自佛老的"无欲"这类观念，从本体论角度的批判视角，则归本于《易》道"生生"之德。《系辞》所谓"生

① （宋）黎靖德编：《朱子语类》第1册，中华书局1986年版，第224页。

生之谓易""天地之大德曰生",《周易》哲学对于宇宙万化的理解,乃是健动而日新、充满生机的,所谓"天地絪缊,万物化醇。男女构精,万物化生",在阴阳二气的相反相成的运动过程中,开显出生机盎然的天地万物。这一宇宙论的思路,显然与主"寂静"的佛、道哲学属不同的方向。既然天地万物由阴阳交感而化生,自然不能否定欲望的合理性。戴震较早期的义理学文本《原善》中已明确指出:

> 《记》曰:"饮食男女,人之大欲存焉。"《中庸》曰:"君臣也,父子也,夫妇也,昆弟也,朋友之交也,五者,天下之达道也。"饮食男女,生养之道也,天地之所以生生也。……天地之生生而条理也。是故去生养之道者,贼道者也。细民得其欲,君子得其仁。遂己之欲,亦思遂人之欲,而仁不可胜用矣;快己之欲,忘人之欲,则私而不仁。①

以"饮食男女"之事为天道落实在人间的生生之源,"己欲立而立人,己欲达而达人",使万民遂其欲,即君子之"仁",非离"欲"而另有其仁。故论者谓"《易传》之'生生'则对《原善》思想具有深刻影响,因而成为《原善》独具特色的话语"②。而且尚不仅于此,笔者初步统计,就"生生"这一词汇而言,在戴震的义理学三书,也就是《原善》《绪言》《孟子字义疏证》中,出现频率都相当高,分别为:《原善》(三卷本)23 次、《绪言》32 次、《孟子字义疏证》19 次,以下略举其有代表性者:

> 是故生生者,化之原;生生而条理者,化之流。(《原善》卷上)③
>
> 《易》曰:"一阴一阳之谓道。继之者,善也;成之者,性也。""一阴一阳",盖言天地之化不已也,道也。一阴一阳,其生生乎,其生生而条理乎!以是见天地之顺,故曰"一阴一阳之谓道"。生生,仁也;未有生生而不条理者。(《原善》卷上)④
>
> 《易》曰:"天地之大德曰生。"气化之于品物,可以一言尽也。

---

① (清)戴震:《原善》,《戴震集》,上海古籍出版社 2018 年版,第 347 页。
② 李畅然:《〈易传〉对戴震〈原善〉的影响》,《周易研究》2013 年第 2 期。
③ (清)戴震:《戴震集》,上海古籍出版社 2018 年版,第 331 页。
④ (清)戴震:《戴震集》,上海古籍出版社 2018 年版,第 332 页。

生生之谓欤！观于生生，可以知仁；观于其条理，可止知礼；失条理而能生生者，未之有也，是故可以知义。（《原善》卷上）①

《易》有之曰："天地之大德曰生。"一阴一阳，流行不已，生生不息，观于生生，可以言仁矣。在天为气化之生生，在人为其生生之心，是乃仁之为德也。由其生生有自然之条理，惟条理所以生生。观于条理之秩然有序，可以言礼矣。失条理则生生之道绝，观于条理之截然不可乱，可以言义矣。生生，诚也；条理，明也。（《绪言》卷上）②

天地之气化，流行不已，生生不息，其实体即纯美精好；人伦日用，其自然不失即纯美精好。（《绪言》卷上）③

道，人物之初，何尝非天之阴阳絪缊凝成？及气类滋生以后，昆虫之微，犹有絪缊而生者，至人禽之大，则独天不生矣。然男女之生生不穷，以内之生气通乎外之生气，人在生气之中，如鱼在水之中，其生也何莫非天！（《绪言》卷下）④

道，犹行也；气化流行，生生不息，是故谓之道。（《孟子字义疏证》卷中）⑤

阴阳五行之运而不已，天地之气化也，人物之生生本乎是，由其分而有之不齐，是以成性各殊。（《孟子字义疏证》卷中）⑥

仁者，生生之德也；"民之质矣，日用饮食"，无非人道所以生生者。一人遂其生，推之而与天下共遂其生，仁也。（《孟子字义疏证》卷下）⑦

自人道溯之天道，自人之德性溯之天德，则气化流行，生生不息，仁也。由其生生，有自然之条理，观于条理之秩然有序，可以知礼矣；观于条理之截然不可乱，可以知义矣。在天为气化之生生，在人为其生生之心，是乃仁之为德也；在天为气化推行之条理，在人为其心知之通乎条理而不紊，是乃智之为德也。惟条理，是以生生；条理苟失，则生生之道绝。凡仁义对文及智仁对文，皆兼生生、条理而言之者也。（《孟子字义疏证》卷下）⑧

---

① （清）戴震：《戴震集》，上海古籍出版社 2018 年版，第 333 页。
② （清）戴震：《戴震集》，上海古籍出版社 2018 年版，第 368 页。
③ （清）戴震：《戴震集》，上海古籍出版社 2018 年版，第 372 页。
④ （清）戴震：《戴震集》，上海古籍出版社 2018 年版，第 402—403 页。
⑤ （清）戴震：《戴震集》，上海古籍出版社 2018 年版，第 287 页。
⑥ （清）戴震：《戴震集》，上海古籍出版社 2018 年版，第 294 页。
⑦ （清）戴震：《戴震集》，上海古籍出版社 2018 年版，第 316—317 页。
⑧ （清）戴震：《戴震集》，上海古籍出版社 2018 年版，第 317 页。

由以上论述可见，戴震于《周易》"生生"之义，以之为气化流行的状态，并以天地之间蕴涵的生生不息的生机就是"仁"的本源，生化本身又是一个运动的过程，这个过程中自有其所循规律，这就是"条理"。天地氤氲而生化万物，在人间则表现为男女以夫妇之道繁衍无穷，故谓"男女之生生不穷"，戴震对"生生"的阐释过程中也有意识地为人间情欲的合法性进行了辩护。

历代儒者多以《周易》作为构建义理学体系的思想资源，自是因为《易》道广大，《易传》本身便是探讨"性与天道"问题的形上学元典。此外，《周易》经传中多蕴含了对人类食色本能的质朴描述以及哲学性解释。所谓"男女构精，万物化生"等说，晚近以来被许多学人视为先民遗留的生殖崇拜元素，如钱玄同、周予同、郭沫若等早在1920年代已提出，《周易》的基本符号的阴阳两爻，一取象于男根，一取象于女阴，可成一说。常乃惪甚至认为，《周易》经文的"上篇提出一个'食'字，下篇提出一个'色'字，这已把社会发展的动因包括尽了"[1]。如《周易》之《咸卦》，《荀子·大略》中已指出："《易》之《咸》，见夫妇。夫妇之道，不可不正也，君臣父子之本也。咸，感也，以高下下，以男下女，柔上而刚下。"晚近以来有不少学者认为《咸卦》本身就是对男女性行为过程的描述。[2]《归妹卦》之《象》曰："归妹，天地之大义也。""归妹"即民间俗称的嫁女，视男婚女嫁为天地大义所在。《颐卦》又与口腹之欲有关，其卦象"像一张嘴巴里面长着牙齿，以备咀嚼，颐是谈'口实'之事，是谈食养的"[3]，后世成语"大快朵颐"的"朵颐"即出于此卦爻辞。如是等等，足可见戴震通过对《周易》"生生"等观念的诠释来建构其"情欲哲学"，确有其内在理据。

三　余论

戴震义理学的气本论体系的思想渊源，考《孟子字义疏证》中的文本线索，恐应直接受到张载哲学的一定启发。虽然戴震对张载使用的"太虚"一词有异议，以为"六经、孔、孟无是言也"，觉得他可能也多少受到一些佛道观念的影响，但于张子气本论学说本身，总体上持肯定态度，

---

① 常乃惪：《〈周易〉中之社会哲学》，载黄寿祺、张善文编《周易研究论文集》第4辑，北京师范大学出版社1990年版，第102页。

② 参见潘光旦对《性心理学》的注释，载〔英〕霭理士《性心理学》，潘光旦译，生活·读书·新知三联书店1987年版，第469页。后来学者从此说者甚多。

③ 章秋农：《周易占筮学——读筮占技术研究》，中华书局2017年版，第83页。

如谓:

> 张子又云:"气有阴阳,推行有渐为化,合一不测为神。"斯言也,盖得之矣。试验诸人物,耳目百体,会归于心;心者,合一不测之神也。天地间百物生生,无非推本阴阳。《易》曰:"精气为物。"曾子曰:"阳之精气曰神,阴之精气曰灵,神灵者,品物之本也。"因其神灵,故不徒曰气而称之曰精气。①

戴震认为,张载不以"神"为离气而有,印证于《周易》和《礼记》中所载曾子的说法,所谓"神"实为"精气",也就是气之精者,故此与老庄、释氏"内其神而外形体",将神与形体视为二物的说法分隔开来,因此戴震总结说:

> 独张子之说,可以分别录之,言"由气化,有道之名",言"化,天道",言"推行有渐为化,合一不测为神",此数语者,圣人复起,无以易也。张子见于必然之为理,故不徒曰神而曰"神而有常"。诚如是言,不以理为别如一物,于六经、孔、孟近矣。②

戴震所援引的张载"由气化,有道之名"之论,及以"化"为"天道"之说,实亦皆其本人所主者。在戴震看来,宋儒之中唯张载之说"不以理为别如一物",故以其说"于六经、孔、孟近矣"。由此可见,戴震思想的直接来源,恐怕正是受到了张载、船山一系的气本论哲学的启示,而继有发明之。

克实而言,单就"气本论"本身而言,戴震之说较之张载、王夫之等前贤,似亦未体现出明显的新义,但其思想的特点,在于强烈否定一个独立性的"天理"存在之虚妄,这种指向明确的批判性精神,堪称戴震义理学之"新"义。此一径路的形成,或当有感于当时清代统治者厉行文字狱,礼教专制思想环境愈加酷烈的状况,如章太炎《释戴》一文中所论:

> 戴震生雍正末,见其诏令谪人不以法律,顾摭取洛、闽儒言以相稽,觇司隐微,罪及燕语。九服非不宽也,而迾之以丛棘,令士民摇

---

① 戴震:《孟子字义疏证》,《戴震集》,上海古籍出版社 2018 年版,第 283 页。
② 戴震:《孟子字义疏证》,《戴震集》,上海古籍出版社 2018 年版,第 284 页。

手触禁，其蠹伤深。震自幼为贾贩，转运千里，复具知民生隐曲，而上无一言之惠，故发愤著《原善》，《孟子字义疏证》，专务平恕，为臣民恕上天，明死于法可救，死于理即不可救。①

更直接的原因，可能还导源于戴震所经历的被自己所在宗族迫害的经历，段玉裁编戴震《年谱》记，乾隆二十年乙亥（1755），戴震三十三岁，"先生是年讼其族子豪者侵占祖坟。族豪倚财结交县令，文致先生罪。乃脱身挟策入都，行李衣服无有也，寄旅于歙县会馆，饘粥或不继"②。这一坎坷际遇，自难免对戴震造成相当深刻的心理冲击，他后来感慨"今人以己之意见不出于私为理，是以意见杀人，咸自信为理矣"③，乃至谓"后儒以理杀人"之论，恐亦隐隐有他自身所曾感受到的切肤之痛存于其中。

最后，如前节考论，戴震的义理学体系之成立，未尝没有直接或间接地一定程度受到惠栋易学思想启示的可能，虽戴震平生于汉代象数易学并无专门研究，但他于王弼易学亦曾表现出不满，以汉儒之说更为近古，此与惠栋一系的易学观念一致。此外，戴震以阴阳五行论道，以"举阴阳则赅五行，阴阳各具五行；举五行即赅阴阳，五行各有阴阳也"④，其所论"阴阳"与"五行"二者相互融摄的关系，此与汉代象数易说亦相符契。

第五节　从气本论转向自然主义的焦循易学

焦循（1763—1820）是戴震之后的又一位"通儒"，其平生于《周易》《论语》《孟子》三书用力甚深，尤精于《易》。焦循于易学方面著有《易章句》十二卷、《易图略》八卷，《易通释》二十卷（这三种是其"易学三书"），又有《易广记》三卷、《易话》二卷、《周易补疏》二卷等。同时他也是一位造诣颇深的数学家，著有《加减乘除释》《天元一释》《释椭》《释弧》《开方通释》等，并于晚明时期传入的西人《几何原本》颇有心得。

焦循哲学思想以易学立基，其易学体系在清代学术史上独树一帜。焦循释《易》宗旨，与清儒的前辈惠栋、张惠言等专注于复兴汉代易学的努

---

①　章太炎：《释戴》，《章太炎全集》第4册，上海人民出版社1985年版，第122页。
②　《戴震集》，上海古籍出版社2018年版，第347页。
③　戴震：《与段若膺论理书》，《孟子字义疏证》，中华书局1982年版，第184页。
④　戴震：《孟子字义疏证》，《戴震集》，上海古籍出版社2018年版，第287页。

力方向不同，他的易学旨在建构一套独创的体系，构成其整体哲学思想的枢机。近代学者从哲学义理角度对焦循的关注和重视，与"戴震学"的一度勃兴相关。胡适在《戴东原的哲学》中认为："焦循的思想虽不能比戴震，然而在这一点上，焦循可算是得着戴学的精神的了"①。但就对旧思想的批判锋芒而言，焦循又"不能作戴学的真正传人"，因为他"到底只是一个调和论者"，"既不能积极的替戴学向正统哲学决战，便只能走向和缓的一路"②。显然，胡适认为焦循哲学跟戴震相比，虽承继其基本理路，却未得其神髓。王孝鱼于 1933 年所撰《里堂思想与戴东原》则对二家之学进行了诸方面的系统比较，其总结戴震学的要领为六点：（1）确认考据、名物、训诂非治学问之最后目的，乃一种明道方法；（2）确认宇宙为生生不已、流动不居，且有条理；（3）确认性之实体不过血气心知，且确认血气心知之性之所以称善，乃据人之才质而言，因其可以知、可以能知，故谓之善；（4）确认所谓理，非得于天而具于心之谓，乃就事物之条理关系而言，有条理、有分理斯谓之理，且确认求人事之理或事物之理，具当用人心之明以审查辨别，寻求其中条理，使之无几微之爽失，而后可谓之得理，故对人事之理即伦理，主张以情絜情；（5）确认欲为人类心理中之欲望，并非如宋儒所谓私欲；（6）确认智识为人生行为之指南针，所以辨别事物之轻重是非者也。③ 以兹六方面印证于焦循哲学，王孝鱼总结说："总言之，里堂思想处处与东原一致，且处处有独到之见解、一贯之精神。"④故"里堂乃戴学唯一真正认识者，且有数点较东原发挥更为精彻"⑤，认为焦循在具体问题上的思考更为深入，其整体范式仍基于戴学系统。

就"气本论"的义理向度而言，焦循亦基本沿袭戴震的种种说法，如谓："阴阳变化、生生不已是之谓道。'一阴一阳'犹云'一阖一辟'……前者未终，后者已始，刚柔迭用，至于无穷。"⑥ 这"一阖一辟"的迭运不息，实为气化流行的过程，故焦循又谓："一气反复往来，是为'道'。"⑦"道变化而不已。"⑧ 其与戴震主张符契，然亦如王孝鱼所说，焦循于气论问

① 胡适：《戴东原的哲学》，《胡适全集》第 6 册，安徽教育出版社 2003 年版，第 424 页。
② 胡适：《戴东原的哲学》，《胡适全集》第 6 册，安徽教育出版社 2003 年版，第 432—434 页。
③ 王孝鱼：《焦学三种》，中华书局 2014 年版，第 110—113 页。
④ 王孝鱼：《焦学三种》，中华书局 2014 年版，第 133 页。
⑤ 王孝鱼：《焦学三种》，中华书局 2014 年版，第 109 页。
⑥ （清）焦循：《易通释·卷五》，《焦循全集》第 4 册，广陵书社 2016 年版，第 428 页。
⑦ （清）焦循：《易通释·卷五》，《焦循全集》第 4 册，广陵书社 2016 年版，第 430 页。
⑧ （清）焦循：《易通释·卷五》，《焦循全集》第 4 册，广陵书社 2016 年版，第 433 页。

题"未曾详为阐发"①。笔者则以为,焦循哲学诸方面观点固然出于戴学之影响,但在方法范式的建构上确有本质性的不同,堪称清代哲学发展逻辑脉络上的一次重要转向。就气论哲学而言,焦循之所以未"详为阐发",是由于他虽借鉴戴震的义理取向,却由此开出了一条不同于理气心性之辨的新路径。

一　戴震哲学中蕴涵的传统宋学方法范式

近代学者中,章太炎对戴震哲学思想的评价,在其早年和晚年发生了微妙的变化,其早年对戴震之学推崇备至,但晚年的看法有明显变化,竟以戴学之学术归属应为"宋学家"②。章太炎于戴震为"宋学家"的这一论断,显然与胡适乃至今时多数学者的类似观点大为异趣,然细审章氏之说,确有相当见地。

诚如西哲尼采之言:"当你凝视深渊的时候,深渊也在凝视你。"当以某种学说为论敌之际,往往都会在不经意间受到对象思维模式的潜移默化。如清儒多谓宋儒"阳儒阴释",虽确有一定理据,但就宋儒而言,却未必是有意识的,不过是因为他们长期以佛家心性之学为假想敌,其思维方式难免被对象所涵化濡染。大凡某思想家试图解构某种学说时,总要先进行"入室操戈",这一过程往往也是被对方无形中"反向影响"的过程。戴震在攻讦宋学(尤以朱熹为主)的过程中,与此现象相当类似,或可称之为"旧瓶装新酒"的"新义理学"。

如前所论,朱熹与戴震在对待人之"情欲"的合理性问题上,确实存在相异的价值取向,但戴震在讨论这些问题并建构自己的哲学体系的过程中,仍采用的是宋儒"理气心性"之辨的旧途径。比较朱、戴二家之学对所涉理气、理欲之核心问题的阐释,已可见诸端倪。

首先,关于理气先后问题。从《朱子语类》所述的"天下未有无理之气,亦未有无气之理""理未尝离乎气""理又非别为一物,即存乎是气之中。无是气,则是理亦无挂搭处"③ 这类论述看,以理、气二者为浑全一体。但毕竟在逻辑上仍认定"理在气先",如谓:"未有天地之先,毕竟也只是理。有此理,便有此天地。若无此理,便亦无天地、无人、无物,都无该载了。""理未尝离乎气,然理形而上者,气形而下者,自形而上下言,岂无先

---

① 王孝鱼:《焦学三种》,中华书局 2014 年版,第 118 页。
② 章太炎:《清代学术之系统》,《章太炎演讲集》,上海人民出版社版 2011 年版,第 307 页。
③ (宋)黎靖德编:《朱子语类》第 1 册,中华书局 1986 年版,第 2—3 页。

后！理无形，气便粗，有渣滓。"并明确说："理与气本无先后之可言，但推上去时，却如理在先、气在后相似。"① 戴震哲学则是一种典型的"气本论"，其谓：道，犹行也；气化流行，生生不息，是故谓之道。……阴阳五行，道之实体也。② 以"道"即"气化流行"，气所表现出的"阴阳五行"为"道之实体"。戴震以宋儒之言"理"，为"理散在事物，于是冥心求理，谓'一本万殊'"，而其本人所论定"理"的本义当是"事物之理，必就事物剖析至微而后理得"③，故理只是事物间的某种内在规律，通过经验和实践得以把握，即所谓"自然之条理"，而非"理一分殊"的实存，天下间万事万物无非又是实体性质的阴阳五行的"气化流行"，故"气本论"成为戴震探讨的理气先后问题的最终指向。

此外，关于理欲关系问题，据朱熹的本意，天理与人欲亦非彼此分隔和对立的关系，其谓："有个天理，便有个人欲。盖缘这个天理须有个安顿处。才安顿得不恰好，便有人欲出来。""人欲便也是天理里面做出来。"④ 然实如钱穆所说，朱熹"理与事分言，理属宇宙界，事属人生界，亦略如其理气分言"⑤，故朱熹谓："以理言之，则正之胜邪，天理之胜人欲，甚易；而邪之胜正，人欲之胜天理，若甚难。以事言之，则正之胜邪，天理之胜人欲，甚难；而邪之胜正，人欲之胜天理，却甚易。"⑥ 在工夫论上仍以"存理灭欲"为务。朱熹谓"人欲隐于天理之中，其几甚微"⑦，戴震哲学则与之针锋相对，"理者存乎欲者"⑧，人之感物而动，"则欲出于性。一人之欲，天下人之之（所）同欲也，故曰'性之欲'"，"情得其平，是为好恶之节，是为依乎天理"⑨，也就是说，满足人类情欲恰如其分的需求，"无过情无不及情之谓理"⑩，非离乎人欲之外别有一"如有物焉，得于天而具于心"⑪ 之"理"的存在。朱熹主张克制人欲，然戴震亦未主张放纵人欲。但在逻辑上，朱熹以欲隐于理中，戴震则以理隐于欲中。

① （宋）黎靖德编：《朱子语类》第1册，中华书局1986年版，第1—3页。
② （清）戴震：《孟子字义疏证》，《戴震集》，上海古籍出版社2018年版，第287页。
③ （清）戴震：《孟子字义疏证》，《戴震集》，上海古籍出版社2018年版，第324页。
④ （宋）黎靖德编：《朱子语类》第1册，中华书局1986年版，第223—224页。
⑤ 钱穆：《朱子学提纲》，生活·读书·新知三联书店2014年版，第94页。
⑥ （宋）黎靖德编：《朱子语类》第4册，中华书局1986年版，第1417页。
⑦ （宋）黎靖德编：《朱子语类》第4册，中华书局1986年版，第1282页。
⑧ （清）戴震：《孟子字义疏证》，《戴震集》，上海古籍出版社2018年版，第273页。
⑨ （清）戴震：《孟子字义疏证》，《戴震集》，上海古籍出版社2018年版，第266页。
⑩ （清）戴震：《孟子字义疏证》，《戴震集》，上海古籍出版社2018年版，第266页。
⑪ （清）戴震：《孟子字义疏证》，《戴震集》，上海古籍出版社2018年版，第267页。

显然，无论所讨论问题的范围抑或方式，戴震虽有其“新思想”，但仍是宋学之“旧途径”，仍是用宋儒的那些基本概念来赋予自己的不同阐释，其论锋所指，与其说是朱熹哲学本身，毋宁说是被俗化或泛化了的民间理学观念。如梁漱溟所说：“理义观念既兴，本不一定排斥欲望者，而欲望自然受排斥。……任何一方针或主义，到末后总易有偏激之处。”① 而且，戴震倾向“气本论”的思想取向，考其义理学诸书中的文本线索，显应直接受到宋儒张载哲学的一定启发。在思想谱系上，视戴震哲学为宋学一脉气本论思想之衍生，自无不可。章太炎晚年何以谓戴震为“宋学家”，由此可得其解。

与宋明诸儒相一贯者，戴震义理学之建构方式，未必尽符其“训故明则古经明”② 之全然基于元典文本的理想诠释准则。戴震《孟子字义疏证》等义理学著作的哲学体系建构，虽标榜述孟子之本意，实则当立基于《孟子·告子上》中这段论述：

> 故曰：口之于味也，有同耆焉；耳之于声也，有同听焉；目之于色也，有同美焉。至于心，独无所同然乎？心之所同然者何也？谓理也，义也。圣人先得我心之所同然耳。故理义之悦我心，犹刍豢之悦我口。

以人心之能明理义，如人之欲望亦有同好，皆为“我心之所同然”。然《孟子》文本中论“欲”之处情况相当复杂，往往于不同语境时颇有微妙的区别。有学者经爬梳后指出：“在《孟子》中‘欲’呈现出不同的形态种类，而这些欲求与道德失败的关系也并不相同。尽管孟子提倡‘寡欲’，然而并不是所有的欲求都危害‘仁义’，有些欲求应该得到合理的疏导与实现。”③ 强调寡欲之工夫，固自孟子已有，非宋儒凭空杜撰。此如钱穆所说：

> 东原谓“使无怀生畏死之心，又焉有怵惕恻隐之心”（小注：《疏证》卷中）是已。然与言扩充恻隐以为仁者不同。孟子言恻隐，并不是推此心之怀生畏死而始为恻隐也。（小注：儒家思想所以必仁、智双提，而“仁”字地位所以犹在“智”字之上者，东原于此似少领会。）故孟子曰：“养心莫善于寡欲。”又曰：“养其大体为大人，养其小体为小人。”在孟子所分别言之者，在东原均打并归一。是东原之所指为性者，

---

① 梁漱溟：《中国文化的命运》，中信出版社 2013 年版，第 163 页。
② （清）戴震：《题惠定宇先生授经图》，《戴震集》，上海古籍出版社 2018 年版，第 214 页。
③ 刘旻娇：《孟子论“欲”与道德失败》，《思想与文化》2018 年第 1 期。

实与荀卿为近，惟东原以孟子性善之意移而为说耳。①

章太炎在《释戴》文中于此疑亦早有论及，对于"戴震资名于孟子，其法不去欲，岂孟子意耶"这一问题，章氏的看法也是"极震所议，与孙卿若合符"②。章太炎与钱穆，皆以戴学更近于荀子思想之脉络，而依托于孟子之名者。——或者说，由于先秦元典语境的复杂性和模糊性，存在相当宽广的解释张力，故无论是戴震还是朱熹的思想，各自皆可找到若干先秦元典文本依据而自圆，亦不必讳言朱熹可能受到佛、道哲学的影响，戴震也可能受到荀子思想的启发，就《孟子》文本而言，二者皆为"创造性诠释"之径路。

焦循哲学于"气本论"问题，仅仅是点到为止，之所以如此，是因为他沿着戴震的哲学路径有进一步的思考，焦学之于戴学，近于"接着讲"的关系。——戴震否定了"理"为"一本万殊"的先天性存在，而以之蕴于万事万物，错综条贯，是为"条理"，其谓：

> 自人道溯之天道，自人之德性溯之天德，则气化流行，生生不息，仁也。由其生生，有自然之条理，观于条理之秩然有序，可以知礼矣；观于条理之截然不可乱，可以知义矣。在天为气化之生生，在人为其生生之心，是乃仁之为德也；在天为气化推行之条理，在人为其心知之通乎条理而不紊，是乃智之为德也。惟条理，是以生生；条理苟失，则生生之道绝。凡仁义对文及智仁对文，皆兼生生、条理而言之者也。③

戴震之论仍立足于道德哲学之视角，然其提出天地间存在"自然之条理"而"秩然有序"，那么，这种状态又是究竟如何存在的？有何规律可循否？这一未竟之问题，构成了焦循接续戴震，进行其哲学思考的逻辑起点。

二　焦循的"旁通"说及其自然主义哲学建构

焦循平生虽非戴震的及门弟子，然其义理思想私淑于戴震，其《寄朱休承学士书》中说："循读东原戴氏之书，最心服其《孟子字义疏证》。"④《国史儒林文苑传议》中又着重强调戴震"生平所得，尤在《孟子字义》一书，

---

①　钱穆：《中国近三百年学术史》上，商务印书馆1997年版，第399页。

②　章太炎：《释戴》，载《章太炎全集》第4册，上海人民出版社1985年版，第123—124页。

③　（清）戴震：《孟子字义疏证》，《戴震集》，上海古籍出版社2018年版，第317页。

④　（清）焦循：《寄朱休承学士书》，《焦循全集》第12册，广陵书社2016年版，第5880页。

所以发明理道情性之训，分析圣贤老释之界，至精极妙"①。其《论语通释》一书即模仿戴氏《疏证》体例的作品，该书《自序》中说："《孟子字义考（疏）证》于理道、性情、天命之名，揭而明之若天日。"② 如前引王孝鱼的归纳，焦循在义理学诸方面的思考，多延续戴震之说。其"接着讲"的部分，则是表现在对世界的整体性思考上。

戴震以人道与天道间皆有"秩然有序"之"条理"，焦循则试图把"条理"抽绎出来，以世界万事万物间有一种通贯的原理，其《一以贯之解》中说："知己有所欲，人亦各有所欲；己有所能，人亦各有所能，圣人尽其性以尽人物之性，因材而教育之，因能而器使之，而天下之人，共包函于化育之中……贯者，通也，所为通神明之德，类万物之情也。"③ 此论显出于戴震"有欲而后有为，有为而归于至当不可易之谓理"，"圣人务在有欲有为之咸得理"④ 之论，自身出于正当的途径满足欲望，并能由此体谅他人亦有追求欲望的本能，即今人所谓之"同理心"。但焦循认定，戴震于"孔子'一贯'、'忠恕'之说未及阐发"⑤，他则认为，此理不仅限于人与人之间，所谓"一贯者，忠恕也。忠恕者何，成己及物也"⑥。是故"孔子以忠恕之道通天下之志，故无所不知，无所不能"⑦。焦循将实现这种能力的方法称为"旁通"，就看待人性问题而言，如《孟子正义》所说："人之情则能旁通……故可以为善。情可以为善，此性所以善……以己之情通乎人之情，以己之欲通乎人之欲。……如是则情通。"⑧ 而就世间一切知识问题而言："百家九流，彼此各异，使彼观于此而相摩焉，此观于彼而相摩焉，则异者相易而为同，小者旁通而为大。"⑨ 也就是以"了解之同情"的态度，深切体会不同学说或事物的内在机理而进行相互印证，从而可以从表面相异的现象中看到其共性，从具体而微的现象中亦能通过"旁通"以小见大。焦循所理解的"一贯之道"，乃是"由一己之性情，

① （清）焦循：《国史儒林文苑传议》，《焦循全集》第 12 册，广陵书社 2016 年版，第 5858 页。
② （清）焦循：《论语通释》，《焦循全集》第 5 册，广陵书社 2016 年版，第 2473 页。
③ （清）焦循：《一以贯之解》，《焦循全集》第 12 册，广陵书社 2016 年版，第 5797—5798 页。
④ （清）戴震：《孟子字义疏证》，《戴震集》，上海古籍出版社 2018 年版，第 328 页。
⑤ （清）焦循：《论语通释》，《焦循全集》第 5 册，广陵书社 2016 年版，第 2473 页。
⑥ （清）焦循：《论语通释》，《焦循全集》第 5 册，广陵书社 2016 年版，第 2475 页。
⑦ （清）焦循：《论语补疏》，《焦循全集》第 5 册，广陵书社 2016 年版，第 2545 页。
⑧ （清）焦循：《孟子正义》下，中华书局 1996 年版，755—756 页。
⑨ （清）焦循：《论语补疏》，《焦循全集》第 5 册，广陵书社 2016 年版，第 2552 页。

推极万物之性情，而各极其用"①。在这一戴震"未及阐发"的问题上，呈现出他试图统贯天人的自然主义（naturalism）哲学追求向度，而不再矻矻致力于宋学脉络上的理气先后、理欲之辨这些旧范式中的老问题。

"旁通"一词，本出于《周易·乾卦》的《文言》"六爻发挥，旁通情也"之语，而易学正是焦循义理学建构的核心部分，如侯外庐所言："他曾闭户十余年研究经学，由数理以贯释'易经'，更由治'易'的方法，通释诸经。"②易学是焦循治经学的基础，而算学又是他研究易学的基础。有学者指出，焦循易学的所有见解，都蕴含着一个不成文的前提："《易经》是一部类似于《几何原本》一样的天算学著作。在焦循看来，《几何原本》及天算学著作一方面启示了严格性与规范性，另一方面，为了解决几何学或天算学问题，人们在运用诸多规则时又必须表现出高度的机智与灵活，这就是性灵。这种性灵的存在，是天算学的生命力所在。"③焦循认为，《周易》一书中蕴含了严密的内在逻辑规律，只有通过天才性的演绎，才能将之像数学公理一样总结提炼出来，从而使得一切具体问题得到解决。故《周易》诸卦爻间，通过一定的排列组合规律，在生生不息地循环运转，其中的"参伍错综"之关系可以通过精密的推算进行掌握，故发明"旁通、相错、时行之义"，旨在"破旧说之非"④。旁通、相错、时行等说，就是焦循在《周易》中所摸索出的"公理"，"旁通"又是这些公理中的核心概念。

焦循深研汉易象数，其"旁通"之说，实是对汉易"旁通"和"升降"两种象数范式的综合。其在《易图略》中明确说明："升降之说，见于荀爽，旁通之说，见于虞翻。"⑤荀爽的"升降"说，意指乾升坤降，即以乾、坤两卦为基本卦，其中二为阴位，五为阳位，阳爻在乾二位时当上升于坤五位，阴爻在坤五位时当下降于乾二位，乾爻升而成坎☵，坤爻降而成离☲，而阳爻得五之阳位，阴爻得二之阴位，此称"得位"。而六十四卦中的坎、离两卦为《周易》上经之终，坎离相配又为既济、未济为《周易》下经之终。按照虞翻旁通之说，乾、坤，坎、离，既济、未济这三组之间每一爻都是阴阳相反的，属旁通关系。故焦循谓"顾乾坤之升

---

①　（清）焦循：《论语通释》，《焦循全集》第5册，广陵书社2016年版，第2477页。

②　侯外庐：《中国思想通史》第5卷，人民出版社1992年版，第548页。

③　程钢：《〈几何原本〉的传入与焦循易学解释学》，载梁涛主编《中国思想史前沿》，陕西师范大学出版社2008年版，第90页。

④　（清）焦循：《易图略序目》，《焦循全集》第3册，广陵书社2016年版，第969—970页。

⑤　（清）焦循：《易图略》，《焦循全集》第3册，广陵书社2016年版，第976页。

降，即乾坤之旁通"，且认为，"荀氏明升降于乾坤二卦，而诸卦不详"①，由此，焦循将六十四卦全部分列为两两对应的三十二组旁通卦，且制定了若干规则，使得三十二组旁通卦均适用于"升降"之说。如表3-1：

表3-1　　　　　　　　　焦循三十二组旁通卦

乾☰坤☷	坎☵离☲	震☳巽☴	艮☶兑☱
同人☲师☷	大有☲比☷	随☱蛊☶	渐☴归妹☳
屯☵鼎☲	家人☲解☳	革☱蒙☵	蹇☵睽☲
小畜☴豫☳	复☷姤☴	夬☱剥☶	谦☷履☱
节☵旅☲	贲☶困☱	丰☳涣☴	井☵噬嗑☲
临☷遁☶	升☴无妄☳	大畜☶萃☱	大壮☳观☴
需☵晋☲	明夷☷讼☰	泰☷否☰	损☶咸☱
恒☳益☴	中孚☴小过☳	大过☱颐☶	既济☵未济☲

　　焦循的规则设计并不限于第二、五爻的升降置换，而是要使每卦的初、二、三爻与四、五、上爻有次序地进行爻位转换，较汉儒之学繁复愈甚。其《易图略》总结其规则是："凡爻已定者不动，其未定者，在本卦，初与四易，二与五易，三与上易。本卦无可易，则旁通于他卦。亦初通于四，二通于五，三通于上。"② 根据每组旁通卦的爻性与爻位，焦循将所涉及的十二爻区分为"定"与"未定"两类。凡阳爻居初、三、五这三个奇数的阳位，阴爻居二、四、上这三个偶数的阴位属"定"；反之，阳爻居阴位或阴爻居阳位则属"未定"，这其实就是传统象数易学所说的"当位"或"得位"与否。其中"未定"之爻要进行运动变化，"此爻动而之正，则彼爻也动而之正"③，使得各爻皆正其位。其变化次序是："首先由每卦的第二爻与第五爻之间进行，再初爻与第四爻、第三爻与上爻之间进行。爻位之间的转换，一般先从本卦中寻求，如本卦不具备条件，则推及它的旁通卦。"④ 这些规则单就从数学规律而言，其实只是一些简单的排列组合问题，但结合到对诸卦卦爻辞的相互牵合解释，则往往变得极为烦琐曲折。

---

① （清）焦循：《易图略》，《焦循全集》第3册，广陵书社2016年版，第976页。
② （清）焦循：《易图略》，《焦循全集》第3册，广陵书社2016年版，第975页。
③ （清）焦循：《易图略》，《焦循全集》第3册，广陵书社2016年版，第975页。
④ 陈居渊：《焦循儒学思想与易学研究》，上海人民出版社2017年版，第177页。

焦循设计易学之"旁通"规则，最初目的当在于解答其青年时由乃父焦葱言及的一个疑难问题：《周易》的不同卦爻间，有时会出现爻辞相同或相近的情况，如"密云不雨，自我西郊"同见于小畜与小过，"帝乙归妹"同见于归妹与泰，蛊卦的"先甲三日，后甲三日"与巽卦的"先庚三日，后庚三日"亦如出一辙，其间是否有什么相互贯穿的联系？① 焦循在《易图略》中举三十条义例，论证诸卦爻间由旁通、相错、时行等关系建构出的"由此及彼，由彼及此"的普遍联系现象。其所举第一例还是比较简明清楚的，谓："同人九五'大师克相遇'，若非师与同人旁通，则师之相克，师之相遇，与同人何涉？其证一也。"② 意思是说，师卦与同人卦是旁通卦，同人卦的九五爻辞谓"同人，先号啕，而后笑，大师克相遇"，"同人"卦名之义本为"与人和同"，何以涉及军队之事，焦循认为这是因为同人卦本与讲用兵的师卦旁通，因此同人卦中讲"师之相克，师之相遇"就说得通了，两卦互释，不乏巧思。但其后诸例则不乏相当复杂的诠释，如其第十六例便旨在解答何以小畜与小过二卦皆有"密云不雨，自我西郊"这一"异象同辞"问题：

> 小畜"密云不雨，自我西郊"，其辞又见于小过六五，小畜上之豫三，则豫成小过。中孚三之上则亦成需，以小过为豫之比例，以中孚为小畜之比例。解者不知旁通之义，则一密云不雨之象，何以小畜与小过同辞，其证十六也。③

小畜与小过二卦本非旁通关系，但小畜的旁通卦是豫卦，小过的旁通卦是中孚卦。小畜的上爻置换豫卦的第三爻，则豫卦成为小过，这样小畜与小过二卦之间就被建构出间接的联系。而且，这四卦之间，小过与豫、中孚与小畜二者之间只有第三爻不同，这种关系在焦循的象数原则中称为"比例"（意谓诸卦卦爻组合间存在类似于可将不同分数相互化约为等值的某种条件），据此，中孚卦的第三爻与本卦的上爻互换，则成需卦。再进一步推导，小过与小畜也就都可以跟需卦发生联系了。如图3-5。

需卦卦象上兑下乾，象征云气上集于天，待时降雨，故小过与小畜皆言"密云不雨"，可得其解。

---

① 参见（清）焦循《易余籥录》卷1，《焦循全集》第11册，广陵书社2016年版，第5366页。

② （清）焦循：《易图略》，《焦循全集》第3册，广陵书社2016年版，第976页。

③ （清）焦循：《易图略》，《焦循全集》第3册，广陵书社2016年版，第978页。

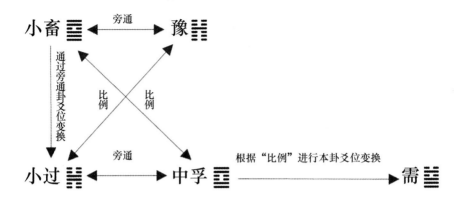

图 3 - 5 《易图略》第十六例图释

由此可见，焦循利用他所建构的"旁通"等规则，一卦一卦地辗转相推，六十四卦的任何一卦，想要联系其他某卦，恐怕应该都可以"联系"得上。毋庸讳言，若立足于古代典籍成书的长期性、复杂性的历史主义研究视角，文献中的词句构成，偶有一些随意性，是十分正常的现象，相同或相似文句（多为当时的习用语或谚语掌故）在同一文献的不同篇章中出现，在《诗经》中更可谓不胜枚举，故《周易》中所谓的"异象同辞"问题，恐怕谈不上如何费解或异常。因此，焦循的有关解读，未免"过度诠释"。不过，这种视圣典中的只字片语皆联系于其整体义理体系的诠释向度，乃至认定相似语句之间存在隐秘微意的思路，倒是与西方中世纪神学对《圣经》的普遍理解遥相符契："评注者的任务就是通过辨别出某段特定的经文与其他经文之间的联系来阐述这段经文的真理性。建立这些联系乃是基于某些词或短语之间的相似性，甚至是某些段落的叙事'结构'之间的相似性。这种方法需要预设，《圣经》是一个天衣无缝的文本，形成了一个连贯的整体，见证了一套真理。为了阐释某一段经文，释经家需要了解整个《圣经》和它包含的真理，因为只有在整个《圣经》的语境中，才能知道某个部分的含义。"① 焦循心目中的《周易》，显然亦是"天衣无缝的文本"，全经构成"连贯的整体"，他的诠释工作，旨在为经文之间建构"普遍联系"的理论支撑，故陈居渊认为："焦循的'旁通'法则，主观假说大于客观，其结果必然是使一些本来不具联系的卦爻反而形

---

① 〔奥〕彼得·哈里森：《圣经、新教与自然科学的兴起》，张卜天译，商务印书馆 2019 年版，第 66 页。

成了必然联系的卦爻，本来极易理解的卦反而显得繁杂与模糊不清。"① 故缺点在于"曲意附会"，这是相当中肯的评价。但亦不能否定其意义在于："用旁通法则研究《周易》，意味着焦循试图从正反两个方面考察事物，把事物互相转化关系扩大为普遍法则。其优点在于克服将卦爻看成一成不变的静态孤立物，而是作为一个动态平衡的整体加以系统研究。"② 侯外庐认为，焦循易学据数学立基，是"从'数'量关系上看事物演变的形式主义均衡论"③。焦循早年精研天算，以"夫《易》犹天也，天不可知，以实测而知"，故"以测天之法测《易》"④。其所谓"实测"，即数学运算的思维，就旁通说而言，其动态平衡的"均衡论"表现在类乎数学运算公式的"等式思维"，这可以从其数学作品《加减乘除释》中得到启示和印证，该书旨在论述数量加减运算规则，也是我国古代对数学进行理论性研究的最早著作。焦循在《加减乘除释》中提出了有关数量运算的基本原理，在关于数量运算的众多规则中，最基本、最主要的有五条：加法交换律、加法结合律、乘法交换律、乘法结合律、乘法对加法的分配律。书中均有涉及并作出准确的阐释。以相对较复杂的乘法对加法的分配律为例，焦循说："以甲中分之，各乘以乙，合之，如甲乙相乘之数；以甲盈朒分之，各乘以乙，合之，其数等。"⑤ 用现代数学算式表示就是：$a = 1/2a + 1/2a$，或 $a = e + f$，$e \neq f$，则 $1/2ab + 1/2ab = ab = eb + ef$。像这种现在看来属于基础数学知识的等式定理，焦循在书中共列出 93 条。⑥ 据此去理解焦循用解决《周易》中"异象同辞"问题，无非两卦即公式的两端，其中的"同辞"即等式的最终数值，他所作的工作，即将"旁通、相错、时行"等规则当作类乎加减乘除的步骤进行组合，不断增加条件反复推算，直至两端得出同一结论，就算论证成功了。

由此旁通等模仿算术规则的"实测"方法，附之以联想性的义理发挥，焦循打通了《周易》六十四卦而使之成为一个整体符号诠释系统，在易学上实现了他以追求"通贯"为鹄的的基本理念。他的哲学整体追求尚不满足于此，进一步，他又以他所赋予《周易》的义理思想为核心，试图统贯儒家全部经义，焦循平生述作，尤重以《易》理阐《论语》《孟子》

---

① 陈居渊：《焦循儒学思想与易学研究》，上海人民出版社 2017 年版，第 183 页。
② 陈居渊：《焦循儒学思想与易学研究》，上海人民出版社 2017 年版，第 183 页。
③ 侯外庐：《中国思想通史》第 5 卷，人民出版社 1992 年版，第 548 页。
④ （清）焦循：《易图略序目》，《焦循全集》第 3 册，广陵书社 2016 年版，第 969 页。
⑤ （清）焦循：《加减乘除释》，《焦循算学九种》上，广陵书社 2016 年版，第 188 页。
⑥ 参见王渝生《中国算学史》，上海人民出版社 2006 年版，第 115—116 页。

之微义。其谓:

> 自学《易》以来,于圣人之道稍有所窥,乃知《论语》一书,所
> 以发明伏羲、文王、周公之怡。盖《易》隐言之,《论语》显言之。
> 其文简奥,惟《孟子》阐发最详最凿。……以《孟子》释《论语》,
> 无不了然明白。至《论语》一书之中,参伍错综,引申触类,其互相
> 发明之处,亦与《易》同。①

焦循释经之法,仍然采用传统的训诂学形式,但实质上已表现出了比
较哲学的径路。如其阐释其极为看重的《论语》中"一以贯之"之语,认
为通于"《易传》曰'天下何思何虑,一致而百虑'",并进一步发挥说:
"'何思何虑',言何为乎思,何为乎虑也。以途既殊,则虑不可不百,虑
百则不执一也。……贯则不执矣,执则不贯矣。……一以贯之,则能通天
下之志矣。"② 有学者统计焦循著述,见"其以《易》理,贯彻说明于群
经中,计有《毛诗》《礼记》《论语》与《孟子》等"③,得以进一步寻得
互通发明之理。

焦循哲学之总体特质,诚如程钢所称:"描绘了这样一幅关于宇宙整
体的动态画面:它是由一系列简单的元素经过不断的有序的进化积累生成
的,而且一直处于生生不息的过程之中,它没有终结之时,它是一个开放
的不断扩大自身的系统。"④ 焦循在平生著述中,应用他所建构的这一套
"系统",当然还是主要试图解答儒门古经的微言大义、何为圣人之道,乃
至古今治乱循环规律等这些中国古典哲人共同关心的问题。难能可贵的
是,他毕竟也关注到了自然界之"物"的重要性,曾以医道为喻言治学之
旨趣:

> 善医者,能各审其人之病,而无我之心,则必于阴阳表里虚实之
> 故,骨空经脉营卫度数之理,金石水火飞潜草木之性,无一物不深索
> 而穷究,不名一物,而无物不明。……学者述人,必先究悉乎万物之

---

① (清)焦循:《论语补疏叙》,《焦循全集》第 5 册,广陵书社 2016 年版,第 2505 页。
② (清)焦循:《一以贯之解》,《焦循全集》第 12 册,广陵书社 2016 年版,第 5798 页。
③ 张晓芬:《焦循"以〈易〉解经"初探》,《扬州文化研究论丛》第 14 辑,广陵书社 2014
年版,第 56 页。
④ 程钢:《〈几何原本〉的传入与焦循易学解释学》,载梁涛主编《中国思想史前沿》,陕西
师范大学出版社 2008 年版,第 87 页。

性，通乎天下之志，一事一物，其条理缕析分别，不窒不泥，然后各如其所得，乃能道其所长。①

焦循亦有博物学方面的著作，其曾撰《毛诗草木鸟兽虫鱼释》考证《诗经》中的名物，曾对汉代医家吴普的《吴氏本草》进行辑佚，还深入研究过医药学，学习过种痘技术，撰有《种痘书》及多种中医著作。《清儒学案》谓焦循"经学、算学，并有独得，百家无所不通"②，故有"通儒"之称。按典型的"自然主义"定义，当然亦应将解释万物之理纳入其哲学体系。焦循虽确有这方面的关切意识，但尚未展开这方面的全面思考。事实上，焦循借以建立理解世界的系统，即《周易》的卦爻符号运动体系，但是，这种解释是一种"后见之明"，而非具体知识本身的创生，因此，沿着焦循的思路继续思考，自然界的"万物之性"问题，其中亦当存在"异者相易而为同，小者旁通而为大"的内在普遍联系规律。若视《周易》为"本体之书"，世间万物的存在则构成另一本"自然之书"，彼此间应该是相对独立的，但又并行不悖，皆可用"实测"的方法印证于圣人"一贯之道"。

明清之际，因西方传教士所输入的一些科学知识的影响，历算之学有了很大进步，若清初考据学开山阎若璩以之辨析《尚书》中的日食问题，并谓："夫历法疏密，验在交食，虽千百世以上，规程不爽，无不可以筹策穷之。"③数学计算结果的确定性和思维方法的精密性，应对清代学术考据方法的日趋完备产生过潜移默化的影响。而焦循易学则利用数学形式阐释他对世间万事万物规律和原理问题的理解，更表现了他天才的预见性：即使在西方自然科学领域，数学思维也贯穿于一切学科之中。尽管因彼时西学之输入尚未成潮流，故焦循本人亦未必对此清晰地呈现出主观性的理论自觉，但这确实是这一哲学架构的题中应有之义。近代新儒家马一浮则有鉴于此，在其"六艺统摄论"的构想中明确提出"大概言之，如自然科学，可统于《易》"，这是因为："今人以数学、物理为基本科学，是皆《易》之支与流裔。以其言，皆源于象数。而其用在于制器。《易传》曰：'以制器者尚其象。'凡言象数者，不能外于《易》也。"④当然，这绝非

① （清）焦循：《述难五》，《焦循全集》第 12 册，广陵书社 2016 年版，第 5765 页。
② 徐世昌等编：《清儒学案》第 5 册，中华书局 2008 年版，第 4733 页。
③ （清）阎若璩：《尚书古文疏证》上，上海古籍出版社 2010 年版，第 320 页。
④ 马一浮：《论西来学术亦统于六艺》，《默然不说声如雷》，中国广播电视出版社 1995 年版，第 25 页。

说《周易》里面包括了自然科学的一切内容，而是《周易》的哲学精神可消化西方自然科学，作为开放性的系统而存在。这一思考向度的历史意义或当在于：给西方科学技术的传入在中国固有哲学思想体系中寻得容身之所，建构其地位的合法性，至少不应再被视为"奇技淫巧"之类；同时，通过彰显这种包容和统摄的能力，更可强固本国固有哲学思想之主体性。

三　结语

在焦循的易学与经学中，显然已表现出不同于以往宋明义理学的新思维方式，即借鉴数学这种绝对的"客观知识"，希望能找到一些总体性的原理，来解释一切经义乃至把握世间万事万物的枢机，堪称一种相当成系统的自然主义哲学。焦循虽强调"通核"，不主张泾渭分明地划分汉宋学术之畛域，[①] 然克实而言，他的基本思路恐怕还是受汉代思想的启发多一些。顾颉刚总结汉儒解释世界的基本思路："推究这种思想的原始，由于古人对宇宙间的事物发生了分类的要求。他们看见林林总总的东西，很想把繁复的现象化作简单，而得到它们的主要原理与其主要成分，于是要分类。但他们的分类法与今日不同，今日是用归纳法，把逐件个别的事物即异求同；他们用的演绎法，先定了一种公式而支配一切个别的事物。其结果，有阴阳之说以统辖天地、昼夜、男女等自然现象，以及尊卑、动静、刚柔等抽象观念；有五行之说，以木、火、土、金、水五种物质与其作用统辖时令、方向、神灵、音律、服色、食物、臭味、道德等等，以至于帝王的系统和国家的制度。"[②] 这其实也是汉代象数易学理解世界的总纲所在，本身已可看作一种较为初阶的自然主义的哲学径路。就他们的那些核心理念而言，"'象'所关心的主要是征兆与实质的相关性，'数'所关心的是宇宙秩序与法则，'阴阳'所关心的是对立现象的普遍性及规律意义，'天人'所关心的自然规律与人类活动的对应关系，'天道'所关心的是自然法则问题"[③]。焦循深研汉易，但汲取其中之精神，扬弃其旧形式而另辟蹊径，其学与汉儒不同之处，他的所致力找寻的"原理"基于"实测"的数学思维，而汉儒之学立足的"原理"（主要是阴阳五行说）则是较为原始的自然观念。当然，

① 参见（清）焦循《论语通释》，《焦循全集》第 5 册，广陵书社 2016 年版，第 2499—2501 页。
② 顾颉刚：《秦汉的方士与儒生》，上海古籍出版社 2005 年版，第 1 页。
③ 吾淳：《中国自然哲学起源的方向与进程》，《社会科学文摘》2018 年第 8 期。

二者的"原理"在应用过程中都难免有一定牵强附会甚至失之汗漫之处，这也许是古今追求整齐"系统"的自然主义哲学共同难以避免的弊端。

焦循哲学所呈现出近代性理路，于后世思想者亦颇有启发，侯外庐指出："焦氏在哲学上的有关同一、相对的理论，是一种商业世界的观念的预觉，是谭嗣同的商业式的'仁学'的先行者。"① 虽然焦循与谭嗣同的思想与商业是否有直接关联或可见仁见智，但谭嗣同在追求"通"的径路，乃至具体的思维方式上，都与焦循高度类似，若合符节，其谓"仁以通为第一义"，具体表现为"中外通""上下通""男女内外通"，而"通之象为平等"②。认识"通"或"平等"的方式亦要经过类似数学思维的"参伍错综"，并试图"用代数演之"③。谭嗣同《仁学》旨趣，试图将宗教、哲学、科学冶为一炉，而实现"道通为一"。这种自然主义哲学径路中蕴涵的近代性因子，更加直接地表达出来。

20 世纪以降，作为文化本位主义者的新儒家们，面临西方现代性思潮之冲击，颇致力于建构体系，以之作为接引西学之中介。无论是马一浮的"六艺统摄论"，还是牟宗三晚年提出的"二层存有论"，都试图在维护本国固有思想主体性的同时，能够消化现代性的科学与民主等观念，赋予其内在合法性。虽大抵是架空式的纯然学理探讨，或未免显得有些迂曲，但实为"先儒爱国济世之苦心，至可尊敬而曲谅之者也"。而清儒焦循所建构的自然主义哲学体系，由于他有意识地追求"客观知识"的径路，并且也确实深入研究和借鉴了彼时尚属新兴事物的西方算术和几何学的思维方法，其哲学系统虽然还谈不上十分完善，但彰显了《周易》哲学精神的开放性，在所处的"前近代"中国社会文化背景下，为探索中国哲学走向会通中西，特别是针对如何消化西方科学"实测"精神的理论问题开启先路。同时，由于"气本论"思想之开展，本身已蕴含了一定的"博物"精神，④ 故自然主义哲学由此滥觞，内中蕴含了顺理成章的历史逻辑线索，所谓"清代新义理学"之"新"义，亦由此"时代性格"而更明晰地彰显出来。

---

① 侯外庐：《中国思想通史》第 5 卷，人民出版社 1992 年版，第 557—558 页。
② 谭嗣同：《仁学》，《谭嗣同全集》，中华书局 1998 年版，第 291 页。
③ 谭嗣同：《仁学》，《谭嗣同全集》，中华书局 1998 年版，第 292 页。
④ 如山井涌提出："主理派（理的哲学）多是讲求义理，与此相反，主气派（气的哲学）博学的倾向则很强。"参见本章第二节相关论述。

第六节 关于清代"气本论"哲学的晚近争议
——牟宗三与张岱年文化观念取向之分野

如前所述,在 20 世纪上半叶时,学界于乾嘉诸儒是否有义理学的看法,本无原则性争议。以梁启超、胡适、钱穆的看法为代表,梁、胡于清儒义理学的成就评价甚高,梁启超以清儒"'情感哲学'代'理性哲学'","乃与欧洲文艺复兴时代之思潮之本质绝相类"①。胡适则认为:"这时期的经学家渐渐倾向于哲学化了。凌廷堪、焦循、阮元很可以代表这个倾向。""从戴震到阮元是清朝思想史上的一个新时期;这个时期,我们可以叫做'新理学时期'。"② 钱穆虽然于清儒的义理学造诣评价不高,乃至认为"卑之无甚高论",却也承认他们"求平恕,求解放,此乃乾、嘉诸儒之一般意见,而非东原个人的哲学理论也"③。亦非无视其学的客观存在。彻底否定清学的义理思想价值的论断,以 20 世纪后半叶的牟宗三为典型,他在其代表作之一《从陆象山到刘蕺山》(1979)著中之断定,宋明儒学才是先秦儒家之嫡系,为中国文化生命之纲脉,然"此学随明亡而亦亡。自此以后……中国之民族生命与文化生命遭受重大之曲折,因而遂陷于劫运,直劫至今日而犹未已"。故其感喟:"是故自此以下,吾不欲观之矣。"④ 并在《中国哲学十九讲》等多种作品中反复强调此意。兹后海外学界的情况,如郑吉雄所言:"诸种《中国思想史》、《中国哲学史》一类书籍,受到前述提倡宋明理学的观点的影响,凡涉及清代思想,总表达了种不太想讲、但又不得不讲的态度,因此这一类思想史论著中'清代'的部分,普遍显得支离、片断,模糊不清。"⑤ 这自然未必皆是直接受到牟宗三有关论断的影响,至少也代表了彼时较普遍的一种学术思想取向。

但值得注意的情况是,即使牟宗三本人,其对清学的负面看法亦非一

---

① 梁启超:《清代学术概论》,上海世纪出版集团 2005 年版,第 35 页。

② 胡适:《戴东原的哲学》,《胡适全集》第 6 卷,安徽教育出版社 2003 年版,第 458 页。

③ 钱穆:《前期清儒思想之新天地》,《中国学术思想史论丛》第 8 册,生活·读书·新知三联书店 2019 年版,第 8 页。

④ 牟宗三:《从陆象山到刘蕺山·序》,《牟宗三先生全集》第 5 册,联经出版事业股份有限公司 2003 年版,第 5 页。

⑤ 郑吉雄:《从乾嘉学者经典诠释论清代儒学的属性》,载彭林编《清代经学与文化》,北京大学出版社 2005 年版,第 249 页。

向如此，其青年时代的著作《从周易方面研究中国之元学及道德哲学》（1935 年初版，后于 1988 年再版时改题为《周易的自然哲学与道德函义》），以清代胡煦、焦循的易学思想为主要研究对象，著中认定"胡煦、焦循是中国最有系统最清楚最透辟的两位思想家"，"胡煦是从《周易》方面研究自然哲学，解析具体世界；焦循是从《周易》方面发挥道德哲学解析价值世界"①。胡煦（1655—1736）是清初学者，而焦循（1763—1820）正是乾嘉汉学的代表性人物之一。牟氏著中还说道："由焦氏之解《易》，可以见出孔门之真面目，及真正中国道德哲学之真面目。他受戴震的影响很大；但比戴震透辟多了，伟大多了。"② 不仅于焦循之学不惜溢美，这一表述事实上也间接承认了戴震本人的思想史地位。然何以牟氏后来发生如此大的思想转变，其成因颇值得玩味和探讨。在 20 世纪 30 年代，张岱年先生曾撰写系列文章，论定清儒的思想义理接续宋儒张载的"唯气论"，而后来牟宗三的有关哲学观点与张岱年几乎全然针锋相对（其著中虽未明言）。对比分析二家之说，当是解决这一问题的重要线索。

一 牟宗三对宋明儒学"唯气论"一系独立性的否定

牟宗三在其阐释宋明儒学的代表作《心体与性体》（撰写于 1960 年代，出版于 1968—1969 年）中，对宋明儒学作出三系之判分：其一，从南宋胡五峰到晚明刘蕺山的"性体"系。此系上承周敦颐、张载，并由程颢之"一本义"开出（然北宋之时"尤未分系也"，三家之说为其前承），认为此系客观地讲性体，以《中庸》《易传》为主，主观地讲心体，以《论》《孟》为主。本体上"以心著性"，于工夫论尚重"逆觉体证"。其二，从南宋陆象山到明代王阳明的"心体"系。认为此系以《论》《孟》摄《易》《庸》，而以《论》《孟》为主。重在讲一心之朗现，一心之伸展，一心之遍润，于工夫论上亦以"逆觉体证"为主。其三，从程颐到朱熹的"理体"系。认为此系以《中庸》《易传》与《大学》合，而以《大学》为主。于《中庸》《易传》所讲之道体、性体只收缩提炼而为一本体论的存有，即"只存有而不活动"之理，于孔子之仁亦只视为理，于孟子之本心则转为实然的心气之心，因此，于工夫论上特重后天之涵养以及格物致知之认知的横摄，其落实处全在格物致知。③ 由此可见，牟宗三认定

---

① 牟宗三：《从周易方面研究中国之元学及道德哲学》，天津大公报馆 1935 年版，第 247 页。
② 牟宗三：《从周易方面研究中国之元学及道德哲学》，天津大公报馆 1935 年版，第 248 页。
③ 牟宗三：《心体与性体》，《牟宗三先生全集》第 5 册，联经出版事业股份有限公司 2003 年版，第 52—53 页。

宋明儒之学说全然为心性哲学的流变与分化，其立足于"心性之学乃中国文化之神髓所在"① 这一新儒家群体的共识性看法，在他看来，儒释道三者都是"生命的学问"，"中国人'生命的学问'的中心就是心和性，因此可以称为心性之学"②。因此，他对宋明儒学的阐释过程中，并未给"气本论"留下位置，甚至认为宋明儒中就不存在"唯气"的学说，这在他对张载哲学体系的分析中已可见诸一斑。

如前所述，牟宗三虽称颂张载是"关河之雄杰，儒家之法匠"，但并不认同张载对"气"的偏重，认为张载"以气之絪缊说太和、说道，则著于气之意味太重，因而自然主义之意味亦太重，此所以易被人误解为唯气论也"③。并认为张载哲学体系中的本体并非"气"，谓："横渠以天道性命相贯通为其思参造化之重点，此实正宗之儒家思理，决不可视之为唯气论者。"④ 进而，通过一番曲折的解释，牟氏以"太虚即气"中的"太虚"才是张载哲学的本体观念，以"太虚神体"为形而上之最高存在，故"气以太虚—清通之神—为体"⑤。从而得出结论："太虚固可以'清通之神'定，实亦可以'寂感真几'定，寂感真几即是寂感之神。总之，是指点一创造之真几、创造之实体（creative feeling, creative reality）。此真几实体本身是即寂即感、寂感一如的；总言之曰'神'亦可，神以妙用之义定；曰太虚亦可，太虚以'清通无迹'定。"⑥ 此说解太虚为本体，与张岱年解太虚为空间之说异趣。然吾人细读《正蒙·太和》之文本，张载有"气之聚散于太虚"一语，可见太虚当为场所，又谓此"犹冰凝释于水"，意思十分明白，冰与水本为同一物存在的不同样态，自不能解为水为"形上"而冰为"形下"。——牟氏持论之理据，在《正蒙·太和》"太虚无形，气之本体，其聚其散，变化之客形尔"等语，故其谓："'虚空即气'是根据'太虚无形，气之本体'而来，而'太虚无形'则是根据'清通而

---

① 牟宗三、徐复观、张君劢、唐君毅：《中国文化与世界》，载唐君毅《文化意识宇宙的探索——唐君毅新儒学论著辑要》，中国广播电视出版社1992年版，第346页。

② 牟宗三：《中国哲学的特质》，上海古籍出版社2007年版，第75页。

③ 牟宗三：《心体与性体》，《牟宗三先生全集》第5册，联经出版事业股份有限公司2003年版，第459页。

④ 牟宗三：《心体与性体》，《牟宗三先生全集》第5册，联经出版事业股份有限公司2003年版，第459—460页。

⑤ 牟宗三：《心体与性体》，《牟宗三先生全集》第5册，联经出版事业股份有限公司2003年版，第466页。

⑥ 牟宗三：《心体与性体》，《牟宗三先生全集》第5册，联经出版事业股份有限公司2003年版，第467页。

不可象焉神'而来，是则太虚、虚空、虚无，即清通不可象之神也。"① 故牟宗三反对将张载所说的"太和"之下"分解为气与神"②。然此说显与《正蒙》文本有所抵牾，《正蒙·乾称》："气之性本虚而神，则神与性乃气所固有，此鬼神所以体物而不可遗也。"显然将"虚"与"神"这类性质皆从属于气之下。所谓"太虚无形，气之本体"者，当谓茫茫太虚，即气的本来存在样态，非离气别有一本体也，故张载言"太虚即气"。李存山曾全面辨析过牟宗三对张载哲学的解读，得出结论认为："就'太虚'、'神'与'阴阳'的关系而言，无论在《易说》还是在《正蒙》中都没有确切的史料可以证明'太虚'、'神'超越了'阴阳'或'太极元气'。"③这一看法是公允的。

牟氏坚持以"太虚"为本体，这样如何解读"太虚即气"之语，便成了他必须解决的问题，对此，他利用了他所擅长的佛教天台宗的"圆教"说的解经方式，认为此"即"不能理解为"是"，认为："是以此'即'字是圆融之'即'，不离之'即'，'通一无二'之即，非等同之即，亦非谓词之即。显然神体不等同于气。就'不等同'言，亦言神不即是气。此'不即'乃'不等'义。"④ 简单言之，他认为"太虚即气"即"太虚不离于气"的意思。平心论之，此说的吊诡与勉强之处，相当明显。故牟氏乃至认定古今诸家皆误解张载之意："当时有二程之误解，稍后有朱子之起误解，而近人误解为唯气论，然细会其意，并衡诸儒家天道性命之至论，横渠决非唯气论，亦非误以形而下为形而上者。"⑤ 为独张己说，乃至断言与张载同时代的二程都理解错了，持论毋宁太过。

牟宗三何以为了否定"气论"一系在宋明儒学中的独立存在，而坚持对张载学说作此牵合与生硬之解读？恐怕无非要凸显"唯心论"的绝对独立性，这结合与他同时代的张岱年所著《中国哲学大纲》中有关气论哲学的论述，可以得到一些启示。《中国哲学大纲》中使用的概念体系，若以张载哲学为"唯气论"，以陆王一系学说为"唯心论"等（此"唯心论"

① 牟宗三：《心体与性体》，《牟宗三先生全集》第 5 册，联经出版事业股份有限公司 2003 年版，第 445 页。

② 牟宗三：《心体与性体》，《牟宗三先生全集》第 5 册，联经出版事业股份有限公司 2003 年版，第 459 页。

③ 李存山：《"先识造化"——张载的气本论哲学》，《中国哲学史》2009 年第 2 期。

④ 牟宗三：《心体与性体》，《牟宗三先生全集》第 5 册，联经出版事业股份有限公司 2003 年版，第 481—482 页。

⑤ 牟宗三：《心体与性体》，《牟宗三先生全集》第 5 册，联经出版事业股份有限公司 2003 年版，第 493 页。

又恰恰是牟宗三所坚持的哲学立场),多为牟宗三的《心体与性体》诸书中所惯用,二家之持论则全然异路,而《中国哲学大纲》成书又更早,对读这两种著作,吾人若以牟氏著书过程中隐隐以张岱年之说为论敌,恐非无因之论。

二 张岱年对中国古典气论哲学唯物主义思想特质的探讨

根据张岱年先生自述,其《中国哲学大纲》于 1935 年开始撰写,1937 年完成初稿,1943 年曾在北平私立中国大学印为讲义,1958 年由商务印书馆正式出版。张岱年著中将宋明儒有关宇宙本根问题探讨的思想脉络分为三个基本类型,即气论、理气论、唯心论,其中理气论上承先秦道家之道气二元论,由北宋二程开其先,并由南宋朱熹集其大成;唯心论即"主观唯心论",张岱年认为其在中国的正式形成当与佛教的"万法唯识"观念的输入有关,在儒家中由南宋陆九渊及其弟子杨简开其端绪,并由明代王守仁集其大成。至于"气论"一系,张岱年的梳理用力最深,分两节述之,此说渊源自先秦秦汉之诸家思想,由北宋张载集大成而成"唯气论"(或称"气本论"),并由明清之际的王夫之承其学而有所拓进,清代以来又有颜李学派、戴震诸家扬其辉光。[①]"唯气论"一系近于西洋唯物论思想的这一看法,张岱年在其 1936 年所撰《哲学上一个可能的综合》一文中已有扼要的勾勒,其文谓:

> 唯物论在西洋哲学中即不曾有充分的发展,在中国哲学中,乃更不盛;但也有其传统。最早的有唯物倾向的哲学家,当推惠施,他最注重物的研讨,不以主宰的天及玄秘的道来解说宇宙,而以"大一""小一"来说明一切。其次唯物的倾向最显著的是荀子,荀子只承认一个自然的物质的天。而《易传》的思想也颇有唯物的倾向,故说乾阳物,坤阴物,乾坤只是二物,而其所谓太极,不过究竟原始的意思,也没有理的或心的意谓。宋以后哲学中,唯物论表现为唯气论,唯气论成立于张横渠,认为一切皆气之变,太虚也是气,而理亦在气之内,心也是由内外之气而成。唯气论其实即是唯物论,西文唯物论原字,乃是唯质或唯料的意思,乃谓质料为基本,而气即是质料的意思,所以唯物论译作唯气论,亦无不可。张子的唯气论并无多大势力,继起的理气论与唯心论,都较唯气论为盛。到清代,唯气论的潮

---

① 参见张岱年《中国哲学大纲》,江苏教育出版社 2005 年版,第 24 页。

流乃一发而不可遏，王船山、颜习斋先后不相谋的都讲唯气。王船山由唯气进而讲唯器，器即物的意思。颜习斋更讲知不能离物，都是彻底的唯物思想。习斋以后有戴东原，讲气化流行，理在事物的宇宙论，理欲合一的人生论，皆唯物思想。①

此明确指出，"唯气论"思想的蓬勃兴起主要在清代。张岱年先生更认为："今日中国的新哲学，必与过去中国哲学有相当的继承关系。我们所需要的新哲学，不只是从西洋的最新潮流发出的，更须是从中国本来的传统中生出的。本来的传统中，假如有好的倾向、则发展这好的倾向，乃是应当。"② 这一"好的倾向"，其所指即唯气论这一传统走向，张岱年谓："中国近三百年来……有创造贡献的哲学家，都是倾向于唯物的。这三百年中最伟大卓越的思想家，是王船山、颜习斋、戴东原。在宇宙论都讲唯气或唯器；在知识论及方法论，都重经验及知识之物的基础；在人生论，都讲践形、有为。所谓践形，即充分发展人的形体，这种观念是注重动、生、人本的。我们可以说，这三百年来的哲学思想，实以唯物为主潮。"故张岱年明确提出自己的哲学态度："现代中国治哲学者、应继续王、颜、戴未竟之绪而更加扩展。王、颜、戴的哲学，都不甚成熟，但他们所走的道路是很对的，新的中国哲学，应顺着这三百年来的趋向而前进。"③

张岱年先生所寄望的中国哲学的未来方向，即延续气学传统的唯物论的发展，更具体地说，实指马克思主义唯物论（张岱年称之"新唯物论"）于中国的植根和生长。他认为，"今后哲学之一个新路，当是将唯物、理想、解析，综合于一"，而"唯物与理想之综合，可以说实开始于马克思、恩格斯的新唯物论"④。

要之，张岱年视由张载开启，并在清代以来勃兴的气论哲学传统，为接引马克思主义输入中国的思想底蕴。在 20 世纪 30 年代，张岱年倾向于马克思"新唯物论"的哲学立场已经相当明确，其在 1935 年发表的《论

---

① 张岱年：《哲学上一个可能的综合》，《张岱年全集》第 1 卷，河北人民出版社 1996 年版，第 271—272 页。

② 张岱年：《哲学上一个可能的综合》，《张岱年全集》第 1 卷，河北人民出版社 1996 年版，第 271 页。

③ 张岱年：《哲学上一个可能的综合》，《张岱年全集》第 1 卷，河北人民出版社 1996 年版，第 273 页。

④ 张岱年：《哲学上一个可能的综合》，《张岱年全集》第 1 卷，河北人民出版社 1996 年版，第 262 页。

现在中国所需要的哲学》中强调，未来新的中国哲学创造，在内容上必须具备四个特征：其一，在一意谓上是唯物的；其二，在一意谓上是理想的；其三，是对理的；其四，是批评的。① 他晚年曾回忆说："我自己当时的哲学见解，较集中地体现于《论现在中国所需要的哲学》一文……30年代以来，我一直关心中国哲学的前途问题，考虑中国哲学复兴的道路。……《论现在中国所需要的哲学》这一篇，提出了我对于未来中国哲学的见解。"② 其所指向，亦即马克思主义哲学。

通过对张岱年先生的这一思路的爬梳，牟宗三何以坚决不承认气论哲学一系的存在，其深层原因也就呼之欲出了。张岱年判张载哲学是"唯气论"，牟宗三则说对于张载"决不可视之为唯气论者"；张岱年称陆王一系心学是"唯心论"，而这种"唯心论"又恰恰是牟宗三最为认同的哲学立场。1933年张岱年发表了《中国元学之基本立场——"本根"概念之解析》，文中称："今所谓本体，古谓之'本根'，或'元'。"③ "元学"这一概念，虽未必是张岱年首倡，但于"中国元学"之概念界定，就笔者所见，或当即自张岱年始。而牟宗三1935年出版的《从周易方面研究中国之元学及道德哲学》中亦称"元学"，此"元学"之意涵，亦与张氏所阐者基本符契。凡此种种，当不能简单以巧合视之。

根据张岱年自述，他在1932年开始已与牟宗三之师熊十力先生有交往："我与熊十力先生相识，在1932年。当时我在《大公报》的《世界思潮》副刊上发表了几篇文章。熊先生对吾兄申府说，我想和你弟弟谈谈，于是我即到熊先生寓所拜访。其后熊先生在京时，我大约每半年访问他一次。主要谈些有关佛学和宋明理学的问题。"④ 而张岱年乃兄张申府先生也是牟宗三的老师，由此可见，牟氏在青年时代自应早已与张岱年相识，二人系同龄，而彼时张岱年先生已然在哲学界有了一定名气，牟氏毕生不满于唯物主义哲学观点，其于张氏之哲学取向，在当时已有所了解乃至逐渐发生质疑，自是顺理成章的情况。

1949年以后，张岱年先生对于气本论思想的阐释继有深入，就对张载哲学的研究而言，1955年张岱年发表《张横渠的哲学》，1956年又出版

①　张岱年：《论现在中国所需要的哲学》，《张岱年全集》第1卷，河北人民出版社1996年版，第240页。

②　张岱年：《张岱年学述》，浙江人民出版社1999年版，第38—39页。

③　张岱年：《中国元学之基本立场——"本根"概念之解析》，《张岱年全集》第1卷，河北人民出版社1996年版，第167页。

④　张岱年：《忆熊十力先生》，《张岱年全集》第8卷，河北人民出版社1996年版，第451页。

《张载——十一世纪中国唯物主义哲学家》，以马克思主义唯物论为方法立场，全面梳理了张载的气化宇宙论、辩证观念、认识论、伦理学说、政治思想。张岱年的看法在当年虽亦引起了一些争议和讨论，但认定中国古代的气论哲学大体或部分接近于唯物论的看法，渐被主流的哲学和思想史学界接受。就彼时最具代表性的学术作品而论，1959 年出版的侯外庐主编的《中国思想通史》第四卷上册"关学学风与张载的哲学思想"节中称："从'气'的唯物主义的命题出发，张载把宇宙的全部时间进程形容为'气'的不断的聚散"，认为这些内容"无疑是张载思想中进步的因素"，尽管"还存在更多的唯心主义的、神秘主义的成分，是张载没有摆脱的"①。1963 年任继愈主编的《中国哲学史》第三册"张载的元气本体论思想"章中称："张载的哲学体系是唯物主义的，但其中也包含着不少唯心主义观点。他的元气本体论哲学得到明、清的进步思想家的继承和发展；他的哲学中人性论和宗教神秘主义部分，也曾受到宋、明的一些唯心主义学派的表扬，甚至有些本来是以元气本体论为基础的观点，也曾被后来的一些思想家加以歪曲。"②

由此可见，至少在 20 世纪 80 年代以前，以张岱年先生为代表的，视中国古典气论哲学是"唯物"的、较为"进步"的传统思想遗产，并以之为接引马克思唯物论输入中国的"内因"，为彼时内地学界之主流意见。而就牟宗三而言，他从不讳言自己"讨厌马克思"③，决定了他将与这一观点持截然相反的对立立场。

三　牟宗三否定清代学术思想价值及提倡"唯心论"的文化立场

张岱年先生论定清代学术中的主流哲学思想，即王夫之、颜元、戴震等人的学说皆接续了中国古典气论哲学而"实以唯物为主潮"。而牟宗三在 20 世纪 60 年代以后则全然不承认清学的任何义理学价值，乃至常在不同著作、不同场合予以激烈批判，这与牟宗三对古典气论哲学的否定思路本身是连续一贯的。他在其晚年（1989 年）的一次学术发言中说：

> 乾嘉时代的学风是考据，它支配中国学术直到清末，余风至今未息，从那时起，中国的学问传统就断了。即使如梁任公这样博学，号

---

①　侯外庐主编：《中国思想通史》第 4 卷上，人民出版社 2011 年版，第 494—497 页。

②　任继愈主编：《中国哲学史》第 3 册，人民出版社 2010 年版，第 202 页。

③　牟宗三：《客观的了解与中国文化之再造》，《牟宗三先生全集》第 27 册，联经出版事业股份有限公司 2003 年版，第 433 页。

称近代思想家的人，竟然对中国文化发展的脉络丝毫不清楚，他把乾嘉年间的学风看成中国的"文艺复兴"，这简直是违背常识，荒谬到极点。可见中国知识分子到清末已经没有思路了，不知道如何表现观念。我常感慨在清末民初之际，正是民族危急存亡之秋，而知识分子却拿不出办法，不能思考，没有理路，不会表现观念。"没有观念就没有生命"（no idea the refore no life）我这句话就是对这时代而发。中国人本来很聪明，很有智慧，文化累积那么深厚，为什么会落到如此地步呢？因为民族生命受挫折，文化生命受歪曲，学术传统断了，时代挑战一来，便只能以世俗浮浅的聪明去反应，衷心无主，东西跳梁……这样的学问怎能歌颂它是"文艺复兴"呢？一直到现在，知识分子还不能痛切反省，还站在清人的立场批评王学、骂宋明理学，中国文化之根到那里去找呢？①

后文还言道，"阳明学既然因明朝亡国而断绝了，虽有国民党的提倡，还是'若即若离'"②，认为未来中华文化的发展方向，应该是以陆王心学为重心的"唯心论"的复兴。

就对清代学术的判定而言，梁启超、胡适等视清代考据学方法为"五四"新文化时期"赛先生"，也就是"科学精神"的本土文化资源；而张岱年等倾向于马克思主义的哲学家们则又将清儒的"气本论"思想视为"新唯物论"勃兴之先军。无论是"新文化运动"，还是"新唯物论"，都是牟宗三不认同的学说思潮。故他在1992年的一次谈话中断言："将来支配中国命运的是彻底的唯心论。"③并阐述了他理想中的"中国的唯心论系统"：

　　中国有唯心论，没有 idealism。中国人所说的心，不是 idea。孟子所说的良知良能是心，四端之心是心。陆象山言："宇宙便是吾心，吾心便是宇宙。"是宇宙心，其根据在孟子。王阳明讲良知，还是心。佛教讲如来藏自性清净心，也是心，不是 idea。如来藏自性清净心前一个系统是唯识宗，唯识宗讲阿赖耶，阿赖耶识心，也是心，不是 i-

---

① 牟宗三：《"阳明学学术讨论会"引言》，《牟宗三先生全集》第 27 册，联经出版事业股份有限公司 2003 年版，第 410—411 页。

② 牟宗三：《"阳明学学术讨论会"引言》，《牟宗三先生全集》第 27 册，联经出版事业股份有限公司 2003 年版，第 412—414 页。

③ 牟宗三：《鹅湖之会——中国文化发展中的大综合与中西传统的融会》，《牟宗三先生全集》第 27 册，联经出版事业股份有限公司 2003 年版，第 448 页。

dea。所以，只有中国才有真正的唯心哲学。什么叫做彻底的唯心论
呢？就是中国唯心哲学这一个大系统。①

并提出，这种唯心论"以哲学系统讲，我们最好用康德哲学作桥梁，
吸收西方文化以重铸中国哲学，把中国的义理撑起来，康德是最好的媒
介"②。这也是他一贯的哲学立场，即以康德哲学为参照，融合陆王心学、
佛教天台宗的"圆教"思想，以及《大乘起信论》的"一心开二门"观
念于一炉，即其所谓"中国的唯心论系统"。

虽然这一哲学立场基于他平生的思想取向而提出，但其持论却又明确
置于与"唯物论"对立的语境之上。他判定，当时"'彻底的唯物论'的
彻底失败"，故"将来中华民族的方向、历史运会的方向必然是彻底的唯
心论，必然是一个大综和。这就是说，新儒家的兴起有历史运会上的必然
性，你要担当这个必然性。中华民族要担当这个必然性"③。

由此，牟宗三何以不承认"气本论"哲学的独立性，以及为何改变了
早年在《从周易方面研究中国之元学及道德哲学》中的看法，转而激烈否
定清代学术思想的客观价值，已然可以得到明确的答案。

四　结语

牟宗三在《心体与性体》中提出的宋明儒学之三系说，在学界历来
见仁见智，杜维明曾指出："牟先生的清理给了我们一个脉络，而这个
脉络的好处就是使我们能够了解牟先生对于整个宋明儒学的解读，以及
他的思想的创发性，这一点非常好，也并非所有的人都能做得到。但
是人们如果把它看成是客观了解宋明儒学的一种模式、一种定说，或者
把它看作是宋明的大思想家的一种自我认识，比如说宗周他们的自我认
识，这里面问题就太多，纠缠也太多……他的解释模式和思想的创发性
并不是从历史传承的角度，而是从理论形态的相似性和义理的内在逻辑
性中表现出来的，但是如果我们用那个模式来套宋明儒学，那问题就会
变得非常复杂，思想史上几乎比较熟悉宋明一段的人都觉得这种划分问

---

① 牟宗三：《鹅湖之会——中国文化发展中的大综合与中西传统的融会》，《牟宗三先生全集》第 27 册，联经出版事业股份有限公司 2003 年版，第 455 页。
② 牟宗三：《鹅湖之会——中国文化发展中的大综合与中西传统的融会》，《牟宗三先生全集》第 27 册，联经出版事业股份有限公司 2003 年版，第 456 页。
③ 牟宗三：《鹅湖之会——中国文化发展中的大综合与中西传统的融会》，《牟宗三先生全集》第 27 册），联经出版事业股份有限公司 2003 年版，第 450—451 页。

题比较多。"① 这一看法堪称公允,换言之,牟宗三对于哲学史的叙述方式,毋宁说更多存有"借他人酒杯,浇自己块垒"的倾向,惯于在对历史的叙述中投射和阐述自己的哲学思想,并非一种客观中立者的言说方式。所以,他对宋明儒学的分判一向有甚多争议,诸如判朱熹之学为"别子为宗"并非儒门正统之说,便是如此;其对张载哲学的解读,亦属此种情况。

深受汉唐气论哲学影响的,并由张载开启的宋明儒之"气本论"一系思想,是否乃至多大程度上近于西洋唯物论,以及用这种"格义"的方式诠释中国古典气论哲学是否合理,当然是可以讨论乃至商榷的。牟宗三本人偏好"唯心论"的哲学立场,我们虽然难以接受,亦可尽量结合彼时的历史语境来给予一定"了解之同情"。但是,若以此否定中国哲学史上气本论哲学的客观存在,乃至由此全然否定清代义理学思想的客观存在以及价值意义,则是违背历史主义的客观性的。我们虽无意亦不可能否定牟宗三先生自身哲学体系的原创性价值,但他出于主观文化立场对气本论哲学和清代义理学所作出的判断,实在有失公允。这个问题的形成,一开始就陷入了类乎"一切历史都是当代史"的立场先行的诠释误区之中。

---

① 杜维明、东方朔:《杜维明学术专题访谈录——宗周哲学之精神与儒家文化之未来》,复旦大学出版社 2001 年版,第 186 页。

第四章 清儒的"以经释经"与 "以《易》解经"

第一节 "以经释经"与"以《易》解经"界说

一 "以经释经"说

"以经释经"亦称"以经证经""以经解经"。其为清儒承继汉儒的治经通法，此语常见于清儒著述，所谓"以经证经，汉儒家法，无不如是"①。近人马宗霍谓"汉儒治经，各有其师法、家法，而释经之体，则大约可分为数类，其一以经解经"②云云。然汉儒之"以经解经"当然是指"六经"，而清人定义的"经"则范围有所拓展，按《四库全书》收录的经部《易》《书》《诗》《礼》《春秋》《孝经》、五经总义、四书、乐、小学十类文献理解，大体相当于南宋以来所谓之"十三经"。

"以经释经"作为清儒以同一文本乃至不同文本中的文辞间可以相互释证的方法论，学界早有认识，如梁启超说："选择证据，以古为尚。以汉唐证据难宋明，不以宋明证据难汉唐；据汉魏可以难唐，据汉可以难魏晋，据先秦西汉可以难东汉。以经证经，可以难一切传记。"③当代中国台湾学者郑吉雄则认为"以经释经"不仅仅是方法论，也是清儒义理学的构成部分，郑氏提出："相对于宋明儒重'道'，清儒则重'器'。……因此他们治学，几乎完全专注于发明经典以及经典中的语文、制度问题。因此，对清儒而言，唯有运用联系各部经典、彼此互相释证的方法，才能找出贯串着'分殊'之'器'中的圣人之'道'。清儒'以经释经'的方法

---

① 张舜徽：《张舜徽集·清人文集别录》，华中师范大学出版社 2010 年版，第 168 页。
② 马宗霍：《中国经学史》，上海书店 1984 年版，第 56 页。
③ 梁启超：《清代学术概论》，上海世纪出版集团 2005 年版，第 40 页。

论背景，即在于此。"① 就此而论：

> 相较之下，清儒对经部文献全体并重。他们深信古代经典中，包含了众多上古圣贤的训语、不同时期的名物、制度、史实等因素，但这些因素结合起来呈现的，却是一幅极为完整的古圣人经世济民的整体图象。唯有找出经书和经书之间的内在关联，才能将这幅被后儒弄得支离破碎的图象，重新建构起来。这是他们在被异族统治的情况下，不得已而寄托于古代经典的遥远理想。②

郑氏并在其著中广泛梳理清儒治学之实例，提出清儒之"以经释经"时视经、传为一体，清初学者如顾炎武、黄宗羲、万斯大、毛奇龄、惠周惕都有"以经释经""以经解经"的观念，"乾嘉学者治经而实践清初儒者所启导的'以经释经'之教，使经学研究推进到一个既专门又精纯的境界"③。"以经释经"之方法建构前提，实基于西方诠释学中的所谓"前理解"，伽达默尔说："解释不是一种在理解之后的偶尔附加的行为，正相反，理解总是解释，因而解释是理解的表现形式。"④ "前理解"意指主体在理解活动发生之前，已经具备对文本特定理解取向和制约因素，诸如语言、历史、文化、经验、情感、思维方式、价值观念以及对于对象的预期之类。如海德格尔说："解释奠基于一种先行掌握之中。""准确的经典注疏可以拿来当作解释的一种特殊的具体化，它固然喜欢援引'有典可稽'的东西，然而最先的'有典可稽'的东西，原不过是解释者的不言而喻、无可争议的先入之见。任何解释工作之初都必然有这种先入之见，它作为随着解释就已经'设定了的'东西是先行给定的，也就是说，是在先行具有、先行视见和先行掌握中先行给定的。"⑤ "以经释经"观念之"前理解"或者说"先入之见"，无非以三代圣贤遗献构成了一个包罗万象的整体体系，不同圣典文句间的印证和互诠，使得其中微言大义得以更清晰地彰显出来。

与中国古人"以经释经"类似的"前理解"观念，西方古典学术中亦

---

① 郑吉雄：《戴东原经典诠释的思想史探索》，台湾大学出版中心2008年版，第308页。
② 郑吉雄：《戴东原经典诠释的思想史探索》，台湾大学出版中心2008年版，第310页。
③ 郑吉雄：《戴东原经典诠释的思想史探索》，台湾大学出版中心2008年版，第224—226页。
④ 〔德〕伽达默尔：《真理与方法》上卷，洪汉鼎译，上海译文出版社1999年版，第395页。
⑤ 〔德〕海德格尔：《存在与时间》，陈嘉映等译，生活·读书·新知三联书店2014年版，第176页。

不乏类似情况，中世纪基督教神学家对于《圣经》的解读便多采此法，如有"教会之父"之誉的奥古斯丁（354—430）在其《忏悔录》中对《创世纪》中"天上要有光体"一语的阐释曰：

> 但你们这些被拣选的族类（《彼得前书》2：9），"世上软弱的人"（《哥林多前书》1：27），已经撇下所有的跟从主（《马太福音》19：27），跟着他走吧，"叫那强壮的羞愧"（《哥林多前书》1：27）。用你们"佳美的脚"跟着他走（《以赛亚书》52：7）。在天上闪耀，使诸天颂扬主的荣耀（《诗篇》18：2f）……犹如神说："天上要有光体"，"忽然，从天上有响声下来，好像一阵大风吹过，又有舌头如火焰显现出来，分开落在他们各人头上"（《使徒行传》2：2－3）。天上明光照耀，将生命的道表明出来（《腓立比书》2：15－16）。神圣的火焰，灿烂的火焰，你们到处飞扬吧"不放在斗底下"（《马太福音》5：14－15）。凡接受你们的，受到荣显，也荣显你们。你们应到处飞扬，照耀天下万民（《诗篇》78：10）。

基督教《圣经》本是年代不同且成于众手的各自独立篇章的结集（类似吾国《尚书》的性质），但在奥古斯丁的诠释中，"'光体''火''天'等词在《圣经》中的每一次出现都并非偶然，而是重述了某种更深层的含义。一个词或短语使人想起了另一个词或短语，从各部分经文之间表面的相似性中浮现出一种含义"，这是因为，在中世纪众多解读《圣经》的神学家们看来："整个释经活动假定《圣经》构成了一个连贯的统一体。简而言之。释经必须把部分与整体联系在一起，因为每一段经文潜在里都是整体的一个缩影，整体的意义可以在其中展开。"① 所谓"东海西海，心理攸同"，吾国先儒在义理学向度上的"以经释经"，其中所蕴含者无非类似之思想理路。

清儒"以经释经"之研究成就，近代学者早有系统总结，《清稗类钞·经术类》中录有叶德辉"经有六证"之论，谓"经有六证，可以经证经，以史证经，以子证经，以汉人文赋证经，以《说文解字》证经，以汉碑证经"。关于清儒"以经证经"之代表性成果有：

---

① 〔奥〕彼得·哈里森：《圣经、新教与自然科学的兴起》，张卜天译，商务印书馆2019年版，第65—66页。前引奥古斯丁《忏悔录》之文亦据此书所摘译。

如以《礼》证《易》，则有张惠言《虞氏易礼》。以《春秋》证《易》，则有毛奇龄《春秋占筮书》。以《春秋》证《礼》，则有宋张大亨《春秋五礼例宗》。以《公羊》证《礼》，则有凌曙《公羊礼疏》、《公羊礼说》，陈奂《公羊逸礼考征》。以《穀梁》证《礼》，则有侯康《穀梁礼征》。以《礼》证《诗》，则有包世荣《毛诗礼征》。以《公羊》证《论语》，则有刘逢禄《论语述何》。昔人云，不通群经，不能治一经，此解经第一要义也。①

清儒"以经证经"之法当导源于汉儒，多年来学界就汉儒利用其他经典文本对《周易》进行相互诠释的情况已有一些研究，如林忠军《论郑玄以〈礼〉注〈易〉方法》[见《武汉大学学报（人文科学版）》2011年第1期]梳理了从先秦儒家到汉代经学的"以《易》解《礼》""以《礼》注《易》"的诂经传统；闫春新《汉晋〈论语〉注的援〈易〉解经特色》（见《周易研究》2007年第1期）介绍汉晋经师包咸、马融、郑玄等多引《周易》经传以解《论语》文本的情况。由此可见，马宗霍等称"以经证经"为"汉儒家法"，殆非虚论。

二 "以《易》解经"说

基于郑吉雄之说和前人的有关总结，梳理清儒和近人的易学领域，可见清代以降用"以经解经"之法治易的成果相当不少，而且，在这一路径上逐渐呈现出了"以《易》理统贯群经"的趋向。如前章所述，惠栋的《易微言》中已然以《周易》中的那些核心概念去印证于群经。事实上，视群经乃至"天下之书"皆可为《周易》注脚的思想，"清学开山"顾炎武已有明确论述，其《与友人论易书一》中谓：

尽天下之书皆可以注《易》，而尽天下注《易》之书，不能以尽《易》。此圣人所以立象以尽《易》，而夫子作大象，多于卦爻辞之外，别起一义以示学者，使之触类而通，此即举隅之说也。天下之变无穷，举而措之天下之民者亦无穷，若但解其文义而已，韦编何待于三绝哉！"子所雅言，《诗》、《书》、执礼。"《诗》、《书》、执礼之文，无一而非《易》也。下而至于《春秋》二百四十二年之行事，秦、汉以下史书百代存亡之迹，有一不该乎《易》者乎？故曰："易有圣人

① 徐珂：《清稗类钞》第8册，中华书局2010年版，第3805—3806页。

之道四焉：以言者尚其辞，以动者尚其变，以制器者尚其象，以卜筮者尚其占。"愚尝劝人以学易之方，必先之以《诗》、《书》、执礼，而《易》之为用存乎其中，然后观其象而玩其辞，则道不虚行，而圣人之意可识矣！①

顾炎武以《周易》涵盖诸经微言，乃至彰显"百代存亡之迹"的历史规律，这一思想堪称清学"以《易》解经"说之肇始。然亭林平生特重实学，后未对此义有进一步开阐。乾嘉学人承此思路者，厥为焦循。焦氏平生多以《易》解《论》《孟》诸经，成立体系。清儒的这种经典诠释路径，其中蕴含了清儒对形而上问题的关注维度，在"以《易》解经"的诠释视角下，先秦儒家经典皆统贯于《周易》而构成一体，以人事合于天道，形成了清代以来经学的一条独特的哲学性进路，即使在作为"民间哲学"群体的"太谷学派"中亦有表现。当前学界多以清儒趋于实证主义而颇不重形上玄思，笔者于此说有所保留，认为"任何学术体系达到了一定高度之后，都不可能忽视或回避形而上之'道'的问题，统贯天人的超越性追求，实为中国传统一切学问的精神底蕴，在清学中亦莫之能外"②。盖清儒多将此方面的探讨，隐含在他们具体的诂经作品中，所以很容易被后学所忽略。

故吾人所谓"以《易》解经"者，系基于《周易》的哲学体系，对儒家其他原始经典进行解读的一种经学解释范式。中国台湾学者张晓芬《焦循"以〈易〉解经"初探》③一文首次使用这一说法。《易》本身也是"经"，因此"以《易》解经"实指"以《易》解其他诸经"。这种类似的经学的解释进路，刘笑敢曾提出一个称为"跨文本诠释"的概念，他指出：

跨文本诠释是指以一部（或一篇）作品的内容（观念概念、命题、理论等）去解释另一部作品，这样做的结果可能是无穷多的可能性。……在借用多种文本以及有多种诠释对象文本的时候，一个成功的诠释体系就必须有大致的融贯性。所谓融贯性诠释就是指在多种借用文本和对象文本的差异性之中制造出一种统一性，贯穿于诠释作品之中。④

---

① （清）顾炎武：《顾亭林诗文集》，中华书局1983年版，第42—43页。
② 姚彬彬：《从"以经解经"到"以〈易〉解经"——清代以来儒学经典诠释中的一条哲学性进路》，《福建师范大学学报》（哲学社会科学版）2020年第6期。
③ 载《扬州文化研究论丛》第14辑，2014年。
④ 刘笑敢：《诠释与定向——中国哲学研究方法之探究》，商务印书馆2009年版，第210页。

　　刘氏主张排除较为宽泛意义上的，纯粹出于某种方法立场，"没有明确的典籍作依据或参照"的情况，认为这些并非"跨文本诠释"问题的研究对象。他认为："较严格地说，自觉或不自觉地、比较明确地、有迹可寻地用一部经典的思想、概念、理论框架来解释另一部经典的做法才是跨文本诠释的表现。比如，王弼以《老子》解《论语》，今人以郭象《庄子注》解《庄子》都有明显的文本依据，就是比较严格意义上的跨文本诠释。更严格意义的跨文本诠释则是'自觉地'以一部经典的思想理论来解释另一部经典的思想。"① 这种情况在中国哲学思想史上可以找到许多例证，就《周易》而言，无论是立足于《周易》的思想去解读其他文本（即吾人所说的"以《易》解经"），还是利用其他文本去解读《周易》（像道教的《周易参同契》和佛教的《周易禅解》之类），都亦可理解为这种"跨文本诠释"的情况。

　　更具体地说，所谓"以《易》解经"，实为以《易传》的哲学体系去诠释和统贯群经之微言大义。《周易》之《经》，其原本性质为卜筮书，"中华民族本有悠久的历史，在未有文字记事以前，历史想已很长，我们先民对于生活经验当已很丰富，所以有类似格言的话，融入筮辞里。"② 由此构成了卦辞和爻辞。而《易传》的形成，则是在六十四卦卦象变化的组合规律中演绎出了一套统贯天人的哲理体系，故"我们从思想史上看，《十翼》是使《易经》脱离了迷信的占卜书，进而成了哲学性的书的一个转捩点"③。《易传》哲学，旨在发挥天道论，提出"一阴一阳之谓道"，"夫《易》，开物成务，冒天下之道"，"形而上者谓之道，形而下者谓之器"（《系辞上》）等重要命题，先师冯天瑜先生称之"天道生机主义"，并阐述"道"的几层精义是："道是构成宇宙基本对立物（阴与阳）的根源；道是自然生化、开物成务的过程；道是寓于物象之中，又超乎物象之上的规律；正是'道'的自然演运，方生发出宇宙万物。"④ 从"万物含生论"出发，肯定天道自然的无穷创造性与生命力。《易传》说"天地之大德曰生"，"生生之谓易"，"成之者性也"，由天道无可穷尽的演运，才滋生万物，形成仪态万方、生机勃勃的世界，所谓"天地絪缊，万物化醇"。这是一套颇为精致的、蕴含了本体思维和辩证逻辑的宇宙生成哲学。

　　而儒家所宗尚的其他早期经典，恰恰于形而上问题的关注视域是有所

① 刘笑敢：《诠释与定向——中国哲学研究方法之探究》，商务印书馆 2009 年版，第 211 页。
② 戴君仁：《谈易》，台湾开明书店 1974 年版，第 8 页。
③ 戴君仁：《谈易》，台湾开明书店 1974 年版，第 4 页。
④ 冯天瑜：《中华元典精神》，湖北人民出版社 2017 年版，第 180 页。

缺失的。就早期儒家而论，孔子"是一个实际的世间智者"，更关注现实社会，"夫子之言性与天道，不可得而闻也"（《论语·公冶长》），"六合之外，圣人存而不论"（《庄子·齐物论》）。儒家所尊奉的三代诸元典亦如此，胡适就曾惊讶于《诗》中几乎没有神话成分：

> 古代的中国民族是一种朴实而不富于想象力的民族。他们生在温带与寒带之间，天然的供给远没有南方民族的丰厚，他们须要时时对天然奋斗，不能像热带民族那样懒洋洋地睡在棕榈树下白日见鬼，白昼做梦。所以"三百篇"里竟没有神话的遗迹。①

单就"创世"问题而言，甚至有人认为"特别应该强调的是（如果把盘古神话除外）②中国可能是主要的古代文明社会中唯一没有真正的创世神话的国家"③。这一观点虽然可能有些绝对化，但神创万物之说在中国早期文化中并未充分展开，显然是不争的事实。鲁迅更从地理文化论的维度指出中国先民于神话宗教兴趣薄弱之因，谓"华土之民，先居黄河流域，颇乏天惠，其生也勤，故重实际而黜玄想"④。而神话与哲学的本体思维的形成具有先天性的联系，因为哲学正是在神话的羽翼之下产生和成熟起来的，"当哲学寻求建立一种理论的世界观，它所面临的与其说是一种直接现象的现实性，不如说是一种对这种现实性的神话转换"⑤。故除了《诗经》之外，《书》《礼》《春秋》等儒家诸元典，情况亦与之类似。《周易》的《易传》部分在战国中后期综合了儒家、道家⑥乃至阴阳家⑦的学说所建立的哲学体系，恰恰弥补了儒家元典中较为欠乏探究天人宇宙问题

---

① 胡适：《白话文学史》，百花文艺出版社 2002 年版，45 页。
② 学界一般认为盘古神话应起源于苗族等南方少数民族，并非汉民族文化的产物。
③ 〔美〕杰克·波德：《中国古代神话》，程蔷译，《民间文艺》第 2 辑，上海文艺出版社 1982 年版，299 页。
④ 鲁迅：《中国小说史略》，《鲁迅全集》第 9 卷，人民文学出版社 1981 年版，23—24 页。
⑤ 冷德熙：《中国古代与古希腊神话和哲学关系之比较》，《北京大学学报》（哲学社会科学版）1992 年第 3 期。
⑥ 关于《周易》与道家的关系，陈鼓应的看法有代表性，他说："《易经》为古典哲学之源头，经文虽为占筮之书，但具有丰富的人生哲理。《易经》的形象思维及其辩证思维方式，对老子有诸多的启迪。而《易传》，则在诸子思潮的冲击下，将占筮之书逐渐转化而为富有哲学内容的著作，《易传》的哲学化，继承老、庄思想脉络。"参见陈鼓应、赵建伟《周易今注今译·北京商务印书馆重排版序》，中华书局 2015 年版，第 1 页。
⑦ 如李镜池认为《易传》中的"刚柔"乃是受阴阳家影响而来，参见李镜池《周易探源》，中华书局 1978 年版，第 337 页。

终极思考的薄弱处，故《易传》亦可看作为"五经"建构了整体性的形而上天穹，其为后世尊为"群经之首"者亦在此。

从历代儒家对于《论语》的解读方式上，颇可见以《易传》为纲领的《周易》哲学的涵化影响。《论语》一书，历来被认为是孔子及其弟子的言行最为可靠的记载，其中"所说多是做人处世的道理，不谈鬼神，不谈灵魂，不言性与天道，所以是切实"①。尽管如此，因为其所言往往含蓄深远，具有相当强的诠释张力，宋儒程颐曾感叹："颐自十七八读论语，当时已晓文义，读之愈久，但觉意味深长。"② 所以，尽管子贡说夫子言"性与天道"不可得闻，但"天""天命""命"诸词在《论语》仍有多次出现，据杨伯峻在《论语译注》中统计，"天命"一词出现了 3 次，"天"和"命"分别出现的次数则为 19 次和 21 次。③ 后儒则围绕这些概念，试图借助《周易》来诠释其中所蕴微言大义。

援引《周易》之文以印证《论语》，于两汉经师中已多有见之，不过，"两汉与魏晋《论语》注中的援《易》注经的不同解经思路与解经方式，又可细分为两汉的引《易》注《论语》与魏晋的以《易》解《论语》。其各自的援《易》注经特色，大体说来，前者主要是随文注解、疏通文意的训解，后者则主要是借助《易》学思想资源，以'己之意'发挥玄学新义的义解"④。如魏晋时期的《论语》研究代表性成果，"何晏解《论语》，从《老子》出发，以《周易》为'通道'，用《老》、《易》的复合思想阐释《论语》的微言大义。在《论语集解》中，'天地'、'天下'、'天命'等具有形上意义的范畴与圣人的德行、德行的价值等时常紧密联系在一起"⑤。至宋代新儒学勃兴，亦延续此一路数，多好借《论语》中"逝者如斯"（《论语·子罕》）与"天何言哉"（《论语·阳货》）二则来赋予儒家形上学之诠释，以朱熹《论语集注》的解释为例：

> 子在川上曰："逝者如斯夫，不舍昼夜。"（集注）：天地之化，往者过，来者续，无一息之停，乃道体之本然也。然其可指而易见者，莫如川流。故于此发以示人，欲学者时时省察，而无毫发之间断也。程子曰："此道体也。天运而不已，日往则月来，寒往则暑来，水流

① 周作人：《论语小记》，《知堂书话》第 2 册，岳麓书社 2016 年版，141 页。
② （宋）朱熹：《四书章句集注》，中华书局 1983 年版，第 43 页。
③ 杨伯峻：《论语译注》，中华书局 2004 年版，第 223 页，第 249 页。
④ 闫春新：《汉晋〈论语〉注的援〈易〉解经特色》，《周易研究》2007 年第 1 期。
⑤ 康宇：《论魏晋〈论语〉学的言说范式》，《人文杂志》2011 年第 4 期。

而不息，物生而不穷，皆与道为体，运乎昼夜，未尝已也。是以君子法之，自强不息。及其至也，纯亦不已焉。"又曰："自汉以来，儒者皆不识此义。此见圣人之心，纯亦不已也。纯亦不已，乃天德也。有天德，便可语王道，其要只在谨独。"愚按：自此至篇终，皆勉人进学不已之辞。①

　　子曰："予欲无言。"子贡曰："子如不言，则小子何述焉？"子曰："天何言哉？四时行焉，百物生焉，天何言哉？"（集注）：学者多以言语观圣人，而不察其天理流行之实，有不待言而著者。是以徒得其言，而不得其所以言，故夫子发此以警之。子贡正以言语观圣人者，故疑而问之。四时行，百物生，莫非天理发见流行之实，不待言而可见。圣人一动一静，莫非妙道精义之发，亦天而已，岂待言而显哉？此亦开示子贡之切，惜乎其终不喻也。程子曰："孔子之道，譬如日星之明，犹患门人未能尽晓，故曰'予欲无言'。若颜子则便默识，其它则未免疑问，故曰'小子何述'。"又曰："'天何言哉，四时行焉，百物生焉'，则可谓至明白矣。"愚按：此与前篇无隐之意相发，学者详之。②

盖以川流与四时、百物之流行喻道体生生健动之德，显系立足于《易传》"天地之大德曰生""生生之谓易"这类哲学观念的解释。王船山《读四书大全说》解"予欲无言"句说得更为透彻："圣人见道之大，非可以言说为功；而抑见道之切，诚有其德，斯诚有其道，知而言之以著其道，不如默成者之厚其德以敦化也。故尝曰'讷'，曰'耻'，曰'怍'，曰'切'，抑至此而更云'无言'。则终日乾乾以体天之健而流行于品物、各正其性命者，不以言闲之而有所息，不以言显之而替所藏也。"③ 此中所涉"云行雨施，品物流形""乾道变化，各正性命"之语皆出《周易》乾卦彖辞，船山认为其即"四时行焉，百物生焉"的微义所在。

近代新儒家马一浮，立"六艺统摄论"之说，认为《易》《书》《诗》《礼》《乐》《春秋》的根本宗旨可以涵盖世间一切学问，其所撰《论语大义》又以《论语》兼备六艺之教，其诠释"《易》教"之说，延续了宋明儒的这种诠释路径。其谓：

---

① （宋）朱熹：《四书章句集注》，中华书局1983年版，第113页。
② （宋）朱熹：《四书章句集注》，中华书局1983年版，第180页。
③ （清）王夫之：《读四书大全说》下，中华书局1975年版，第478页。

圣人日用处全体是《易》，易道亦至显而非隐也。……今举"子在川上"章略显此理。此即于迁流中见不迁，于变易中见不易也。"逝者如斯夫"，是法喻并举，"逝"言一切法不住也，"斯"指川流相。一切有为诸法，生灭行相，逝而无住，故非常；大化无为，流而不息，不舍昼夜，故非断。法尔双离断常乃显真常不易之实理。①

其释"天何言哉"语，更明言"以《系辞传》与'无言'章对勘，而后圣人之意可知也"，实已明确了"以《易》解经"这种诠释方法的合理性，谓：

再举"予欲无言"一章，以显性体本寂，而神用不穷。离于言说，会者当下即是，不会只在言语边取。如子贡曰："子如不言，则小子何述焉？"孔子不惜眉毛，即就现前与之点破，可惜子贡无后语。故谓夫子之言性与天道，不可得而闻。不知四时行，百物生，即此全是天道，岂别有一个性与天道，又岂假言说方显邪？天地之道，贞观者也；日月之道，明者也。天下之动，贞夫一者也。夫乾确然示人《易》矣，夫坤昏然示人简矣，明明示人简易，不待言说，而人自不荐，圣人亦未如之何。故曰：书不尽言，言不尽意。圣人之意，其不可见乎？神而明之，存乎其人，默而成之，不言而信，存乎德行。以《系辞传》与"无言"章对勘，而后圣人之意可知也。知《易》是最后之教，此章亦是圣人最后之言。②

以孔子"无言"之教深契《周易》"乾以易知，坤以简能"之旨，在宋明儒的理路上更结合了佛教禅家之理加以新诠，谓其义"如佛说我四十九年不曾说一字而涅槃"③，这也体现了晚近新儒家虽承继宋明儒致思方向，却不取其"辟佛"立场的思想特色。

要之，由于《易传》哲学的完成，使得《周易》成为儒家元典中独一无二的具备统贯天人的完整哲学体系之著作，此一认识在汉儒中早已形

---

① 马一浮：《论语大义·易教下》，《马一浮新儒学论著辑要》，中国广播电视出版社1995年版，204页。
② 马一浮：《论语大义·易教下》，《马一浮新儒学论著辑要》，中国广播电视出版社1995年版，206页。
③ 马一浮：《论语大义·易教下》，《马一浮新儒学论著辑要》，中国广播电视出版社1995年版，206页。

成，《汉书·艺文志》说："六艺之文，《乐》以和神，仁之表也；《诗》以正言，义之用也；《礼》以明体，明者著见，故无训也；《书》以广听，知之术也；《春秋》以断事，信之符也。五者，盖五常之道，相须而备，而《易》为之原。"以六经中之《周易》为"形而上"的总纲，其他五经则为"形而下"世界的具体事相。"故曰：'《易》不可见，则乾坤或几乎息矣'，言与天地为终始也。至于五学，世有变改，犹五行之更用事焉。"据此，可以将《周易》与其他诸经间理解为一种体用关系，因此，基于《周易》之哲理来诠释其他诸经之事相，也就是"以《易》解经"的这种"跨文本诠释"，在理论上显然具备其自洽的合法性。而具体之解释义例，如前述朱熹《论语集注》中的情况，在宋儒著述中始具规模，堪称端绪。

第二节　汉儒"以经释经"的《周易》诠释及在清代的接续

五经作为三代元典，在先秦并不专属儒家，诸子百家亦对之颇有引述，各有申发。战国前期的《墨子》书中，已多有引证和绍述《诗》《书》《春秋》之处。就《周易》而言，成书于战国后期的《管子》《荀子》和《吕氏春秋》中亦颇有援以说理之例证。引用社会主流公认之权威性典籍或"圣言"，借之以成立己说的这种方式，其实也是世界不同文明间所共有的一种常见论证方法。

先秦时期此种论证方式已颇盛行于文士谈论与外交辞令中，此于《左传》所记中颇可见之，据姚曼波《春秋考论》的统计，《左传》引用最多的是《诗》《书》之文，引用《诗》的地方多达 145 次，引用《书》也有 30 余次。① 宋人陈骙《文则》将其作用归纳为："《诗》《书》而降，传记籍籍，援引之言，不可具载。且左氏采诸国之事以为经传……援引《诗》《书》，莫不有法。推而论之，盖有二端：一以断行事，二以证立言。"先秦典籍中引述《周易》，亦多属此种情况，可称之"援《易》说理"。

叶德辉所举清儒"以《春秋》证《易》"的代表作，毛奇龄（1623—1716）的《春秋占筮书》，即对《左传》中所记的十三则《周易》占筮记载的解析，《四库全书总目提要》谓："其曰'春秋'者，撷《春秋传》

---

① 参见姚曼波《春秋考论》，江苏古籍出版社 2002 年版，第 229 页。

所载占筮，以明古人之易学，实为易作，不为《春秋》作也。"① 目的在于"因《春秋》诸占，以推三代之筮法"。

《左传》中涉及《周易》占筮或以之论事者有十九处记载，有占卜结果的则为十三例，毛氏之书以此十三处占卜实例来逆推三代占卜的过程方法。依次为：（1）《庄二十二年传》遇观（坤下巽上）之否（坤下乾上）；（2）《闵元年传》遇屯（下震上坎）之比（下坤上坎）；（3）《闵二年传》遇大有（乾下离上）之乾（乾下乾上）；（4）《僖十五年传》其卦遇蛊（上艮下巽）；（5）《僖十五年传》遇归妹（兑下震上）之睽（兑下离上）；（6）《僖二十五年传》筮之遇大有（离上乾下）之睽（离上兑下）；（7）《成十六年传》其卦遇复（坤上震下）；（8）《襄九年传》遇艮之八②（艮上艮下）；（9）《襄二十五年传》遇困（坎下兑上）之大过（巽下兑上）；（10）《昭五年传》遇明夷（离下坤上）之谦（艮下坤上）；（11）《昭七年传》遇屯（震下坎上）之比（坤下坎上）；（12）《昭十二年传》遇坤（坤上坤下）之比（坎上坤下）；（13）《哀九年传》遇泰（乾下坤上）之需（乾下坎上）。并附《国语》中之二例及后世史籍所记的一些类似案例，以资比对。③

《左传》所记《周易》占例，皆为"遇卦"和"之卦"两部分，所谓"遇卦"，指古人占卦的本卦；所谓"之卦"，则为根据占卦时得到的老少阴阳之数，变为另外一卦，所谓"卦变"。毛氏利用其总结的"推易"理论，来分析"遇卦"和"之卦"间蕴含的卦变规律，以破解三代占筮古法。其说得失，非本书探讨的主题，然由《左传》与《周易》的关系足见，后世儒者之"以经释经"法之所以成立，实因诸经彼此之间本已存在一定内在联系。

先秦时期经、传、记界域明确，经即"六经"，解经之作称为"传"或"记"；重在传述师说以解释经义之作称"传"，通过记录旧闻以解释经义者称"记"。然两汉以降，传记之作亦逐渐入经，若至唐时定《三礼》（《周礼》《仪礼》《礼记》）、《三传》（《左传》《公羊传》《穀梁传》），及《易》《书》《诗》，合称"九经"，"传""记"与"经"的分

---

① （清）永瑢、纪昀主编：《四库全书总目提要》，海南出版社 1999 年版，第 36 页。

② 此"八"，毛奇龄解释说："艮之八者，揲筮之策，以六七八九为阴阳老少之数"，并引张文蘷之说曰："艮不能变随，必八之五爻俱变，独第二不变，则为随。则此第二爻者，即之随之爻也。乃商易揲策，以八为少阴不变，故指此不变之爻为八，是艮之八。实艮之第二爻耳。"（载《春秋占筮书》卷2）

③ 毛奇龄：《春秋占筮书》，上海古籍出版社 1990 年版，第 1—29 页。

界几已名存实亡。故后儒所谓"以经释经"，实亦以传记为经。以"记"为名的儒家典籍，最具代表性者当然是《礼记》，《礼记》一书编次于汉代，汉儒之"以经释经"又以《礼》《易》二经之互诠堪称典型。

一　《礼记》中的"以《易》解《礼》"

汉初所立"五经"，本以《仪礼》为《礼经》，此后直至唐初，儒家言《礼》者一直以《仪礼》为主导。唐高宗时，孔颖达奉敕编写《五经正义》，将《礼记正义》纳入，取代了《仪礼》，此后言"五经"者《礼》指《礼记》，居"三《礼》"（《仪礼》《周礼》《礼记》）之核心地位。

《礼记》又称《小戴礼记》，是春秋末期至秦汉之际各种关于礼治的论文选集，相传为西汉晚期戴圣编纂。戴圣的叔父戴德曾编过八十五篇本，称《大戴记》。有记载说《小戴记》是从《大戴记》中筛选出来的，共四十九篇，然此说有争议。作者为孔门"七十子后学者所记"（《汉书·艺文志》）。也有人认为，《礼记》四十九篇原先大都是当时其他典籍的组成部分，由西汉初期叔孙通，西汉后期戴德、戴圣等人采编而成。

《礼记》诸篇成文有先后，当代学者一般认为其上限为春秋末期，多数篇章成于战国，其内容中可能亦杂有汉人改写增补的部分。"礼"作为中国式社会规范的总称，在儒家中具有核心重要性，所谓"克己复礼为仁"。作为一套成体系的制度，"礼学"可视为儒家的外王之学，与作为内圣之学的"仁学"互为表里。

占卜行为本身亦周代礼制的重要内容，《周礼·春官·筮人》说："凡国之大事，先筮而后卜。"《礼记·曲礼上》曰："卜筮者，先圣王之所以使民信时日、敬鬼神、畏法令也；所以使民决嫌疑、定犹与也。"可见其重要性。《周礼·春官·太卜》载："太卜掌三《易》之法，一曰《连山》，二曰《归藏》，三曰《周易》。"运用《周易》占卜，其行为本身亦属礼制内容。《礼记·祭义》更谓：

> 昔者圣人建阴阳天地之情，立以为《易》，易抱龟南面，天子卷冕北面，虽有明知之心，必进断其志焉，示不敢专，以尊天也。善则称人，过则称己，教不伐以尊贤也。

谓圣人基于天地阴阳之情而作《易》，后世又有"抱龟南面"与天子相对之"易"，其为官名，盖原始社会时期酋长与巫师并尊之遗俗。周室则以"《易》之用所以定天下之心，断天下之疑，而为天子养心修身之要务也"①。大约正因此，《礼记》中多有援引《周易》经传以论证"礼学"微义之文。兹按篇章次序，略如下述：

《礼记·经解》一则：

> 故婚姻之礼废，则夫妇之道苦，而淫辟之罪多矣；乡饮酒之礼废，则长幼之序大，而争斗之狱繁矣；丧祭之礼废，则臣子之恩薄，而倍死忘生者众矣；聘、觐之礼废，则君臣之位失，诸侯之行恶，而倍畔侵陵之败起矣。故礼之教化也微，其止邪也于未形，使人日徙善远罪而不自知也，是以先王隆之也。《易》曰："君子慎始。差若毫厘，缪以千里。"此之谓也。

此引《易》中之语，未见今本《周易》。《史记·太史公自序》中亦见此语："《易》曰：失之毫厘，差以千里。"《集解》引裴骃曰："《易》无此语，《易纬》有之。"据今人查证，今传《易纬》共八篇，这句话在其中三篇中出现过，即《通卦验》《乾凿度》和《坤灵图》，文句一致："正其本而万物理，失之毫厘，差以千里。"②纬书皆出于汉代，然其三篇作品所引完全相同，当有其本，或当出自战国时期流传的某种已亡佚的《易传》类作品。

《礼记·坊记》二则：

> 子云："敬则用祭器。故君子不以菲废礼，不以美没礼。故食礼，主人亲馈则客祭，主人不亲馈则客不祭。故君子苟无礼，虽美不食焉。《易》曰：'东邻杀牛，不如西邻之禴祭，实受其福。'《诗》云：'既醉以酒，既饱以德。'以此示民，民犹争利而忘义。"

所引《易》语出自《既济卦》九五爻辞："东邻杀牛，不如西郊之禴祭，实受其福。"《礼记正义》注："东邻，谓纣国中也；西邻，谓文王国中也。此辞在既济，离下坎上，离为牛，坎为豕。西邻禴祭则用豕，与言杀牛而凶，不如杀豕受福，喻奢而慢不若俭而敬也。"《易》理与文意密合。

> 子云："礼之先币帛也，欲民之先事而后禄也。先财而后礼，则

---

① 徐芹庭：《易经源流——中国易经学史》上，中国书店 2008 年版，第 194 页。
② 王方钊：《〈四库提要·易类六·易纬坤灵图〉按语考辨》，《文化研究》2015 年第 5 期。

民利；无辞而行情，则民争。故君子于有馈者弗能见，则不视其馈。《易》曰：'不耕获，不菑畬，凶。'以此坊民，民犹贵禄而贱行。"

此出于《无妄卦》六二爻辞："不耕获，不菑畬，则利有攸往。"《礼记》所引言"凶"，与今本有异。"不耕获，不菑畬"的意思是不耕而获，不开荒而种熟田。《礼记正义》注："言必先种之乃得获，若先菑乃得畬也，安有无事而取利者乎？"以不劳而获为"凶"，其义似较今本为通。《说文》亦引此语，谓："三岁治田也。《易》曰：'不菑畬，田。'从田，余声。"清儒惠栋云："旧脱凶字，故卦义不明。《礼记·坊记》有之，盖七十子所传，当得其实也。"[1] 惠说可从。

《礼记·表记》三则：

> 子曰："君子慎以辟祸，笃以不揜，恭以远耻。"子曰："君子庄敬日强，安肆日偷。君子不以一日使其躬儳焉，如不终日。"子曰："齐戒以事鬼神，择日月以见君，恐民之不敬也。"子曰："狎侮，死焉而不畏也。"子曰："无辞不相接也，无礼不相见也，欲民之毋相亵也。《易》曰：'初筮告，再三渎，渎则不告。'"

此出于《蒙卦》卦辞："蒙：亨。匪我求童蒙，童蒙求我。初筮告，再三渎，渎则不告。利贞。"《礼记正义》注："言童蒙初来问师，师则告之。若再三来问，是为亵渎。问既亵渎，师则不复告之。"若就同一件事反复占卜问询，是对占卜神圣性的一种亵渎。同理，在儒家看来，对待重要的事情若都像这样随随便便的，也是一种亵渎和狎侮行为。

> 子曰："事君大言入则望大利，小言入则望小利。故君子不以小言受大禄，不以大言受小禄。《易》曰：'不家食，吉。'"

"不家食，吉"出自《大畜卦》卦辞："大畜，利贞；不家食，吉，利涉大川。"其意为"不消极避世，可获吉祥。"《礼记正义》注："'不家食吉'者，言君有大畜积，不唯与家人食之而已，当与贤人食之，故得吉。"按《大畜卦》之《象》曰："不家食吉，养贤也。"与此义近。

---

① （清）惠栋：《周易述》上，中华书局 2018 年版，第 76 页。

子曰："事君军旅不辟难，朝廷不辞贱。处其位而不履其事，则乱也。故君使其臣，得志则慎虑而从之，否则孰虑而从之，终事而退，臣之厚也。《易》曰：'不事王侯，高尚其事。'"

"不事王侯，高尚其事"为《蛊卦》的上九爻辞。《礼记正义》注："言臣致仕而去，不复事君也，君犹高尚其所为之事，言尊大其成功也。"爻辞之原义，或被理解为能坚持原则，拥有隐士般高尚的气节，故此爻《象》曰："不事王侯，志可则也。"《礼记》的引用于其义略有引申。

《礼记·缁衣》一则：

子曰："南人有言曰：'人而无恒，不可以为卜筮。'古之遗言与！龟筮犹不能知也，而况于人乎？《诗》云：'我龟既厌，不我告犹。'《兑命》曰：'爵无及恶德，民立而正；事纯（烦）而祭祀，是为不敬。事烦则乱，事神则难。'《易》曰：'不恒其德，或承之羞。恒其德，侦（贞）；妇人吉，夫子凶。'"

此借孔子之言说明若欲占卜，必须有勤勉有恒之人才行。并同时引用《诗》《书》《易》三则典故论证此理。所引《易》文见今本《周易·恒卦》的九三爻辞"不恒其德，或承之羞，贞吝"和六五爻辞"恒其德，贞；妇人吉，夫子凶"。《礼记正义》注："妇人，从人者也，以问正为常德则吉。男子当专行干事，而以问正为常德，是亦无恒之人也。"认为男子应长久保持美德而坚守正道，瞻前顾后于吉凶得失，也是一种"无恒"的表现。

《礼记·深衣》一则：

袂圜以应规，曲祫如矩以应方，负绳及踝以应直，下齐如权衡以应平。故规者，行举手以为容；负绳、抱方者，以直其政，方其义也。故《易》曰："坤六二之动，直以方也。"

《坤卦》六二爻辞："直方大，不习，无不利。"《象》曰："六二之动，直以方也。不习，无不利，地道光也。"原意是说坤象平直而方正，故其道大光。此借"直""方"之义形容深衣。《礼记正义》注："言深衣之'直'、'方'，应《易》之文也。"

《礼记》之文，亦偶有与《易传》文字类似之处者，若《乐记》：

> 天尊地卑，君臣定矣。卑高已陈，贵贱位矣。动静有常，小大殊矣。方以类聚，物以群分，则性命不同矣。在天成象，在地成形，如此，则礼者，天地之别也。

《周易·系辞上》曰："天尊地卑，乾坤定矣。卑高以陈，贵贱位矣。动静有常，刚柔断矣。方以类聚，物以群分，吉凶生矣。在天成象，在地成形，变化见矣。"二者之文大同小异，其文主述儒家等级观念，成篇之先后则难以遽断。

要之，《礼记》所引《周易》之文，大多符合《易》原文之本义，间或有所引申。少数情况与今本《周易》之文略有歧异，此于《周易》文本的文献考据不乏重要价值。《左传·昭公二年》载："二年春，晋侯使韩宣子来聘，且告为政而来见，礼也。观书于大史氏，见《易象》与《鲁春秋》，曰'周礼尽在鲁矣！吾乃今知周公之德与周之所以王也。'"盖《周易》之文中不乏与周代礼制直接相关的内容，对此汉儒郑玄、虞翻有更多阐发，清儒张惠言撰有《虞氏易礼》，即发明汉儒之相关释义。所谓"《易经》一书，兼备五礼"①，故《礼》与《易》互证之法，在学理上亦属自洽，追溯渊源，当以《礼记》为起点。

二 郑玄的《礼》《易》互释之学

如前所述，清儒所理解的"汉学"，严格说来实为由郑玄奠基的治学方法，其针对经典文本的训诂考证，侧重立足于不同文本间的相互印证，所谓"以经证经，汉儒家法，无不如是"②即此。郑玄（127—200）字康成，北海郡高密县（今山东省高密市）人。其人生于汉末，治学以古文经学为主，兼采今文经学，毕生遍注诸经，为汉代经学的集大成者，世称"郑学"。其著述至今尚保存完整者，有《周礼注》《仪礼注》《礼记注》（合称《三礼注》）和《毛诗传笺》；其《周易注》《古文尚书注》《孝经注》《论语注》诸书，后世散佚，后人编有辑本。郑玄对《周易》的解读注释，宋人"王应麟辑《郑玄易注》一卷，其后人附刻《玉海》之末，虽残章断句，尚颇见汉学之崖略，于经籍颇为有功，然皆不著所出之书，又次序先后间与经文不应，亦有遗漏未载者"。清儒惠栋"因其旧本重为补正，凡应麟书所已载者，一一考求原本，注其出自某书。明其信而有

---

① 刘师培：《国学发微》，广陵书社 2013 年版，第 172 页。
② 张舜徽：《张舜徽集·清人文集别录》，华中师范大学出版社 2010 年版，第 168 页。

征，极为详核"。且颇有增补，"考核精秘，实胜原书"①。其于传世典籍中广泛采撷郑玄《周易注》之佚文，汇为一编，是为《新本郑氏周易》。其中颇多"以《礼》注《易》"，也就是运用有关先秦礼制的诠释视角来解读《周易》文本者，有学者统计"有30多条，主要见于他对《周易》之泰、同人、讼、豫、随、观、大过、坎、离、咸、恒、晋、损、益、萃、升、困、鼎、震、丰、旅、归妹等卦和《系辞》、《象传》、《序卦》等的注释"，"就礼而言，涉及到三《礼》的婚礼、祭祀礼、宾礼、封侯礼、刑礼、朝聘礼等"②。

"以《礼》注《易》"本身也是郑玄易学的一个重要特点，皮锡瑞在《经学通论》中已指出："郑学最精者三《礼》，其注《易》亦据礼以证，《易》义广大，无所不包。据礼证《易》，以视阴阳术数，实远胜之。"有以婚礼注《易》者，如以《周礼·地官·媒氏》"仲春之月，令会男女"之说注《泰卦》六五爻曰："五爻辰在卯，春为阳中，万物以生。生育者，嫁娶之贵中春之月。嫁娶，男女之礼，福禄大吉。"③ 又以"令男三十而娶，女二十而嫁"之说注《咸卦》曰："三十之男有此三德，以下二十之女，正而相亲说，取之则吉也。"④ 又注《大过》九二曰："以丈夫年过娶二十之女，老妇年过嫁三十之男，皆得其子。"⑤ 以祭礼注《易》，如注《豫卦》之《象》曰："上帝，天也。王者功成作乐，以文得之者作籥舞，以武得之者作万舞，各充其德而为制。祀天地'以配祖考'者，使与天同飨其功也。故《孝经》云：'郊祀后稷以配天，宗祀文王于明堂以配上帝'是也。"⑥ 以宾礼注《易》，如以《仪礼·乡饮酒礼》之说注《观》"盥而不荐"曰："诸侯贡士于天子，乡大夫贡士于其君，必以礼宾之。唯主人盥而献宾，宾盥而酢主人，设荐俎则弟子也。"⑦ 以刑礼注《易》，如

① （清）永瑢、纪昀主编：《四库全书总目提要》，海南出版社1999年版，第14页。
② 林忠军：《论郑玄以〈礼〉注〈易〉方法》，《武汉大学学报》（人文科学版）2011年第1期。
③ 林忠军：《周易郑氏注通释》，林忠军《周易郑氏学阐微》，上海古籍出版社2019年版，第256页。
④ 林忠军：《周易郑氏注通释》，林忠军《周易郑氏学阐微》，上海古籍出版社2019年版，第302页。
⑤ 林忠军：《周易郑氏注通释》，林忠军《周易郑氏学阐微》，上海古籍出版社2019年版，第293页。
⑥ 林忠军：《周易郑氏注通释》，林忠军《周易郑氏学阐微》，上海古籍出版社2019年版，第265页。
⑦ 林忠军：《周易郑氏注通释》，林忠军《周易郑氏学阐微》，上海古籍出版社2019年版，第274页。

以《周礼·秋官·掌四》和《司恒氏》之说注《鼎》九四曰："糁谓之
铼。震为竹，竹萌曰笋。笋者，铼之为菜也，是八珍之食。臣下旷官，失
君之美道，当刑之于屋中。"① 林忠军指出："汉代以《礼》解《易》始于
孟喜，马融也使用过以《礼》注《易》的方法。但由于孟喜、马融易学资
料大多遗失，难以窥观。从后世辑佚的易注看，以三《礼》解《易》者莫
过于汉末郑玄。"②

通观郑玄《周易注》中的"以《礼》注《易》"的情况，不少案例实则
亦为"以《易》解《礼》"，因为，郑玄本人亦精于象数易学，"先受京氏
《易》，又从马融受费氏《易》，故其学出入于两家。然要其大旨，费义居
多，实为传《易》之正脉"③。其学好以"互体"④"爻体"⑤ 之说解
《易》，更发明"爻辰"⑥ 之学。他在注解《周易》之文时，时以这些象数学
理论进行阐释，有些涉及礼制问题者，亦参以《易》理证之。略举下例。

（一）关于婚姻之礼者

　　五爻辰在卯春，为阳中，万物以生。生育者，嫁娶之贵，仲春之
　月，嫁娶，男女之礼，福禄大吉。⑦（辑自《周礼疏·媒氏》，所对应
　的《周易》原文是《泰卦》六五爻辞"帝乙归妹，以祉元吉"。）

这是说泰卦六五爻之爻辰在卯，建卯之月即夏历仲春（二月），此时

---

① 林忠军：《周易郑氏注通释》，林忠军《周易郑氏学阐微》，上海古籍出版社 2019 年版，
　第 343 页。
② 林忠军：《论郑玄以〈礼〉注〈易〉方法》，《武汉大学学报》（人文科学版）2011 年第
　1 期。
③ （清）永瑢、纪昀主编：《四库全书总目提要》，海南出版社 1999 年版，第 14 页。
④ 所谓"互体"，又称"互卦"，意思是卦中有卦。《周易》一卦六爻，将其中数爻抽离出
　来重新排列出另一卦，称"互体"。互体有多种排列方法，一般是对二三四五爻进行重新
　组合，比较常用的方法是以六画卦的二至四爻或三至五爻组合为经卦。
⑤ 所谓"爻体"，指某卦中的关键一爻可以代表该卦之整体，同时亦可体现该卦的卦义。
⑥ 所谓"爻辰"，为郑玄所用《易》说之一。其以《乾》《坤》两卦的十二爻分值十二辰，
　又以此十二辰分主十二月；《乾》卦初九爻当"子"，为十一月；九二爻当"寅"，为正
　月；九三爻当"辰"，为三月；九四爻当"午"，为五月；九五爻当"申"，为七月；上
　九爻当"戌"，为九月；《坤》卦初六爻当"未"，为六月；六二爻当"酉"，为八月；六
　三爻当"亥"，为十月；六四爻当"丑"，为十二月；六五爻当"卯"，为二月；上六爻
　当"巳"，为四月。用此十二辰与二十八星宿、二十四节侯及十二生肖相值，以解卦爻之
　由来。参见章秋农《周易占筮学》，中华书局 2017 年版，207—208 页。
⑦ 林忠军：《周易郑氏注通释》，林忠军《周易郑氏学阐微》，上海古籍出版社 2019 年版，
　第 256 页。

春暖花开，万物发生，正适合男婚女嫁。

（二）关于祭祀之礼者

坤为地，为众；巽为木，为风。九五天子之爻，互体有艮，艮为鬼门，又为宫阙。地上有木而为鬼门、宫阙者，天子宗庙之象也。① （辑自《周易集解》，所对应的《周易》原文是《观卦》卦辞"观，盥而不荐，有孚颙若"。）

观卦上巽下坤，为风行地上之象，郑玄以其九五爻象征天子之位。此外，观卦的互体，第三至五爻可以看作一个艮（☶），艮又象征鬼门和宫阙，由此解此卦之义即天子在死后的宫阙，故称"天子宗庙之象"。

（三）关于会盟之礼者

六四上承九五，又互体在震上。爻辰在丑，丑上值斗，可以斟之象。斗上有建星，建星之形似簋。贰，副也。建星上有弁星，弁星之形又如缶。天子大臣以王命出会诸侯，主国尊于簋副设玄酒而用缶也。② （辑自《毛诗正义·宛丘》《礼记正义·礼器》，所对应的《周易》原文是《坎卦》六四爻辞"樽酒簋贰，用缶，纳约自牖，终无咎"。）

坎卦第二至四爻可以看作一个震（☳），为其互体。林忠军释其义谓："郑玄先以爻位、互体，解读出大臣以王命会诸侯。'六四象大臣出会诸侯，四承九五，天子大臣之象。九二互体震，为诸侯，王人位诸侯之上，震动坎聚，故四象出会诸侯。'（张惠言《周易郑氏义》）又以爻辰解'樽酒簋，贰用缶'，四爻辰值丑，对应天上斗星，由斗星引申出建星、弁星形状，'建星之形似簋'，'弁星之形又如缶'，然后引出国享之礼。"③ 以象数联系《易》象与会盟饮酒之礼，思路相当复杂曲折，显然是一种明显带有主观"前见"的诠释方式。

---

① 林忠军：《周易郑氏注通释》，林忠军《周易郑氏学阐微》，上海古籍出版社 2019 年版，第 274 页。
② 林忠军：《周易郑氏注通释》，林忠军《周易郑氏学阐微》，上海古籍出版社 2019 年版，第 294 页。
③ 林忠军：《论郑玄以〈礼〉注〈易〉方法》，《武汉大学学报》（人文科学版）2011 年第 1 期。

（四）关于朝聘之礼者

　　琐琐，犹小小也。爻互体艮，艮小石。小小之象。三为聘客，初与二，其介也。介当以笃实之人为之，而用小人琐琐然，客人为言，不能辞曰非礼，不能对曰非礼。每者不能以礼行之，则其所以得罪。① （辑自《仪礼·聘礼》疏，所对应的《周易》原文是《旅卦》初六爻辞"旅琐琐，斯其所取灾"。）

　　朝聘之礼指古代诸侯派使者或亲自定期觐见天子的礼仪。旅卦上离下艮（郑玄将下卦也视为互体），为山上有火之象。其爻体为艮，有小石之象，象征小人，小人言辞琐屑，答对言辞不能得体，故得罪而取灾。按《周易》之《旅卦》原文中似并无朝聘之说，郑玄的说法显然有些牵强。

（五）关于封地制度者

　　二据初，辰在未，未为土，此二为大夫，有地之象。未上值天厨，酒食象。困于酒食者，采地薄不足已用也。② （辑自《仪礼疏·士冠礼》，所对应的《周易》原文是《困卦》九二爻辞"困于酒食，朱绂方来，利用亨祀，征凶，无咎"。）

　　谓困卦初爻爻辰在未，未于五行属土，九二爻居于其上，故象征大夫的封地。"未"对应的天象则为"天厨"，意为"为百官而设的厨房"。故郑玄以爻辞所谓"困于酒食"者，谓封地贫瘠产出匮乏之意。——然此义也是一种"创造性诠释"，显然距离《周易》本文甚远。

（六）关于刑法者

　　震为长子，爻失正，又互体兑。兑为附决。子居明法之家而无正，何以自断，其君父不志也。突如，震之失正不知其所如，又为巽。巽为进退，不知所从。不孝之罪，五刑莫大焉，得用议贵之辟，刑之，若如所犯之罪。焚如，杀其亲之刑。死如，杀人之刑。弃如，流宥之刑。③ （辑自

---

① 林忠军：《周易郑氏注通释》，林忠军《周易郑氏学阐微》，上海古籍出版社 2019 年版，第 356 页。
② 林忠军：《周易郑氏注通释》，林忠军《周易郑氏学阐微》，上海古籍出版社 2019 年版，第 333—334 页。
③ 林忠军：《周易郑氏注通释》，林忠军《周易郑氏学阐微》，上海古籍出版社 2019 年版，第 299—300 页。

《周礼疏·秋官·掌戮》，所对应的《周易》原文是《离卦》九四爻辞"突如，其来如，焚如，死如，弃如"。）

离卦卦象与震卦和巽卦相关，火、雷、风之象在古人看来有密切联系，震卦的三至五爻是一个兑（☱），为其互体。诸象结合，有肃杀之义，故引申出五刑。而《周礼》又有"议贵之辟"之说，周代大夫以上的人犯法可以在判决后以判决之罪与事实不符而再次进行上诉审议然后定罪，称为议贵之辟。

作为人间社会规范准则的礼制，本为天道形而上原则之践履，这种观念在先秦时期已经形成，《庄子·天下》说："《礼》以道行。"《礼记·祭义》说："礼者，履此者也。"郑玄注曰："礼者，体也，履也。统之于心曰体，践而行之曰履。"由此赋予"礼"以天经地义的神圣性。《礼记》论及礼之形成，亦本于天地阴阳演运变化之规律，《礼运》篇说："夫礼必本于大一，分而为天地，转而为阴阳，变而为四时，列而为鬼神，其降曰命，其官于天也。……夫礼必本于天，殽于地，列于鬼神。达于丧、祭、射、御、冠、昏、朝、聘。故圣人以礼示之，故天下国家可得而正也。"故后儒多有《易》《礼》大义相通之论。"礼者，继天地，体阴阳"（《春秋繁露·奉本》）亦为汉儒早已接受的固有观念。郑玄结合《周易》象数的微言大义，为礼法制度赋予了一套不失精密的神学依据，使得那些具体的"人事"上合于"天道"法则，显然正是一种将《周易》象数体系作为"前理解"来解读三《礼》的诠释路径。同时可见，汉儒之"以经释经"不仅限于文本辞义的相互印证，基于易学的义理视角也已初见端倪，而且这种相关的义理发挥，时有逸出《周易》文本本身的例证，已可视为一种"创造性诠释"。

三　清代重礼思潮与张惠言《虞氏易礼》的"以经释经"说

"礼"是清代思想史中的一个重要范畴，中国台湾地区学者张寿安早年曾提出，清代中后期学界中呈现出了"以礼代理"这一思想脉络，认为"以礼代理的思想走向，实为清学在思想上之主要发展特色，也是清学与宋明理学在思想上的主要分水岭，其目的是要把儒学思想从宋明理学的形上形式，转向礼学治世的实用形式"[1]。张寿安注意到，清儒本诸六经以求

---

[1]　张寿安：《以礼代理——凌廷堪与清中叶儒学思想之转变》，河北教育出版社 2001 年版，第 6 页。

治世之道，于"礼"尤有偏重，以之作为实践的准则和参考，故以"'礼'因为和宋明理学之理有辩证上的关系，被乾嘉学者用作发展其本身思想体系的基石，在清代'新义理学'上具有重大意义"①。经张氏的分梳考辨，"发现徽学从戴震、程瑶田（1725—1814）至凌廷堪，有一'以理代礼'的明显走向，而廷堪尤为礼学之大纛。廷堪'以礼代理'之说立，然后清儒自顾炎武以来'经学即理学'及戴震所倡'道在六经'的实学主张，才有了从思想到实践的一贯体系，而清代儒学在思想史上的意义，也才能具体显现"②。以凌廷堪（1757—1809）为清代新义理学中"以礼代理"这一脉络上承先启后的关键人物。

不过，"礼"与"理"的相通性，本身在宋儒的叙述中已其来有自，如周敦颐说："礼，理也；乐，和也。"③张载说："盖礼者理也，须是学穷理，礼则所以行其义，知理则能制礼，然则礼出于理之后。"④朱熹说："礼即理也，但谓之理，则疑若未有形迹之可言。制而为礼，则有品节文章之可见矣。"⑤又说："这个礼，是那天理节文，教人有准则处。"⑥后世心学巨子王守仁则说："'礼'字即是理字。理之发见，可见者谓之文；文之隐微，不可见者谓之理：只是一物。"⑦也就是说，把"理"落实到"礼"上，在宋学的传统上也一样能说得通。清初诸儒若顾炎武、张尔岐、万斯同等已经开始注重礼学的研究，以弥补理学空疏流弊，因为强调"礼"方可把工夫论的一套落实到具体的经世致用上，这也是当时"实学"转向的内在理路所在。其后即使官方正统派的理学名臣，若康乾年间的李绂（1675—1750）亦强调人伦实践的重要性，黄进兴总结说："在李绂思想中，道与理明显有细微差别。道是理的运行过程。换句话说，理如果不付诸行动，就不能被称为道。……如果道只显现在行为范畴上，那么治学的正确方法就应当集中于理在人们行为中的实现。"因此，"人们应当直接运用五伦的实质。生活中人伦的表现就是道真正本质的最好展示"⑧。

---

①　张寿安：《以礼代理——凌廷堪与清中叶儒学思想之转变》，河北教育出版社2001年版，第3页。

②　张寿安：《以礼代理——凌廷堪与清中叶儒学思想之转变》，河北教育出版社2001年版，第7—8页。

③　周敦颐：《通书·礼乐第十三》，《周敦颐集》，中华书局2009年版，第25页。

④　（宋）张载：《张子语录·语录下》，《张载集》，中华书局1978年版，第326—327页。

⑤　（宋）朱熹：《答张择之》，《全宋文》第249册，上海辞书出版社2006年版，第25页。

⑥　（宋）黎靖德编：《朱子语类》第3册，中华书局1986年版，第1048页。

⑦　（明）王守仁：《传习录·上》，《王阳明全集》上，上海古籍出版社2011年版，第7页。

⑧　黄进兴：《李绂与清代陆王学派》，江苏教育出版社2010年版，第82—83页。

重视五伦的社会实践，其实也无非人间之"礼"的落实。首先，清代以降宋学的发展，在理气心性之辨上，前人已极尽精微，不可能再有实质性的突破，因此接下来的路向，自然会走向重视人伦日用的实践性方向；此外，宋学中本身蕴含了"天理"可以宰制人间万事合理性的思路，所谓"道统"和"势统"之间，存在一定内在紧张，但这一定是强调极端集权的清代专制统治者不可能喜欢的东西，因此强调把"理"落实到"五伦"之礼，显然也符合彼时的客观政治文化生态之需要。

周积明在其《清史·思潮志》（未刊稿）中指出：

> 乾嘉时期的以礼代理，固然有打破理学压制人心人性一面，但礼学之兴起也有为统治者所用强化社会秩序之另一面。阮元提倡人人遵行《孝经》，"维持君臣，安辑家邦"。陈寿祺鉴于"近时海内萎薾滋蕃，民不知礼，结会煽惑，争斗仇杀"，上书闽浙总督汪志伊，拟请郡县广行乡饮酒礼。其言谓："近奉明诏，令天下举行保甲法，联俗诘奸，至为明密。若复遍行乡饮酒礼，以通物情，以寓教化……二法相辅，百姓孰不乐劝相从，久而不倦者哉。"而嘉庆帝于嘉庆二十三年八月所发谕旨，开宗明义便称："朕惟治民之道，莫善于礼。乾隆初年，皇考高宗纯皇帝曾命臣工萃集历代礼书，并本朝会典，将冠婚丧祭一切仪制斟酌损益，定为《皇朝通礼》一书，实足为朝野率由之准。特是书刊刻后，弆板内府，直省士民鲜得见闻。著武英殿按照省分，各印给一部，各该督抚派人祗领，照刊流播，俾士民共识遵循，用昭法守。"故其时朝廷加强礼治之种种举措，又有与士大夫合谋之一面。

要之，无论当时汉学的"以礼代理"，还是宋学的"以礼释理"，兴起的内在原因其实应该是类似的。在清代重"礼"思潮勃兴的涵化下，有关易学方面的研究亦重新关注到了汉代《易》《礼》互释之学，张惠言《虞氏易礼》之著堪称代表。

张惠言（1761—1802）是继惠栋之后汉易研究的代表性人物，张氏于惠栋之学"补其亡阙，灼其隐滞，成一家言"①，立说专宗虞翻，参以郑玄、荀爽诸家之说，著有《周易虞氏义》《周易虞氏消息》《虞氏易礼》《周易郑氏义》等，其《虞氏易礼》一书，阐汉儒虞翻"以《礼》注

---

① （清）沈豫：《皇清经解提要》，华夏出版社2014年版，第89页。

《易》"之说，认为《周易》中包含大量的周代礼制内容，可以与《周礼》相互印证。

《虞氏易礼》之《叙》中开宗明义："韩宣子见《易象》与《鲁春秋》曰：'周礼尽在鲁矣。'①《记》曰：'夫礼，必本于太一，分而为天地，转而为阴阳，变而为四时，其降曰命。'②故知《易》者，礼象也。"③以周代礼法之建立，基于天地阴阳变化之道，故通于《周易》。汉儒以《礼》说《易》之著者，为郑玄、虞翻二家，但张惠言认为："郑氏惜残缺不尽存。若虞氏，于礼已略。然以其所及揆诸郑氏，源流本末盖有同焉。"④其书以虞翻之说为本，以郑玄之说为印证，以考见汉儒《礼》《易》互释之学。

《虞氏易礼》中"以经释经"之说，兹拾撷三例以见其特色。

其一，《宾王》一则，解《观》卦爻辞"六四，观国之光，利用宾于王"。虞翻注曰："坤为国。临阳至二，天下文明。反上成观，进显天位，故'观国之光'。王谓五阳。阳尊宾坤。坤为用、为臣，四在王庭（艮为庭）⑤，宾事于五。故'利用宾于王'矣。《诗》曰：'莫敢不来宾，莫敢不来王。'是其义也。"⑥虞翻此说辑自李鼎祚《周易集解》。这是说，临卦（兑下坤上），其中上卦的坤象征国家，其中全卦的两个阳爻象征"天下文明"；临卦的"反卦"则是观卦，两个阳爻居于上，君临天下，故曰"观国之光"；观卦的下卦坤象征"用"和"臣"，观卦的三、四、五爻是一个艮☶，象征王庭，臣服于第五爻阳爻的君王之位，此即"利用宾于王"，象征君臣之位的"礼"。

张惠言以虞翻之义，即以"利用宾于王"为《周礼》中之"宾礼"，他解释说："注虽言'宾事于五'，先言阳尊宾坤，则谓五以宾礼待四也，既在坤为臣，则非二王之后为宾者。《周官》云：'以宾礼亲邦国'是其义也。"以为此义之要在以臣为"宾"，并不是普通的君臣关系，是周王款待来朝会的四方诸侯和诸侯派遣使臣向周王问安的礼节仪式。

---

① 语见《左传·昭公二年》。
② 语见《礼记·礼运》。
③ （清）张惠言：《虞氏易礼》，《续修四库全书》第26册，上海古籍出版社2002年版，第601页。
④ （清）张惠言：《虞氏易礼》，《续修四库全书》第26册，上海古籍出版社2002年版，第601页。
⑤ 括号内文字为张惠言的解释，下同。
⑥ （清）张惠言：《虞氏易礼》，《续修四库全书》第26册，上海古籍出版社2002年版，第613页。

其二，《用大牲》一则，解《萃》卦爻辞"王假有庙，利见大人，亨，利贞，用大牲，吉，利有攸往"。虞翻注曰："观上之四也。观乾为王（谓五），假至也。艮为庙，体观享祀，故通上之四，故'假有庙，致孝享'矣。大人谓五。三四失位，利之正。变成离，离为见。故'利见大人，亨，利贞'。聚以正也。坤为牛，故曰'大牲'，四之三，折坤得正，故'用大牲吉'。三往之四，故'利有攸往，顺天命也'。"① 此亦辑自李鼎祚《周易集解》。这是说，观卦第四爻升至上爻，成为萃卦。观卦第五爻阳爻象征王，借之萃卦中。二、三、四爻是个艮☶，在萃卦中象征宗庙，故有祭祀之义。萃卦下卦是坤☷，坤为牛，故应以大牲祭祀。

张惠言采郑玄说印证："大牲，牛也。言大人有嘉会，必杀牛而盟，既盟则可以往，故曰'利往'。"张惠言认为："经文'用大牲'在'利见大人'之下，与假庙不属取象又殊，则郑义是也。"其义可与"《周官·大行人》曰：时会以发四方之禁"② 之说印证，借宗庙为场所以会盟，为周王不定期地朝会四方诸侯的礼节仪式。

其三，《公用亨于天子》一则，解《大有》卦爻辞"九三，公用亨于天子，小人弗克"，虞翻注曰："天子谓五，三公位也；小人谓四，二变得位，体禀象，故'公用亨于天子'（五亨三）。四'折鼎足，覆公𬯎'，故小人不克也（三欲与四辅，五四小人，故不克，当使四变）。"③ 意思是，大有卦第五爻是天子位，第四爻是小人位，但均未"得位"。本卦九四爻辞谓"鼎折足，覆公𬯎，其形渥，凶"，小人为凶，故难以豫此，因此为"天子任用大臣立功定国之象"④。

张惠言以此"公"为周制中之贵族"上公"，"《周官》曰：'九命作伯。'郑注云：'上公有功德者，加命为二伯，得征五侯九伯者。'《诗·彤弓》曰：'钟鼓既设，一朝飨之。''飨之'者，盖锡命之也"⑤。以"公用亨于天子"之义为酬庸之礼，为周天子奖酬有功大臣的仪节。

---

① （清）张惠言：《虞氏易礼》，《续修四库全书》第 26 册，上海古籍出版社 2002 年版，第 614 页。

② （清）张惠言：《虞氏易礼》，《续修四库全书》第 26 册，上海古籍出版社 2002 年版，第 614 页。

③ （清）张惠言：《虞氏易礼》，《续修四库全书》第 26 册，上海古籍出版社 2002 年版，第 615 页。

④ （清）张惠言：《虞氏易礼》，《续修四库全书》第 26 册，上海古籍出版社 2002 年版，第 615 页。

⑤ （清）张惠言：《虞氏易礼》，《续修四库全书》第 26 册，上海古籍出版社 2002 年版，第 615 页。

诸如此类等，刘师培据《虞氏易礼》等书，将《周易》中涉及的周代礼制记载归纳为十三类：郊祀之礼、封禅之礼、宗庙之礼、时祭之礼、馈食之礼、省方之礼、时会之礼、酬庸之礼、聘礼、王臣出会之礼、田狩之礼、婚礼、丧礼。指出这些"皆周礼附见于《周易》者，若用张氏惠言《虞氏易礼》之例汇而列之，则《周易》一书兼有裨于典章制度之学矣"①。并在《周易周礼相通考》文中继有申论，对张惠言之学予颇高评价，谓：

> 　　《易经》大义，不外"元亨利贞"。孔子之释"亨"字也，谓嘉会足以合礼。又，《系辞》上曰："圣人可以见天下之动，而观其会通，以行其典礼。"亦《易经》言礼之明征。昔《礼运》载孔子之言曰："吾欲观殷道，是故之宋，而不足征也。吾得《坤乾》焉。"夫《坤乾》为殷代之《易》，孔子言"欲观殷道"即《中庸》所谓"吾学殷礼"。是孔子之于殷礼，征之殷《易》之书。孔子因殷《易》而观殷礼，此韩宣子所由因《周易》而见周礼也。近儒以《易》为言礼之书，岂不然哉！②

刘师培于汉儒乃至张惠言以礼释《易》之学的合法性给予充分辩护，这也是对于清儒"以经释经"之学的明确肯认。当然，结合清代中叶以降学林的崇礼思想看来，张惠言之《易》礼研究，虽纯为考据诂经之学，亦当有其经世之关怀存焉。

第三节　"以《易》解经"的宋学渊源

清儒"以经释经"范式下的《周易》诠释，自可导源于汉儒，如徐芹庭所说："西汉时上至帝王将相，下至平民处士，或引《易》以证其事，或借《易》以明其理，或引《易》以解其事，或赋《易》以新解说，或节引《易》文，或引《易》而与今《易》不同，或引《易传》之佚文，盖彬彬盛矣。"③但汉儒的这种"以他经解本经"，更多类似于先秦《左

---

①　刘师培：《经学教科书》，上海古籍出版社 2006 年版，第 250 页。

②　刘师培：《群经大义相通论》，《国学发微（外五种）》，广陵书社 2013 年版，第 176 页。

③　徐芹庭：《易经源流——中国易经学史》上，中国书店 2008 年版，320 页。

传》中文辞常援引《诗经》的情况，近于一种修辞说理的表达习惯。郑玄、虞翻以《易》《礼》互通之论，虽已表现出一定的义理学视角，然立说基于天人感应和象数思维，实近于一种尚较初阶的"自然哲学"，仍存有先民"互渗律"的思维印记。以《易》（主要是《易传》）为哲学范式，来解释儒家经典之微言大义而渐成体系，至宋儒蔚然成风。

宋明理学亦被称为"宋明新儒学"，其何以称"新"，盖因"理学即哲学也，实应离经学而为一独立学科"①。其不同于儒家汉唐经术之专注于名物训诂与典章制度之学，而更专注于形上玄思。"'宋学家'在表面上虽自称孔、孟道统的继承者，而实际他们所用力的，不是热情的去拯救社会，而是理智的去思考本体"，甚至"本体研究是宋学唯一的特点"②。北宋诸儒基于《周易》为理学建立了体用论思想的根基，《伊川易传·序》谓："易，变易也，随时变易以从道也。其为书也，广大悉备，将以顺性命之理，通幽明之故，尽事物之情，而示开物成务之道也。"③此语可视为宋儒《周易》观的代表性论述，宋儒的义理建构，以易理贯通儒门群经大义，其"以《易》解经"之论具备了一定哲学理论维度的自觉性，走向了更为精致，亦更具思辨深度的方向。

一　周敦颐《通书》的"以《易》解《庸》"

周敦颐的两部著作《太极图说》与《通书》相互为用，朱熹评价"其为说实相表里"。钱穆先生指出："《太极图说》的根据在《易经》，《通书》则又会通之于《中庸》"，"《易经》与《中庸》，宋明学术界，公认为是两部重要的经典，但最先把此两书发挥出完整的系统，细密的条理者是周敦颐"④。

《中庸》原系《礼记》之一篇，但一直存在其独立的重要地位。其最早记载见于司马迁的《史记·孔子世家》，谓"子思作《中庸》"。然后儒于此说不乏疑之者，或以其文辞若"车同轨、书同文"之语，断非春秋之世时所当有者。⑤《中庸》是集中阐释儒家"性命之理"的文献，汉儒郑玄从道德论的视角，以"用中"释《中庸》。魏晋南北朝时期，何晏、戴

---

① 梁启超：《清代学术概论》，上海世纪出版集团 2005 年版，第 9 页。
② 周予同：《"汉学"与"宋学"》，《周予同经学史论》，上海人民出版社 2010 年版，第 219 页。
③ （宋）程颢、程颐：《二程集》下，中华书局 2004 年版，第 689 页。
④ 钱穆：《宋明理学概述》，九州出版社 2010 年版，第 34—35 页。
⑤ 参见林庆彰《清初的群经辨伪学》，华东师范大学出版社 2011 年版，第 387—411 页。

颐、萧衍注意到《中庸》中的思想可会通佛老，作了许多具有玄学背景的解释。唐代李翱立足于《中庸》而论《复性书》"灭情复性"之义，为宋儒对《中庸》的阐发开启先河。陈寅恪先生注意到，宋儒之前，佛教人士已然开始重视《中庸》，他在《冯友兰〈中国哲学史〉下册审查报告》中说："凡新儒家之学说，几无不有道教，或与道教有关之佛教为之先导。""北宋之智圆提倡《中庸》，甚至以僧徒而号'中庸子'，并自为传以述其义。……似亦于宋代新儒家为先觉。"①

《中庸》讲"天命之谓性"的人性论与"自诚明谓之性"的修养论，颇与"中国化佛教"的主流观念讲"众生皆有佛性"而旨在"返本还源"的"真常唯心论"有相应和契合之处。故其说能先得到中土"好佛之士大夫"与僧侣的认同，同时欲建立心性论而复兴儒学的理学诸家，也需要从中汲取思想资源而加以新诠，故濂溪之会通《易》《庸》，毋宁说"以《易》解《庸》"，以《周易》的权威性来明确《中庸》义理的正统性地位。

《通书》开篇即谓：

> 诚者，圣人之本。大哉乾元，万物资始，诚之源也。乾道变化，各正性命，诚斯立焉，纯粹至善者也。故曰：一阴一阳之谓道，继之者善也，成之者性也。元亨，诚之通；利贞，诚之复。大哉《易》也，性命之源乎！②

《中庸》以"诚"为统贯天人的最高本体，所谓"诚者自成也，而道自道也，诚者物之终始，不诚无物"。"诚则形，形则著，著则明，明则动，动则变，变则化。唯天下至诚为能化。"其自成自化，与天道相终始，故"《中庸》的作者以'诚'作为宇宙万物的根本法则"，亦"乃构成万物的第一原理"③。濂溪以《周易·乾卦》的《象传》"大哉乾元，万物资始""乾道变化，各正性命"来诠释《中庸》之"诚"，以"诚"合于乾元之始，亦为性命之源。故《中庸》所言"至诚无息"即《周易》"乾道变化"健动之德，《通书·动静第十六》：

> 动而无静，静而无动，物也；动而无动，静而无静，神也。动而

---

① 陈寅恪：《陈寅恪史学论文选集》，上海古籍出版社1992年版，第511—512页。
② 周敦颐：《通书·诚上第一》，《周敦颐集》，中华书局2009年版，第13—14页。
③ 谭宇权：《中庸哲学研究》，文津出版社1995年版，第139页。

无动，静而无静，非不动不静也。物则不通，神妙万物。①

此义出自《周易·系辞上》：“阖户谓之坤，辟户谓之乾，一阖一辟谓之变，往诸不穷谓之通。见乃谓之象，形乃谓之器，制而用之谓之法，利用出入，民咸用之谓之神。”马一浮先生释其义曰：“一阖一辟，即一阴一阳，一动一静也。然阴阳又有动静。”“《通书》曰：‘动而无动，静而无静，神也。’动中有静，静中有动。动不是往而不返，静不是息而有间。若一向是动，则成常见。若谓静是止息，则成断见，动静无端，阴阳无始，大化不停，即‘至诚无息’。”② 由此亦可见，濂溪运用《周易》的阴阳阖辟的辩证思维模型，将天地大化之迁流视为无分心物之浑全整体。

濂溪以“诚”为儒家内圣学之最高境界，尚需明体达用而通于修齐治平的外王之术。《通书·家人睽复无妄第三十二》曰：

> 治天下有本，身之谓也；治天下有则，家之谓也。本必端，端本诚心而已矣，则必善，善则，和亲而已矣。家难而天下易，家亲而天下疏也。家人离，必起于妇人。故《睽》次《家人》，以二女同居而志不同行也。尧所以厘降二女于妫汭，舜可禅乎？吾兹试矣。是治天下观于家，治家观身而已矣。身端，心诚之谓也。诚心复其不善之动而已矣。不善之动，妄也；妄复则无妄矣；无妄则诚矣。故《无妄》次《复》，而曰先王以茂对时育万物，深哉！③

此以《中庸》之“诚”为安身立命之大本，并以之贯通《大学》之修身、齐家、平天下诸德目。并借《周易》的《家人》《睽》《复》《无妄》诸卦之义以释之。首先，《家人》之《象》曰：“父父，子子，兄兄，弟弟，夫夫，妇妇，而家道正。正家，而天下定矣。”以纲常为家道之本。六十四卦中《睽卦》为《家人》之后的一卦，其《象》有“二女同居，其志不同行”之语，濂溪以帝尧以娥皇、女英二女妻舜的史事释其义，认为尧是借此考验舜是否能使二女同行，也就是“治家”的能力，能够治家才能治理天下，皆需建立在“诚”的境界上。能诚而其心者，即如《复卦》之《象》曰：“不远之复，以修身也。”以“复”为复其本心之诚。

---

① 周敦颐：《周敦颐集》，中华书局 2009 年版，第 27 页。

② 马一浮：《太极图说赞言》，《马一浮新儒学论著辑要》，中国广播电视出版社 1995 年版，第 512 页。

③ 周敦颐：《周敦颐集》，中华书局 2009 年版，第 38—40 页。

而《复卦》之后的一卦是《无妄》，《序卦》曰："《复》则不妄矣，故受之以《无妄》。"《无妄》之《象》曰："天下雷行，物与无妄；先王以茂对时育万物。"由此将诚心、修身、治家乃至"育万物"以治天下的逻辑层次用《周易》以上四卦的卦义联系起来，以人事合于阴阳变化之天道。

此例可视为宋儒"以《易》解经"之典型，亦即从道德论入手，贯通天道性命。其论虽看似有牵合曲折处，致思却相当精致。盖可见宋儒之《周易》诠释，"以《易》解经"的同时实以儒理阐《易》，主张"顺性命，阐儒理，切人事，明乱治。一以义理为归，而略于卜筮象数"①。亦显有逸出文本本身的"创造性诠释"倾向。

宋儒的这种"创造性诠释"，或者说哲学性的"六经注我"，在对《周易》的援用和解读中，于《周易·系辞上》"寂然不动，感而遂通"一语的诠释最普遍，亦极具典型性。《朱子语类》卷一百三十二记载了一则老儒焦援对禅僧大慧宗杲（1089—1163）解此句的当面批评，谓：

> 汪端明少从学于焦先生。汪既达时，从杲老问禅。怜焦之老，欲进之以禅，因劝焦登径山见杲。杲举"寂然不动，感而遂通"。焦曰："和尚不可破句读书。"不契而归，亦奇士也。（焦名援，字公路，南京人，清修苦节之士。）②

这一"破句读书"的案例，杜国庠先生曾有讨论，《系辞上》"寂然不动，感而遂通"一语，其实整句为"寂然不动，感而遂通天下之故"，意思是"赞叹卜筮所以神妙"，可以通晓天下万事万物；而宗杲的"破句"截去了"天下之故"四字，则"自然为的是便于拿去形容所谓'本体''真如'之类"③。但若追究这种读法的最初来源，恐怕还是在儒家，即周敦颐的《通书》中：

> 寂然不动者，诚也；感而遂通者，神也；动而未形、有无之间者，几也。诚精故明，神应故妙，几微故幽。诚、神、几，曰圣人。④

① 戴君仁：《谈易》，台湾开明书店1974年版，第92页。
② （宋）黎靖德编：《朱子语类》第8册，中华书局1986年版，第3176页。
③ 参见杜国庠《红棉屋札存》，《杜国庠文集》，人民出版社1977年版，第482—483页。
④ 周敦颐：《通书·圣第四》，《周敦颐集》，中华书局2009年版，第17—18页。

黄宗羲在《宋元学案》中对此评价说："周子之学，以诚为本。从寂然不动处握诚之本，故曰主静立极。本立道而生，千变万化皆从此出。"① 以"寂然不动"形容本体之"诚"。"不过因周子为道学先进，朱子不曾给予揭破，有幸有不幸罢了。"② 而朱熹本人对于此语的解读，则采取了一种巧妙的折中，其《周易本义》释此语曰："易，指蓍卦。无思、无为，言其无心也。寂然者，感之体。感通者，寂之用。"③ 既承认此语说的是卜卦，也未否认其体用论的意蕴，尽量予以调和。然毋庸讳言，无论宗杲还是濂溪，这种"破句"诠释的指向，都是把对万事万物的"外向"转为心性本体的"内向"，从而导致与《周易》原文之义出现了微妙的不同。

《通书》正是基于这种"创造性诠释"，以《周易》为本体之学，在这个角度上延续了汉儒"《易》为五经之原"的观念，其谓："《易》何止五经之源，其天地鬼神之奥乎！"④ 亦为宋明儒的"以《易》解经"奠定了合法性基础。

二　从《近思录·道体》看宋儒"以《易》解经"

宋儒著述，大多以"语录体"传世，一般多为门人弟子的记载，其语句精简，要言不烦，多用问答的形式，师友间谈论随意率性，其文往往活泼而富有生气，三言两语便道破机要，不乏意味隽永的精警之论，寻常高头讲章与之相比，其表达方式受到严肃形式的束缚，反而无此自由自在的优越性。"语录体"在形式上，颇近于南北朝时期的《世说新语》，而其文体本身，则为唐以来禅门语录的影响。清儒钱大昕指出："佛书初入中国，曰经、曰律、曰论，无所谓语录也。达摩西来，自称'教外别传，直指心印'。数传以后，其徒日众，而语录兴焉。……释子之语录，始于唐。"⑤ 禅门僧众以语录公案为"传心"之载体，便于后人参究揣摩，宋儒则多出入释门，吸纳借鉴了这一文体，故梁启超说："自禅宗语录兴，宋儒效焉，实为中国文学界一大革命。"⑥

宋儒之语录始见于程颢、程颐兄弟的《二程遗书》中，由他们的门人

---

① （清）黄宗羲：《宋元学案》，中华书局1982年版，第523页。
② 杜国庠：《红棉屋札存》，《杜国庠文集》，人民出版社1977年版，第482页。
③ （宋）朱熹：《周易本义》，中华书局2020年版，第178页。
④ 周敦颐：《通书·精蕴第三十》，《周敦颐集》，中华书局2009年版，第38页。
⑤ （清）钱大昕：《十驾斋养新录》，上海书店1983年版，第422页。
⑥ 梁启超：《翻译文学与佛典》，《梁启超佛学文选》，武汉大学出版社2011年版，第175页。

纂集，此后成为风气，凡有名之宋明理学家，大抵无不有语录，传世著作的数量相当庞大。而朱熹、吕祖谦所编撰的《近思录》，则可称为最具代表性的导引型著作。

南宋淳熙二年（1175 年）初夏，朱熹与吕祖谦会于建阳寒泉精舍，于此研读北宋理学诸前辈周敦颐、程颢、程颐、张载的著作，感慨其"广大宏博，若无津涯"，二人出于便利初学的考虑，择取其中"关于大体而切于日用者"，编成《近思录》一书。该书收入诸儒论述共 622 条，分为 14 卷，将北宋诸儒《太极通书》《二程文集》《程氏易传》《正蒙》等著作中的具体论述，进行摘录，以"语录"的形式表现出来。具体内容包含甚广："凡学者所以求端用力、处己治人之要，与夫辨异端、观圣贤之大略，皆粗见其梗概。"朱熹自谓"《近思录》一书，皆是删取诸先生精要之语，以示后学入德之门户。"（《答严时亨》第二书）不仅如此，"《近思录》作为理学入德之门、进学之阶，备受后世儒者的推崇和重视，被尊奉为'圣贤传心明道之要法，学者造道成德之大端'，历代注释之作层出不穷，续补仿编之作也蔚为大观，总体数量多达百种以上，它们不仅阐发各自对《近思录》的认识和理解，而且补入后世重要理学家的思想资料"①。故学林多谓"后人治宋代理学，无不首读《近思录》"。《近思录》中的论述，为宋明儒后学资以取法的先河，实可视为考察理学思想最具权威性的典范文本之一。

《近思录》按十四卷，也就是十四个主题来对诸儒语录进行分类，即道体、为学、致知、存养、克己、家道、出处、治体、制度、政事、教学、警戒、异端、圣贤，这些方面也正是宋明儒所关注的基本问题范畴所在。其中"道体"是最为核心的部分，乃是对形而上问题的集中关注与思考所在。——宋儒的"道体论"以对《周易》的诠释肇基，其中颇可见以《周易》印证诸经经义，亦即"以《易》解经"的相关诠释。

（一）以"寂然不动，感而遂通"释道体

"寂然不动，感而遂通"出自《周易·系辞上》"易无思也，无为也，寂然不动，感而遂通天下之故"之语，如前所述，其本义是赞叹卜筮之神妙，可以通晓天下万事万物。然自周敦颐《通书》始，拈出此八字以论本体，后儒沿用此义，多有发明。

濂溪以"寂然不动"形容本体之"诚"（"诚"之义本于《中庸》），程颐则以此语印证《中庸》之"中"，文谓：

---

① 张文：《〈近思录〉何以成为经典》，《光明日报》2019 年 12 月 14 日 12 版。

伊川先生曰："喜怒哀乐之未发，谓之中"，中也者，言"寂然不动"者也，故曰"天下之大本"。"发而皆中节谓之和"，和也者，言"感而遂通"者也，故曰"天下之达道"。（《近思录·道体》）①

"喜怒哀乐之未发，谓之中"等语均出《中庸》首章，"中"于宋儒中亦有本体之意，如程颢说："中者，天下之大本，天地之中，亭亭当当，直上直下之正理。"② 伊川以"寂然不动"释"中"，"感而遂通"释"和"，亦分论一心之体用。故其又曰："心一也，有指体而言者（'寂然不动'是也）③，有指用而言者（'感而遂通天下之故'是也），惟观其所见何如耳。"④ 后朱子更申其义曰：

伊川言："'喜怒哀乐之未发谓之中'，中也者，言'寂然不动'者也，故曰'天下之大本'。"喜怒哀乐未发，无所偏倚，此之谓中。中，性也；"寂然不动"，言其体则然也。大本，则以其无不该遍，而万事万物之理，莫不由是出焉。"'发而皆中节谓之和'，和也者，言'感而遂通'者也，故曰'天下之达道'。"喜怒哀乐之发，无所乖戾，此之谓'和'。和，情也；'感而遂通'，言其事则然也。达道，则以其自然流行，而理之由是而出者，无不通焉。⑤

朱子以"中"为"性"，以"和"为"情"，故其又谓："伊川此语与横渠'心统性情'相似。"⑥ "心统性情"是源出于张载的理学基本命题，所谓"性者理也，性是体，情是用，性情皆出于心，故心能统之"⑦。朱熹于此义亦有进一步诠释："心是神明之舍，为一身之主宰。性便是许多道理，得之于天而具于心者，发于智识念虑处皆是情，故曰心统性情。"⑧ 又说："性是未动，情是已动，心包得已动未动。"⑨ 以"性"为先天纯善之本体，"情"为落实到人情日用之实践的具体道德情感，二者统摄于一心，

---

① 陈荣捷：《近思录详注集评》，华东师范大学出版社 2007 年版，第 3 页。
② 陈荣捷：《近思录详注集评》，华东师范大学出版社 2007 年版，第 19 页。
③ 括号内文字为程颐自注。
④ 陈荣捷：《近思录详注集评》，华东师范大学出版社 2007 年版，第 3 页。
⑤ （宋）黎靖德编：《朱子语类》第 4 册，中华书局 1986 年版，第 1511 页。
⑥ （宋）黎靖德编：《朱子语类》第 6 册，中华书局 1986 年版，第 2416 页。
⑦ 张载：《张子语录·后录下》，《张载集》，中华书局 1978 年版，第 339 页。
⑧ （宋）黎靖德编：《朱子语类》第 7 册，中华书局 1986 年版，第 2514 页。
⑨ （宋）黎靖德编：《朱子语类》第 1 册，中华书局 1986 年版，第 93 页。

全体大用由此生焉。

而张载本人亦有论及"感而遂通"之义者，谓：

> 一故神。譬之人身，四体皆一物，故触之而无不觉，不待心使至此而后觉也。此所谓"感而遂通"，"不行而至，不疾而速"也。（《近思录·道体》）①

所谓"一故神"，清儒施璜释曰："此言阴阳之气本是一物而分阴阳之两体。一含两，故神妙不测也。"（《五子近思录发明》）② 横渠之学倡"气本论"，以太虚即气而生化万物，故以"气"为本体，其释《周易》"感而遂通""不行而至，不疾而速"等语，亦以之为本体气化流行而作用于人身四体之妙用。故宋儒言本体，多以《易》立基。

然宋儒以《易》解本体，无论是讲"心体"还是"道体"（二者实质上还是贯通的），更多的是借助文本的只言片语以寄托己意，克就实质而言，确有比较明显的"六经注我"意味。这种经典诠释风格，正如波兰社会学家弗·兹纳涅茨基（F. Znaniecki）总结世界上不同文化对各自传统圣典的诠释史中的普遍情况：

> 虽然……只是在解释传统的圣训，但实际上通过不断地给它增添新的经验概括，他们已经远远越出原来的狭窄限制，而在扩大这些圣训；通过批判性反思，他们已消除了传统圣训的质朴的表面性，克服了最显著的不一致性：从一套极为缺乏相互联系的神话、传说、巫术法则、道德与法律规定、智虑原则和理论抽象，他们构造出一个或多或少连贯一致的教条体系，赋予创始者未曾梦想到的哲学深度。③

此种诠释路径，傅伟勋称之为"创造的诠释学"，其谓"朱熹、王阳明等，几乎皆可视如创造的诠释学家，故能继往（批判的继承），又能开来（创造的发展），而使一个自身所归属的伟大传统，成为'长江后浪逐前浪'般的永不枯竭、永能创新的思想大河，随着时代的前进而

---

① 陈荣捷：《近思录详注集评》，华东师范大学出版社 2007 年版，第 36 页。
② 陈荣捷：《近思录详注集评》，华东师范大学出版社 2007 年版，第 36 页。
③ 〔波兰〕弗·兹纳涅茨基：《知识人的社会角色》，郏斌祥译，译林出版社 2000 年版，第 76—77 页。

愈深愈广"①。宋儒之《周易》诠释及其"跨文本"的"以《易》解经",
实不妨作如是观者。

（二）以"元亨利贞"释"四端"

所谓"四端"，是儒家道德心性论的重要理念，源出于《孟子·公孙
丑上》："恻隐之心，人皆有之；羞恶之心，人皆有之；恭敬之心，人皆有
之；是非之心，人皆有之。恻隐之心，仁也；羞恶之心，义也；恭敬之心，
礼也；是非之心，智也。仁义礼智，非由外铄我也，我固有之也，弗思耳
矣。"是以仁、义、礼、智四德为人的内在先天禀赋，是为所谓"四端"。

"元亨利贞"则是《周易》常见词汇和重要概念，若《乾卦》的卦
辞："乾，元亨利贞。"其在《周易》古经经文中的原初含义，本为祈愿
占卜有利之祷祝语，但在《易传》诸篇中，"元亨利贞"已经出现了种种
引申含义，高亨先生指出："《彖传》以天德释《乾》之元亨利贞，属于
天道观之范畴；《文言》以君子之德释《乾》之元亨利贞，属于人生观之
范畴。彼此互议，亦彼此相成。"②《乾卦》之《彖》曰："大哉乾元，万
物资始，乃统天。云行雨施，品物流形。大明终始，六位时成。时乘六龙
以御天。乾道变化，各正性命，保合太和，乃利贞。首出庶物，万国咸
宁。"此所谓"元亨利贞"之天道观诠释；《文言》则曰："'元'者，善
之长也；'亨'者，嘉之会也；'利'者，义之和也；'贞'者，事之干
也。君子体仁足以长人，嘉会足以合礼，利物足以和义，贞固足以干事。
君子行此四德者，故曰：'乾，元、亨、利、贞。'"此以元、亨、利、贞
分别对应四种德性，为人生观角度的诠释。唐人李鼎祚在其《周易集解》
中，又进一步结合五行说来加以解释，其谓：

> 夫在天成象者，乾元、亨、利、贞也。言天运四时，以生成万
> 物。在地成形者，仁、义、礼、智、信也。言君法五常，以教化于
> 人。元为善长，故能体仁。仁主春生，东方木也。亨为嘉会，足以合
> 礼。礼主夏养，南方火也。利为物宜，足以和义。义主秋成，西方金
> 也。贞为事干，以配于智。智主冬藏，北方水也。故孔子曰：仁者乐
> 山，智者乐水，则智之明证矣。不言信者，信主土，而统属于君。故
> 《中孚》云：信及豚鱼，是其义也。若首出庶物，而四时不忒者，乾

① 傅伟勋：《从创造的诠释学到大乘佛学》，东大图书股份有限公司1999年版，第11—
12页。
② 高亨：《周易大传今注》，齐鲁书社2019年版，第40页。

之象也。厚德载物，而五行相生者，土之功也。土居中宫，分王四季，亦由人君无为皇极，而奄有天下。水火金木，非土不载。仁义礼智，非君不弘。信既统属于君，故先言乾。而后不言信，明矣。①

李鼎祚利用五行说进行了一番曲折的比配，得出"贞为事干，以配于智"的结论，由此，元、亨、利、贞分别与仁、礼、义、智相互对应上了，是为以"元亨利贞"释"四端"之始。陈来指出，汉以来的思想中，元亨利贞属天道，仁义礼智属人道。天道的四德和人道的四德，二者的关系在道学中渐成重要论题。其中，程明道最重视四德中的"元"与五常中的"仁"的对应，明确肯定"元"就是"仁"。而程颐则又提出了"仁包四德"的说法，并于朱子学中构成重要命题。②

《近思录》中收程颐《伊川易传》中释《乾卦》之《彖》曰：

> 四德之元，犹五常之仁。偏言则一事，专言则包四者。（《近思录·道体》）③

其名元、亨、利、贞本身为"四德"，其中以"元"居首，有本体的意味。如五常中义、礼、智、信皆依附于"仁"而行，而"元"又对应于"仁"，故四德统御于"元"。

朱熹更详论其义曰：

> 问：仁何以能包四者？曰：人只是这一个心，就里面分为四者。且以恻隐论之：本只是这恻隐，遇当辞逊则为辞逊，不安处便为羞恶，分别处便为是非。若无一个动底醒底在里面，便也不知羞恶，不知辞逊，不知是非。譬如天地只是一个春气，发生之初为春气，发生得过便为夏，收敛便为秋，消缩便为冬。明年又从春起，浑然只是一个发生之气。④

盖以心体之纯然禀赋即仁，义、礼、智皆为仁的不同表现。其《答陈器之第二书》更谓："仁者仁之本体，礼者仁之节文，义者仁之断制，智

---

① （唐）李鼎祚：《周易集解》，中华书局2019年版，第10—11页。
② 参见陈来《朱子思想中的四德论》，《哲学研究》2011年第1期。
③ 陈荣捷：《近思录详注集评》，华东师范大学出版社2007年版，第5页。
④ （宋）黎靖德编：《朱子语类》第6册，中华书局1986年版，第2416页。

者仁之分别。犹春夏秋冬虽不同，不出乎春。春则春之生也，夏则春之长也，秋则春之成也，冬则春之藏也。自四而两，自两而一，则统之有宗，会之有元矣。"① 其谓"会之有元"之"元"，自亦《周易》四德之"元"。

大程子程颢又以仁即性善，亦生生不息之万物生机，其以《文言》印证之谓：

> 万物之生意最可观，此"元者善之长也"。斯可谓仁也。(《近思录·道体》)②

朱熹据此进一步发挥"元亨利贞"比配"四端"之义谓：

> 问："万物之生意最可观，此'元者善之长也'，斯所谓仁也。"此只是先生向所谓"初"之意否？曰：万物之生，天命流行，自始至终，无非此理；但初生之际，淳粹未散，尤易见尔。只如元、亨、利、贞皆是善，而元则为善之长，亨、利、贞皆是那里来。仁、义、礼、智亦皆善也，而仁则为万善之首，义、礼、智皆从这里出尔。③

盖《孟子》道性善，为宋明儒之共识，"元者善之长"，故元、亨、利、贞与仁、义、礼、智皆会之于"元"，由此以《周易》之本体论打通《孟子》心性论，可视作宋儒以《易》解《孟》之始。

自汉以来，由董仲舒之倡，仁、义、礼、智、信之"五常"连称，首见其上汉武帝之《举贤良对策》："夫仁、义、礼、智、信五常之道，王者所当修饬也。五者修饬，故受天之佑，而享鬼神之灵，德施于方外，延及群生也。"并在其《春秋繁露》中有颇多申发，故后世沿用"五常"之说。《孟子》之"四端"何以未含五常之"信"，宋儒亦有思考和解释，程颢谓：

> 性者自然完具。信只是有此者也。故四端不言信。(《近思录·道体》)④

---

① 陈荣捷：《近思录详注集评》，华东师范大学出版社 2007 年版，第 5—6 页。
② 陈荣捷：《近思录详注集评》，华东师范大学出版社 2007 年版，第 17 页。
③ (宋) 黎靖德编：《朱子语类》第 6 册，中华书局 1986 年版，第 2434 页。
④ 陈荣捷：《近思录详注集评》，华东师范大学出版社 2007 年版，第 31 页。

朱子释其义曰："信是义理之全体，本质不可得而分析者，故明道之言如此。"（《答吴伯丰第十九书》）① 盖以人之四端兼具，真实不虚，而"信"德自然蕴于其中，诸德之"实有"即信，故又曰："信是诚实此四者，实有是仁，实有是义，礼智皆然。如五行之有土，非土不足以载四者。"② 朱子这一解读，显然借鉴了李鼎祚在《周易集解》中解释以五行之木、火、金、水比配元、亨、利、贞，而何以无土的说法："不言信者，信主土，而统属于君。故《中孚》云：'信及豚鱼'，是其义也。若首出庶物，而四时不忒者，乾之象也。厚德载物，而五行相生者，土之功也。"③ 土为五行之基而不明言，故信为四端之基而亦不明言，以性德比附于天道，亦可视为一种曲折的"以《易》解经"之方式。

以《周易》元、亨、利、贞四德比附人之德性，肇始于《文言》，并由宋儒会通于《孟子》之"四端"，成为一种系统的"以《易》解经"的道德哲学，清儒和近现代易学家于此仍有进一步发挥，我们在后面的章节中再作讨论。

（三）以《易》解《诗》中之"天"

"天"是中国最古老的哲学范畴之一。该字本有两义，一为头顶，一为天空，含义为人头顶之上的广袤空间和至上至高之物，《说文解字·一部》称："天，颠也，至高无上，从一、大。"在先秦元典之中，"天"与"帝"常含义相通，如《诗·鄘风·君子偕老》云："胡然而天也，胡然而帝也。"即此之谓。冯友兰总结"天"在中国哲学史上的多种意涵，认为"天有五义"：

> 曰物质之天，即与地相对之天。曰主宰之天，即所谓皇天上帝，有人格的天、帝。曰运命之天，乃指人生中吾人所无奈何者，如孟子所谓"若夫成功则天也"之天是也。曰自然之天，乃指自然之运行，如《荀子·天论篇》所说之天是也。曰义理之天，乃谓宇宙之最高原理，如《中庸》所说"天命之为性"之天是也。《诗》、《书》、《左传》、《国语》中所谓之天，除指物质之天外，似皆指主宰之天。④

如冯氏所论，举凡《诗》《书》中所言天之句，若"有夏多罪，天命

---

① 陈荣捷：《近思录详注集评》，华东师范大学出版社 2007 年版，第 31 页。
② （宋）黎靖德编：《朱子语类》第 1 册，中华书局 1986 年版，第 104 页。
③ （唐）李鼎祚：《周易集解》，中华书局 2019 年版，第 10 页。
④ 冯友兰：《中国哲学史》上，华东师范大学出版社 2000 年版，第 35 页。

殛之"(《书·汤誓》)、"王其德之用,祈天永命"(《书·召诰》)"天命玄鸟,降而生商"(《诗·商颂》)等,确实均未脱离有意志的至高人格神的含义。——然宋儒释《诗》中之"天",则多近于冯友兰所谓"义理之天"之说,此亦与"以《易》解经"的背景有关。

《周易》以"乾"为天,其意以"自然之天"为主,然《易传》中所谓"天行健,君子以自强不息"(《乾卦·象传》)、"天地之大德曰生"(《系辞下》)等论,显然已引申出了"义理之天"的意味。若程颐曰:

> 乾,天也。天者,乾之形体;乾者,天之性情。乾,健也,健而无息之谓乾。夫天,专言之则道也,"天且弗违"是也。分而言之,则以形体谓之天,以主宰谓之帝,以功用谓之鬼神,以妙用谓之神,以性情谓之乾。(《近思录·道体》)①

由此可见,宋儒娴于经义,已对先秦元典中"天"之多重意涵有所认识,然其据《周易·文言》中"夫大人者,与天地合其德,与日月合其明,与四时合其序,与鬼神合其吉凶。先天而天弗违,后天而奉天时,天且弗违,而况与人乎!"从中拈出"天且弗违"一语,以天为本体之"道"为基本义,其他诸义皆由此生出。由此可见,《易传》中的"义理之天",在宋儒对"天"的诠释中具有绝对的优先性。如大程子明道谓:

> "忠信所以进德"、"终日乾乾"。君子当终日"对越在天"也。盖"上天之载,无声无臭"。其体则谓之易,其理则谓之道,其用则谓之神,其命于人则谓之性。率性则谓之道,修道则谓之教。孟子去其中又发挥出浩然之气,可谓尽矣。故说神"如在其上,如在其左右"。大小大事而只曰"诚之不可掩如此"。夫彻上彻下,不过如此。"形而上为道,形而下为器。"须着如此说,器亦道,道亦器。但得道在,不系今与后,己与人。(《近思录·道体》)②

"上天之载,无声无臭"语出《诗·大雅·文王》,原意指上天之行事,至为微妙而无迹可寻,仍以"主宰之天"的意思为主。然程颢以之形容本体之玄微。"对越在天"则语出《诗·周颂·清庙》,这类原义为

---

① 陈荣捷:《近思录详注集评》,华东师范大学出版社 2007 年版,第 4 页。
② 陈荣捷:《近思录详注集评》,华东师范大学出版社 2007 年版,第 13 页。

"主宰之天"的句子,几乎都被宋儒化为了"义理之天",所谓"其体则谓之易",同时也是"形而上为道"中的"道"。如钱穆先生释明道此语曰:

> 宇宙间形形色色,皆属具体的形而下者。而宇宙则是一个动的,此一动,则是形而上的,抽象的,因其有一种所以动的性能在。此种性能,宋儒常目之为宇宙之本体,而明道此处只称之曰易。易即是一阴一阳。《易·系传》说:"一阴一阳之谓道",故明道此处说,其理则谓之道。此大易之体,所以能一阴一阳,发生出种种妙用来者则谓之神。明道此处神字,仍是沿用了《易·系传》中的"神"字。明道此一节话,正可作为《易·系传》之注疏看。①

朱熹则以"上天之载,无声无臭"解濂溪之"无极"说,其在对周敦颐《太极图说》的注解中称:

> "上天之载,无声无臭",而实造化之枢纽,品汇之根柢也。故曰:"无极而太极。"非太极之外,复有无极也。②

此盖以"无声无臭"为"太极"之德,故又曰"无极",故"无极"与"太极"同体而异名,实为同一最高本体。

宋儒以《诗》中之"天"为至高本体之论不少,张载所论更为直接:

> 天体物不遗,犹仁体事而无不在也。"礼仪三百,威仪三千。"无一物而非仁也。"昊天曰明,及尔出王。昊天曰旦,及尔游衍。"无一物之不体也。(《近思录·道体》)③

"昊天曰明,及尔出王。昊天曰旦,及尔游衍"句出《诗·大雅·生民之什·板》,清儒茅星来《近思录集注》释曰:"'出王',出入往来也。'游衍',游行衍溢也。言天道无往不在,以明上文'体物不遗'之意。"④

---

① 钱穆:《中国思想史中之鬼神观》,《灵魂与心》,广西师范大学出版社2004年版,第63页。
② (宋)周敦颐:《周敦颐集》,中华书局2009年版,第4页。
③ 陈荣捷:《近思录详注集评》,华东师范大学出版社2007年版,第34页。
④ 陈荣捷:《近思录详注集评》,华东师范大学出版社2007年版,第34页。

　　宋儒的世界观相当理性，如钱穆所说，自周敦颐开始，他们大抵"主张一种纯形气的宇宙观，即所谓自然的宇宙观。宇宙不由神创，因此而主张纯形气的人生观。人在自然大化中生，不由神造"①，故多有如伊川"鬼神，造化之功也"②、横渠"鬼神者，二气之良能也"③。因此，他们固不愿以先秦元典中所言之天有"主宰"之人格神意味，而"《诗》无达诂"，自古对《诗经》诠释的自由度较高，因时因人可有歧异，故借《诗》以论"天"，赋予其中《易传》言"天"之意趣，也是一种不失分寸的"跨文本诠释"。

　　宋代诸儒语录传世者之数量甚夥，《近思录》中所收者虽然有限，但具有被后世"宋明新儒学"群体奉为圭臬的权威性，且该书的后世注疏中又不断增益南宋以降诸儒可资印证的论述，故吾人将之作为一种"范本"来考察宋儒"以《易》解经"的思路。

　　沿此路向而进者，若程颐的弟子杨时（1053—1135）曾著《易说》，有学者爬梳其说，得见杨时有颇多利用诸多经、子之书对《周易》进行跨文本诠释之例，杨时侧重于"在形式相近的基础上，根据某种义理，努力将诸相关文献必然地贯通起来，融为一体。这其中有一种自觉意识，即据理打通、内在连结的意识，或者说，力争据理提高文献联系度的自觉。这种方法与自觉意识，不满足于添饰式的或总结式的引证，而是力图把不同的文本融为一体"④。心学学者杨简（慈湖，1141—1226）以《易》为本体，构成心学思想中的"心体"，以天地生生之大德即本心之至善，由此为基本出发点来诠释《周易》义理，成立所谓"心学《易》"。王阳明曾撰《尊经阁记》，以六经皆统御于本心，而《周易》又为六经之首，故以《易》统诸经。阳明后学罗汝芳（1515—1588）又延续了这种思路，以《周易》"通之于《学》《庸》《论》《孟》诸书"⑤，提出了以《周易》融通四书五经的理论构想。⑥ 要之，宋明儒"以《易》解经"之例，虽往往不乏"六经皆我注脚"的意味，其论或有牵合，却亦颇见妙义。而且，这一思想脉络在宋明儒学中是完整而清晰的，其影响迄至晚近。

---

① 钱穆：《中国思想史中之鬼神观》，《灵魂与心》，广西师范大学出版社2004年版，第62页。
② （宋）程颐《易说》，《二程集》下，中华书局2004年版，第1028页。
③ 张载：《正蒙·太和篇第一》，《张载集》，中华书局1978年版，第9页。
④ 王巧生：《杨时以经子证〈易〉、解〈易〉的特色与贡献》，《周易研究》2019年第5期。
⑤ （明）曹胤儒：《罗近溪师行实》，《罗汝芳集》附录，凤凰出版社2007年版。
⑥ 参见张沛《四书五经融通视域下的罗汝芳心学易学》，《东岳论坛》2012年第6期。

第四节　胡煦、焦循的"以《易》解经"理论与实践

牟宗三早年研习清代易学，以胡煦、焦循二家为典型代表，撰《从周易方面研究中国之元学及道德哲学》，1988 年再版时改题为《周易的自然哲学与道德函义》。牟氏晚年于清学虽几至全盘否定之态度，但仍对此二家之学颇有赞许，其于该书《重印志言》谓："汉易是通过卦爻象数之路以观阴阳气化之变。至清初康熙年间胡煦崛起仍是走此路，不过讲的更自然、更妥贴、更通贯。从此方面讲，他们所展示的理境是卦爻象数下中国式的自然哲学，而兼示出人事方面之许多道德函义。至焦循则是直接由卦爻象数之关系（大中而上下应之）而建立其'旁通情也'的道德哲学（与戴东原为同一思路的达情遂欲的道德哲学）。"① 牟氏以胡、焦二氏之易学为最具原创性哲学体系之学，确有见地。胡、焦二家皆有以《周易》统贯"天人之际"乃至一切传统学问的理论构想，因此，他们不谋而合地，皆蕴生出以《周易》统贯群经乃至"以《易》解经"理论规划与实践尝试。

一　胡煦"以《易》解经"的理论构想

胡煦（1655—1736）为清前期易学大家。平生于易学主张"酌于汉宋"，以宋学易的基本理念为纲领，兼摄汉儒象数之学，自成体系。胡煦大器晚成，58 岁时方得中进士，60 岁时，康熙帝于乾清宫召见，答对之间感叹其易学博通，称其"真是苦心读书人"，后同李光地合纂《周易折中》。胡煦易学服膺宋儒先天之说，以"全部《周易》无有一卦一爻不是先天"②。并以太极为本体，即体即用，由此会通象数、义理，有《周易函书》传世。论者总结其象数学成就称："胡煦的象数易学主要探讨了易图、卦象、爻象三类对象。就易图而言，胡煦一面贯通河图、洛书与先天四图、《周易》经传等四圣之《易》，并以其宏大易学视野分析阐发了河图、洛书、先天诸图蕴含的奥妙精义，一面又在深刻体悟天道运化、精研河图、先天的基础上创作《循环太极图》，以之明天道、配诸图，论《周

①　牟宗三：《周易的自然哲学与道德函义》，《牟宗三先生全集》第 1 册，联经出版事业股份有限公司 2003 年版，第 6 页。

②　（清）胡煦：《周易函书》，中华书局 2019 年版，第 878 页。

易》无不言之成理，论说圆融。胡煦研究卦象的成果，主要在于其体卦主爻说。该说比较圆融地解释了乾坤两体和六十二卦的生成关系，同时成功地解释了《象传》的‘往来’‘内外’‘上下’，且以此为基础批评了传统易学的卦变说和卦综说。胡煦论爻象包括对爻之见、伏、动、变四通，交、生、索三义，以及‘八字命爻’的意蕴。总之，从诸多易图到六十四卦卦象再到爻象，胡煦都有深入的思索。”① 后儒于胡煦易学有颇高评价，《四库全书总目》称其“研思《易》理……酌于汉学宋学之间，与朱子颇有异同”②。近人杭辛斋于其学亦颇推崇，谓“其于《易》理，致力颇深，融合汉宋，时有心得”，虽有失之牵强处，但“瑕不掩瑜”，有些观点“语极精到，大有界于初学”③。胡煦在宋学易和汉学易两方面皆有发明，熊十力认为：“清世易家，独胡煦犹承宋学一脉，其《周易函书》颇有新义，足以羽翼前贤，治《易》者不可不究心于其书也。”④ 因清初先天学已渐式微，疑之者众，故熊氏以其学堪称宋学易之殿军。而牟宗三在早年立足于汉学象数易学的视角评价说：“假若汉人的思想可说是科学的，则胡煦将即是科学的哲学，即他要给汉易树基础，所以我说胡煦是中国的最大之纯粹哲学家。”⑤ 又堪称清代汉易研究的开山之一。总之，胡煦易学体现了清初学术试图折中汉宋的总体风貌，其在义理问题的思考上，亦隐然表现出“新义理学”的一定取向，程林在为《周易函书》所撰“前言”中指出：“胡煦认为宋儒的气质之性说实属于善恶混之说，乃不知性之本原为善，与荀子、扬子之说相同，孟子早已辨之，所以应该信思孟而违宋儒。……清儒在人性问题上多主性善论，以批评宋儒的气质之性，至戴震有原善之说。如果比较胡煦与戴震在性善论上的观点，可见其一致性。”⑥ 足见胡煦之学不仅在易学史上贡献良多，其思想哲学史意义亦不容忽视。

胡煦易学基于宋儒先天之说，宋儒以《周易》为本体之学，若周敦颐谓：“《易》何止五经之源，其天地鬼神之奥乎！”⑦ 胡煦濡染宋学这类“创造性诠释”的思考进路，并借鉴宋儒对于“博”与“约”关系的诠

①　林忠军、张沛、赵中国等：《清代易学史》上，齐鲁书社 2018 年版，第 177 页。

②　（清）永瑢、纪昀主编：《四库全书总目提要》，海南出版社 1999 年版，第 39 页。

③　杭辛斋：《学易笔谈》，江西教育出版社 2018 年版，第 25—26 页。

④　熊十力：《熊十力全集》第 3 卷，湖北教育出版社 2001 年版，第 915 页。

⑤　牟宗三：《周易的自然哲学与道德函义》，《牟宗三先生全集》第 1 册，联经出版事业股份有限公司 2003 年版，第 183 页。

⑥　（清）胡煦：《周易函书》，中华书局 2019 年版，第 14—15 页。

⑦　周敦颐：《通书·精蕴第三十》，《周敦颐集》，中华书局 2009 年版，第 38 页。

释，以"《周易》为博文约礼之书"①。"博文约礼"语出《论语》"博学于文，约之以礼"，于《雍也》《子罕》《颜渊》诸篇凡三见，先儒释其义，多以"博文"与"约礼"为二事，以"文"为文章，"礼"为礼教。据乐爱国考证，朱熹早年亦本从此说，然至晚年，则更倾向于将两方面会归为一。②他说："大抵为学，只是博文、约礼两端而已。博文之事，则讲论思索要极精详，然后见得道理，巨细精粗无所不尽，不可容易草略放过。约礼之事，则但知得合要如此用功，即便着实如此下手，更莫思前算后、计较商量。"③又说："圣人之教循循有序，不过使人反而求之至近至小之中，博之以文，以开其讲学之端；约之以礼，以严其践履之实，使之得寸则守其寸，得尺则守其尺。如是久之，日滋月益，然后道之全体乃有所乡望而渐可识，有所循习而渐可能。"④以博、约二者统摄认识与践履之一贯，从而可识得"道之全体"。

胡煦理解《周易》的思路与此相契，以《周易》近取诸身而人事悉备，远取诸物而巨细靡遗，可谓之"博"；而合纷至不齐之森罗万象而归于四象两仪，合四象两仪而归于太极之大本，可谓之"约"。进一步延伸此义，胡煦又《周易》本身就是"约"，儒门其余经书及子史百家则又是"博"，也就是以《周易》本身就是本体之书，其理则散见于古来众家之说中。故胡煦谓："圣人之道，大本大用，尽发泄于《周易》，其余诸经皆道之散见者耳。"⑤更具体地说："六经、四子之书皆圣道之散见，而《周易》其大本也。六经、四子书由整处说到散处，是一本而万殊者也，故必详细分疏。然后可以牖庸愚之知见。《周易》由散处说为整处，是万殊而一本者也，故必合万有不齐归于至一，然后可以极盛德之高深。"⑥"一本万殊"亦宋儒言理之习用说法，胡煦则以《易》为"一本"，"其余诸经"则为"万殊"，由此建构其"以《易》解经"的理论。

首先是谈《周易》与《春秋》的关系。《易》与《春秋》其理一贯之

① （清）胡煦：《周易函书》，中华书局 2019 年版，第 914 页。

② 参见乐爱国《"博文约礼"：朱熹的解读与王阳明的〈博约说〉》，《贵阳学院学报》（社会科学版）2018 年第 3 期。

③ （宋）朱熹：《晦庵先生朱文公文集》卷 48《答吕子约四十七》，《朱子全书》，上海古籍出版社 2010 年版，第 2237—2238 页。

④ （宋）朱熹：《晦庵先生朱文公文集》卷 54《答王季和二》，《朱子全书》，上海古籍出版社 2010 年版，第 2555 页。

⑤ 胡煦：《周易函书》，中华书局 2019 年版，第 1039 页。

⑥ 胡煦：《周易函书》，中华书局 2019 年版，第 1055 页。

说，渊源甚早，《左传·昭公二年》载，韩宣子"观书于大史氏，见《易象》与《鲁春秋》，曰'周礼尽在鲁矣'"云云。胡煦就此颇加申发，以《易象》与《春秋》的关系是：

> 圣人之道尽在《易象》《春秋》，《易象》其大本也，所寓者天人合一之机；《春秋》其大用也，所寓者天人感格之理。不知《易象》，则学圣者无本领；不知《春秋》，则学圣者无作用。①

此如近儒马一浮所论："《易》明天道，凡研究自然界一切现象者，皆属之。《春秋》明人事，凡研究人类社会一切组织形态者，皆属之。董生曰：'不明乎《易》，不能明《春秋》'。"② 以《易》与《春秋》，分属体用。胡煦并言："须知《春秋》未列人事，先列天时，盖为天制运而生人，人奉天而作事。奉之则顺，违之则逆，可征元气之潜符，感通之妙理，此即一以贯之之道。故唯《春秋》全是《易》中道理。"③ 以《周易》为天人合一之理，《春秋》则阐天人感应之机，故二者符契而一贯。

其次，就《周易》与《诗经》的关系而言，胡煦指出："《周易》为文字义理所从出，《诗》之比兴，即象外之旨也。《离骚》学《诗》之比兴者，汉、魏之诗又拟《离骚》者也，唐宋之拟古拟汉而已。然能此者，李、杜之外亦无多人，唯意在言外者，可以万世不敝。"④ 以后世一切诗作皆取法《诗经》，而《诗经》比兴之法则出于《周易》立象之旨趣。所谓"《诗》之比兴，皆仿于《周易》立象之法"⑤，"《三百篇》唯比兴为妙，比兴始于《易象》"⑥。用现在的学术理论看，《诗经》的"比兴"（尤其是"兴"），有象征主义意味；而《周易》的"观象"之道，也同样近于象征主义，胡煦以二者相通，确有见地。

最后，关于《书》《礼》二经，胡煦以之亦明天人一致宗旨，故皆与《易》通。如《尚书·虞书》"首列天时，下详人事，敬天勤民之义，明天人之致一也"⑦。《尚书·洪范》"其中天人合一之秘，原与《周易》同

---

① 胡煦：《与张仪封先生论〈周易〉书》，《周易函书》，中华书局2019年版，第1400页。
② 马一浮：《论西来学术亦统于六艺》，《默然不说声如雷》，中国广播电视出版社1995年版，第25页。
③ 胡煦：《周易函书》，中华书局2019年版，第901页。
④ 胡煦：《周易函书》，中华书局2019年版，第1054页。
⑤ 胡煦：《周易函书》，中华书局2019年版，第901页。
⑥ 胡煦：《周易函书》，中华书局2019年版，第1056页。
⑦ 胡煦：《周易函书》，中华书局2019年版，第1054页。

义，故圣人重之"①。就三《礼》而言："礼者，国之四维。三《礼》，圣人经国之大本也。《春秋》之序次，先天而后人，先王人而后列国，先大国而后小国，先卿贰而后大夫，皆礼意也。《国语》持论多准礼以为衡，执玉高卑，不独观其敬肆，且可验其存亡矣。礼之于人大矣哉。《仪礼》详于器数，大小戴分释其义，而万物本天，人本乎祖，皆天人相关之的旨。"② 以先王礼制为法天敬祖，以之沟通天人之道，因此亦本于《周易》。

要之，胡煦以"须知《诗》《书》《礼》《乐》皆圣道之散见者也，其发挥天人之精蕴，彻底透露者，无如《周易》"③，这是他对"以《易》解经"问题的总体看法，但由于胡煦之学以参研易理为主，未多涉诂经领域，故其说主要表现于理论构想层面。

二　焦循《孟子正义》中"以《易》解经"的实践尝试

如前所论，焦循以"旁通"之说，将《周易》诸卦卦爻和爻辞之间诠释为相互贯通的整体，又坚信《周易》中隐含了一套联系天地万物的数学模型，乃至"旁通"于人情物理，由此，从焦循易学出发，《周易》成为四通八达的开放性文本，其能贯通群经，自然成了题中应有之义。张晓芬将焦循这一方面的理论努力明确称为"以《易》解经"说，并指出："焦循经学成就主在'易学'，'易学'思想可谓其思想的根柢。重要是其治经不仅'治《易》'有成，更难得是其以《易》理，贯彻说明于群经中，计有《毛诗》《礼记》《论语》与《孟子》等"，"以所悟之《易》理，如旁通、交错、时行，纵横贯穿于群经中，进一步寻得互通发明之理"④。——焦循晚年的主要学术成就就是《孟子正义》之撰述，其广泛爬梳文本、厘定文字的同时，也时将其易学理解，表达于著述之中。

《孟子正义》为焦循遗著，由其弟焦徵在其身后付梓，并撰题记谓，焦循平生"以古之精通《易》理，深得伏羲、文王、周公、孔子之精恉者莫如孟子"⑤。纵览此编，考据精详，亦不乏发挥义理之论，于《孟子》论性、情之说，尤多以《易》理会通之。

《孟子·滕文公上》之"孟子道性善，言必称尧舜"一语，堪称全书

---

① 胡煦：《周易函书》，中华书局 2019 年版，第 1054—1055 页。
② 胡煦：《周易函书》，中华书局 2019 年版，第 1055 页。
③ 胡煦：《周易函书》，中华书局 2019 年版，第 901 页。
④ 张晓芬：《焦循"以〈易〉解经"初探》，《扬州文化研究论丛》第 14 辑，广陵书社 2014 年版，第 56—57 页。
⑤ （清）焦循：《孟子正义》上，中华书局 2015 年版，第 7 页。

眼目，焦循明确提出："孟子学孔子之学，惟此'道性善'、'称尧舜'两言尽之。"① 就"道性善"而言，焦循以"性善"即《周易·系辞》所称"神明之德"，其谓：

> 按孟子之学，述孔子者也。孔子之学，述伏羲、神农、尧、舜、文王、周公者也。陆贾《新语·道基篇》云："先圣仰观天文，俯察地理，图画乾坤，以定人道，民始开悟，知有父子之亲，君臣之义，夫妇之别，长幼之序。于是百官立，王道乃生。"《白虎通》畅其说云："古之时，未有三纲六纪，民人但知其母，不知其父。能覆前，不能覆后，卧之詓詓，起之吁吁，饥即求食，饱即弃余。茹毛饮血，而衣皮革。于是伏羲仰观象于天，俯察法于地，因夫妇，正五行，始定人道，画八卦以治天下。"《系辞传》云："以通神明之德，以类万物之情。"神明之德，即所谓性善也，善即灵也，灵即神明也。②

盖焦循以伏羲画卦，为先民自草昧而进于文明的分水岭，自此方知纲常伦理，而有别于禽兽之行。所谓"神明之德"，《九家易注》谓："隐藏谓之神。著见谓之明，阴阳交通，乃谓之德。"③ 孔颖达则认为："万事云为，皆是神明之德，若不作八卦，此神明之德闭塞幽隐，既作八卦，则而象之，是通达神明之德也。"④ 焦循以之为人类灵性之开启，此即孟子所称之"性善"。此说颇具历史主义之视野。

至于孟子何以"称尧舜"，焦循亦引据《系辞》以辨其义：

> 当羲、农之前，人苦于不知，故羲、农尽人物之性，以通其神明，其时善不善显然易见，积之既久，灵智日开，凡仁义道德、忠孝友悌，人非不能知，而巧伪由以生，奸诈由以起，故治唐虞以后之天下，异于治羲、农以后之天下。夫谋而能言，以方自命善也。而实则庸违滔天圮族，绩用弗成，朝士如是，庶民可知，同羲、农以来所未有，亦尧、舜以前之人所未知。故圣人治天下之道，至尧、舜而一变。《系辞传》云："黄帝、尧、舜氏作，通其变，使民不倦；神而化之，使民宜之。"又云："《易》穷则变，变则通，通则久。"黄帝、

---

① （清）焦循：《孟子正义》上，中华书局2015年版，第343页。
② （清）焦循：《孟子正义》上，中华书局2015年版，第341页。
③ （唐）李鼎祚：《周易集解》，中华书局2016年版，第478页。
④ （魏）王弼注，（唐）孔颖达疏：《周易正义》，北京大学出版社2000年版，第351页。

尧、舜垂衣裳而天下治。盖尧、舜以变通神化治天下，不执一而执两端，用中于民，实为万世治天下之法，故孔子删《书》首唐虞，而赞《易》特以通变神化，详著于尧、舜。孟子称尧、舜，正称其通变神化也。①

此基于《周易》"通变"之义，以明先民社会演进之情状。焦循以伏羲、神农之前，民人苦于蒙昧；伏羲画卦而民人"灵智日开"，其后民人则渐习于诈伪。蒙昧与诈伪，实为人性之"两端"，尧舜深明其理，认识到人性总是在这两个极端间反复徘徊，故不应拘泥而执于一端，当取其中道，这是"通变神化"的高度智慧，堪为后世取法，此即孟子何以"称尧舜"之微义。

《孟子·告子上》中有"乃若其情，则可以为善矣，乃所谓善也"之语，为《孟子》书中少数言及"情"之重要论述。焦循则以其易学"旁通"说加以印证，文谓：

> 孟子性善之说，全本于孔子之赞《易》。伏羲画卦，观象以通神明之德，以类万物之情，俾天下万世无论上智下愚，人人知有君臣父子夫妇，此性善之恉也。孔子赞之则云："利贞者，性情也。六爻发挥，旁通情也。"禽兽之情，不能旁通，即不能利贞，故不可以为善，情不可以为善，此性所以不善；人之情则能旁通，即能利贞，故可以为善，情可以为善，此性所以善。禽兽之情何以不可为善，以其无神明之德也。人之情何以可以为善，以其有神明之德也。神明之德在性，则情可旁通。情可旁通，则情可以为善。于情之可以为善，知其性之神明。性之神明，性之善也。孟子于此，明揭性善之恉在其情，则可以为善，此融会乎伏羲、神农、黄帝、尧、舜、文王、周公、孔子之言，而得其要者也。②

焦循依古人之通说，以《易传》为孔子所述，故以《文言》"六爻发挥，旁通情也"之说为孔子观点。焦循以"性"与"情"之别，在于虽万物皆有其"情"，然禽兽之情不能"旁通"，人之情可"旁通"，能"旁通"之"情"即善，由此人之"性"与"情"可通而为一，即《系辞》

---

① （清）焦循：《孟子正义》上，中华书局 2015 年版，第 342—343 页。
② （清）焦循：《孟子正义》下，中华书局 2015 年版，第 811 页。

所称"神明之德"。焦循进一步阐述道："孔子以旁通言情，以利贞言性，情利者，变而通之也。以己之情，通乎人之情；以己之欲，通乎人之欲。己欲立而立人，己欲达而达人，己所不欲，勿施于人。因己之好货而使居者有积仓，行者有裹粮；因己之好色而使内无怨女，外无旷夫。如是则情通，情通则情之阴已受治于性之阳，是性之神明有以运旋乎情欲而使之善，此情之可以为善也。故以情之可以为善，而决其性之神明也。"① 言情之"旁通"，即由"己之欲"而达"人之欲"，由此性、情、欲三者不相违背。

焦氏此说，显然受到戴震人性论的直接影响，与戴氏所谓"细民得其欲，君子得其仁。遂己之欲，亦思遂人之欲，而仁不可胜用矣；快己之欲，忘人之欲，则私而不仁"② 等有关"血气心知"之辨，可谓合若符节。戴震以《易》之"生生"言情欲的合理性，焦循则以《易》之"旁通"言情欲的合理性，均不妨视为一种以《易》解《孟》的思路。而戴震之学以《周易》为典据，焦循之学则据《周易》建立了一套系统的经学解释体系，立说显得更为精致一些。焦循平生最服膺戴震，以戴氏之"《孟子字义》一书，所以发明理道性情之训，分析圣贤老释之界，至精极妙"③。牟宗三曾论焦循易学之意义，亦兼及戴震，其说颇中肯綮："这种道德哲学是建设在生成变易的自然哲学之上的。所以他以'通'为主……通即是情通，情通而欲遂，即是团体情欲的谐和。不通即不和，不和为私为蔽为不元亨利贞为凶。故人必时刻以求通而祛凶，必时刻改造现实之不通以希望将来之通，而冀得元亨利贞之吉。元亨利贞是情通之极致，是谓情欲之大谐和，人要必以此为理想。戴东原的'以情絜情而各遂其生'，焦里堂的'旁通情也，而元亨利贞'，皆是人间的真正发现，皆是抉破了人间的秘密而超向于赤裸的真人生，这是人间的复活，人间的自我实现，毫不必藉助于万能的神及超越的宗教。这是有功于人类的发现，他这道德哲学的系统之完美，在这个人间是不多得的。"④ 此为牟氏早年所论，堪称透辟精到。虽然，牟先生在中年以后对于清学的看法一变旧观，但其在晚年再版此书时，仍保留文字原状，于"昔日之我"未加掩饰，这也是颇难

① （清）焦循：《孟子正义》下，中华书局 2015 年版，第 811 页。
② 戴震：《原善》，《戴震集》，上海古籍出版社 2018 年版，第 347 页。
③ （清）焦循：《雕菰集·国史儒林文苑传议》，《焦循全集》第 12 册，广陵书社 2016 年版，第 5858 页。
④ 牟宗三：《周易的自然哲学与道德函义》，《牟宗三先生全集》第 1 册，联经出版事业股份有限公司 2003 年版，第 295—296 页。

能可贵的。——超越宋学以"天理"与"人欲"为基础形成的种种对立性思维，求人性中理欲之"通"，乃至百家道术之"通"、古今思想之"通"，实亦今人所谓"清代新义理学"之一显著特色。清儒"以《易》解经"的种种努力，亦不妨视为于此"通"之义在诂经之学上的一种饶有特色的表现形式。

三　余论

焦循平生以"通核"自任，虽于汉儒和戴震之学有较多认同，但其并无非此即彼的以汉宋之学势如水火的门户意识，不以汉儒之学尽为可信，更不以宋儒之学毫无可取，他曾说：

> 近之学者以"考据"名家，断以汉学；唐宋以后，屏而弃之。其同一汉儒也，则以许叔重、郑康成为断。据其一说，而废众说。荀子所谓"持之有故"，"持"即据之谓也。……盖必据郑以屏其余，与必别有所据以屏郑，皆据也，皆非圣人一贯忠恕之旨也。……然则九流诸子各有所长。屏而外之，何如择而取之？况其同为说经之言乎！①

焦循易学的基本架构固然近于汉儒自然主义哲学进路，但亦受到宋儒易学观念的一些启发。若焦循于《周易》"元"之义颇有发挥。《周易·文言》曰："元者善之长也，亨者嘉之会也，利者义之和也，贞者事之干也。君子体仁足以长人，嘉会足以合礼，利物足以和义，贞固足以干事。君子行此四德者，故曰：'乾，元亨利贞。'"焦循据此认为，《周易》的元、亨、利、贞对应于儒家的根本道德观念仁、义、礼、智，洵为易学之根本，亦六十四卦的变化之源，同时也是伏羲、文王、周公、孔子"四圣同言"的核心理念，故以"《易》之为书，本明道德事功"②。并以六十四卦之卦象，分别可呼应元、亨、利、贞诸义，其中尤以"元"最为重要，不仅统摄《乾》《坤》《屯》《讼》《比》《履》《泰》《大有》《随》《蛊》《临》《复》《无妄》《大畜》《离》《颐》《损》《益》《萃》《升》《井》《革》《鼎》《涣》二十四卦，就《周易》全体大义而言，"以元、亨、利、贞而括其要，不过元而已。反复探求，觉《易》道如此，《易》之元

---

① （清）焦循：《论语通释》，《焦循全集》第5册，广陵书社2016年版，第2499—2501页。
② （清）焦循：《易图略》，《焦循全集》第3册，广陵书社2016年版，第1072页。

如此。盖合全《易》而条贯之，而后知《易》之称元者如此也"①。焦循以《周易》四德统摄诸卦，为其独创之说，然其以"元"为本体，统御四德，其说当来源于宋儒。程颐《伊川易传》中释《乾卦》之《彖》曰："四德之元，犹五常之仁。偏言则一事，专言则包四者。"② 其以"元"为四德之体，固为焦循立说之所本者。

如果说焦循易学以汉学为主，兼摄宋学；胡煦"酌于汉宋"的易学体系则显然以宋学为主，兼摄汉儒象数。由二家之学亦可印证，吾人所谓清代"新义理学"之建构，就其总体大脉络而言，尽管其中汉学的思想成分表现得明显一些，但绝不能否定其中亦客观存在宋学思想元素的渗透。

第五节　太谷学派易说及其后学的"以《易》解经"

太谷学派是产生于清代嘉庆、道光年间的民间儒学团体。③ 创始人周太谷，安徽池州石埭人，字星垣，太谷为其号，别名崆峒子，后人遂以"太谷"冠其学派名。太谷学派以儒学为基础，倡三教合一论，认为宇宙与生命的根源，为大赤、深黑"二气交凝"。又有天命在躬，太和之气在性，为学要在"蒙以养正"（《周易·蒙卦》）的基本理念，兼摄佛道见性养命之说，自称圣功弟子。周太谷平生广纳门徒，三教九流不禁，有陈一泉、韩仰瑜、汪全泰、张积中、李光炘五大弟子，其中张、李为"传铎"④。其中张、李为"传铎"，即传学的弟子（取典《论语》"天将以夫子为木铎"）。咸同年间，张积中、李光炘分别以该学派的南、北宗为标榜，"还道于北"，"传道于南"。同治五年（1866），张积中于山东长清、肥城间的黄崖山聚众讲学，耕读为生，并经营商业，规模达万人之众，由于该团体已出现了地下秘密社会的倾向，引起了清政府及当地官员的猜忌，诬为教匪而派军剿灭，张积中与徒众大多死难，史称"黄崖事件"。其后该学派"南宗"李光炘立足于泰州，渐入地下，传学不替，传布于江

① （清）焦循：《易通释》，《焦循全集》第 1 册，广陵书社 2016 年版，第 311 页。
② （宋）程颢、程颐：《二程集》下，中华书局 2004 年版，第 697 页。
③ 关于"太谷学派"的性质，马西沙、韩秉方著《中国民间宗教史》（中国社会科学出版社 2004 年版）将之视为民间宗教的一派（别名"黄崖教"），朱季康著《近代华东民间秘密互助群体太谷学派的生存与信仰研究》（人民出版社 2014 年版）将之称为"民间秘密互助群体"。因该学派是否可定性为民间宗教之说尚有争议，鉴于其学说始终尊奉儒家"道统"的情况，故本书以较为中性化的"民间儒学团体"称之。
④ 取典《论语》"天将以夫子为木铎"，"传铎"谓肩负传承其学责任的弟子。

苏仪征、扬州、泰州、苏州一带。李光炘逝世后，在其门人黄葆年（1845—1924）等的努力下，该学派实现了"南北合宗""牧马归群"，黄葆年更在苏州设立"归群草堂"，苏州民众多称之为"黄门"。至新中国成立之前，太谷学派活动已渐趋式微，然仍有余脉迁延，至今未绝。

20世纪以前，该学派一直处于秘密传承状态，知之者甚少，因其勃兴于泰州一带，故后来多有学者误以为其为明代泰州学派的后学。① 后来该学派逐渐浮出水面，有了一定社会影响，至1940年，刘蕙孙（1909—1996，刘鹗之孙）在《辅仁学志》（第九卷第11期）上发表《张石琴②与太谷学派》一文，才算是把该学派的渊源沿革系统公之于世。

学界称"太谷学派"的名目甚多，如邓之诚在《骨董琐记》中称太谷学派为"泰州教"，马叙伦在《石屋续渖》称其为"大成教"，章士钊在《孤桐杂记》称其为"救世新教会"，柳诒徵称其为"新泰州学派"，文廷式在《纯常子枝语》中称之为"崆峒教"③。当代的研究者则更倾向于太谷学派是一个秘密传承的民间团体，或有称之"中国传统儒家的最后一个学派"④ 者。

太谷学派的发展前期，其门徒大多为社会中下层士绅，且恪守秘密传播的原则，属草根性的民间组织。至晚清民初之际，一些知识界主流的精英人士也被吸引而入于其门，这些人中名声最著者，有《老残游记》《铁云藏龟》的作者刘鹗（1857—1909）⑤、哲学家钟泰（1888—1979），及后来成为章太炎弟子的缪篆（1877—1939）等。刘鹗系李光炘门人，其小说《老残游记》被称为太谷学派之"传道书"，《老残游记》中以小说笔法，披露了太谷学派的基本思想观念，自此以后该学派方逐渐为世所知。

刘鹗在《老残游记》中通过"玙姑"之口批判宋明理学的禁欲主义思想，谓：

> 圣人说的"所谓诚其意者，毋自欺也。如恶恶臭，如好好色"；

---

① 如柳诒徵、范文澜等曾持此说，参见马西沙、韩秉方《中国民间宗教史》下，中国社会科学出版社2004年版，第988—989页。
② 张石琴即周太谷弟子张积中。
③ 参见朱季康《近代华东民间秘密互助群体太谷学派的生存与信仰研究》，人民出版社2014年版，第3页。
④ 张辽：《太谷学派——中国传统儒家的最后一个学派》，《益阳师专学报》1990年第4期。
⑤ 刘鹗的子孙中亦多太谷学派门人。

孔子说"好德如好色"；孟子说"食色性也"；子夏说"贤贤易色"；这好色乃人之本性。宋儒要说好德不好色，非自欺而何？自欺欺人，不诚极矣，他偏要说"存诚"，岂不可恨？圣人言情言礼，不言理欲。删《诗》以《关雎》为首，试问"窈窕淑女，君子好逑"，"求之不得"，至于"辗转反侧"，难道可以说这是天理，不是人欲吗？举此可见圣人决不欺人处。……若宋儒之种种欺人，口难罄述。①

这一番论述道出了太谷学派强调情欲合理性的价值观，②《老残游记》在这些方面的有关论述，与清代以来戴震等所建构的"新情理观"③ 颇有类似的价值取向视角。

太谷学派宣传"圣功"修养，以经世济民为宗旨。王汎森总结太谷学派形成的历史契机说："太谷学派之兴起与清季宋学之复兴及今文家之兴起时间相近，而他们的思想宗旨，又与道咸经世之学有近似之处，它们都是内部社会问题所刺激出来的运动。太谷两代领导者皆有破家赈灾之举，而且到处提倡'教''养'二途救天下，并特别关怀下层百姓，足见社会危机对中下层儒家知识分子的刺激，以及他们的因应之道。在因应过程中，他们对儒家学说做了一些符合自己需要的解释，并广泛从佛、道家吸收资源以深刻化或补充原来之不足。"④ 而在创始人周太谷身后，"太谷学派第二、三代弟子有强烈经世倾向，或在陶澍幕中参与改革两淮盐务，或如张积中辅佐办厘金的雷以诚，毛庆蕃为江南制造局总办，刘鹗办河工、开矿、修铁路等。这一形象正与他们的教旨'圣功大纲，不外教、养两途'相合。因为关心'民失其养'，所以他们在土地政策方面思想愈来愈激烈，如提出土地国有的观念，竟与孙中山想法相近似，而主张废私有制，也与近代许多激烈思想家相近。"⑤ 更有学者指出："太谷学派中人勇于'立德、立言、立功'，并具有一往无前，百折不挠、积极用命的英勇献身精神。他们在学派内部主张'不仁之君，有征伐放逐之权'，'暴君可

---

① 刘鹗：《老残游记》，三秦出版社 2017 年版，第 82 页。
② 参见马西沙、韩秉方《中国民间宗教史》下，中国社会科学出版社 2004 年版，第 991—992 页。
③ 参见张寿安《明清情欲论与新情理观的出现》，《史学月刊》2018 年第 4 期。
④ 王汎森：《道咸年间民间性儒家学派——关于太谷学派的研究》，《中国近代思想与学术的系谱》，河北教育出版社 2001 年版，第 69 页
⑤ 王汎森：《道咸年间民间性儒家学派——关于太谷学派的研究》，《中国近代思想与学术的系谱》，河北教育出版社 2001 年版，第 69 页。

以调整君位'，以及'复井田'之制。"① 由此可见，太谷学派的思想，虽属于民间思想的"小传统"一路，但实与清初以来义理学的诸多核心观念颇为符契。

太谷学派以儒释道"三教合一"为基本宗旨，《老残游记》中借黄龙子之口（当影射黄葆年）② 阐述了太谷学派这一核心思想观念：

> 儒、释、道三教，譬如三个铺面挂了三个招牌，其实都是卖的杂货，柴米油盐都是有的，不过儒家的铺子大些，佛、道的铺子小些，皆是无所不包的。……凡道总分两层：一个叫道面子，一个叫道里子。道里子都是同的，道面子就各有分别了，如和尚剃了头，道士挽了个髻，叫人一望而知，那是和尚、那是道士。③

太谷学派以"圣功"为终极追求，他们的"圣功"正是建立在"三教合一"观念的基础上。《龙川夫子年谱》（"龙川夫子"即李光炘）中记载了周太谷受佛、道二家之学时所言："佛、道两教，代有传人。包羲时如黄、农。孔子时，如老、彭，秦汉而后，诸儒世出，而佛、仙之名始著。五子运会中则有吕、济二祖，以相左右。国朝如玉林国师、章嘉国师、二虎王、狗皮张、白马李、双丫杨爷。或供养于内庭，或遨游于都市，更有长春真人之龙门派，莲花大师之念佛门，均足以辅翼圣功，启佑后学。嘉、道间，陈、韩两先生出，太谷兼其所学，而圣教以昌。圣功或数百年而一开，或数十年而一开。开则二氏晦。理学家以异端目之，不知二氏，并不知圣功也。"④ 太谷门人张积中、李光炘、黄葆年等所传著述中，多有与之类似的说法。而他们会通三教的核心主体思想，则基于对《周易》的诠释。

一　太谷学派的易学思想特色

太谷学派以《周易》为道统核心，有学者指出，被太谷学派奉为"圣

---

① 周新国等：《太谷学派史稿》，社会科学文献出版社 2014 年版，第 37 页。

② 刘鹗之孙刘厚泽说："黄葆年生于己巳年，故指为青龙，但恰巧又姓黄，又有时隐喻为黄龙子。"参见氏撰《刘鹗与〈老残游记〉》，载《刘鹗及老残游记资料》，四川人民出版社 1985 年版，第 17 页。

③ 刘鹗：《老残游记》，三秦出版社 2017 年版，第 79—81 页。

④ （清）谢逢源：《龙川夫子年谱》，《太谷学派遗书》第 1 辑第 3 册，江苏广陵古籍刻印社 1997 年版，第 14—15 页。

经"的周太谷《周氏遗书》十卷中，"前两卷首传《易经》，对易理作了带有自家特色的发挥，为整个太谷学派奠定了以《易》为宗的神秘主义基调"①。《周易》一书，在太谷学派中具有核心性的重要地位，并以儒、道两家皆源出于《周易》（明清以降的民间教派皆接受"老子化胡"的传说，以为佛出于道，由此建构"三教同源"的传承谱系），据与该学派颇有渊源的朱松龄②介绍，他们对于《周易》的基本看法是：

> 在周代之前，《易经》的版本不一。周代修订后的定本，就是《周易》，成为后代的通行本。《周易》是讲宇宙与人的关系、是包罗万象人天科学的最早的著作。文字深奥不易理解，研究学者，往往各抒己见。春秋时代，伊尹③为常人不能理解，去请老子（李聃）注解，李聃注解了五千个字，分成"道"与"德"两个部分，就是后世相传的《道德经》。"道"是讲宇宙与人体的相应关系，也就是修身之理。春秋时，孔丘根据"道"与"德"的体用关系，写成《春秋》。……《周氏遗书》中，又提出"内圣""外王"。其实三者讲的是一个道理："道"就是"圣"，也是"内圣"；"德"就是"功"，也是"外王"。所以说，"太谷学派"的道统是由《周易》贯串的。④

太谷学派自周太谷开始，对《周易》的诠释颇受汉代谶纬之学的影响，"以人道上合天道为追求的极致。而在阐发天道的过程中，学派大量吸收了纬书中的阴阳五行思想"⑤。如《周易乾凿度》中便将《周易》卦象体系与五行、五德联系起来，谓："八卦之序成立，则五气变形。故人生而应八卦之体，得五气以为五常，仁义礼智信是也。……五者，道德之分，天人之际也，圣人所以通天意，理人伦，而明至道也。"⑥ 太谷学派基于这种观念建立其易学思想，如周太谷《后天八卦图说》一文谓：

> 《易》曰"帝出乎震"，仁始施也。"齐乎巽"，德施普也。"相见乎离"，礼之用也。"致役乎坤"，礼之复也。"说言乎兑"，义达乎道

---

① 韩荣钧：《黄葆年与太谷学派研究》，社会科学文献出版社 2017 年版，第 270—171 页。
② 其人是刘鹗之子刘大绅的外孙，笔名"金文子"
③ 此"伊尹"疑应作"关尹"。
④ 金文子：《我所知道的太谷学派》，《南京理工大学学报》（社会科学版）2005 年第 5 期。
⑤ 韩荣钧：《黄葆年与太谷学派研究》，社会科学文献出版社 2017 年版，第 45 页。
⑥ （清）赵在翰：《七纬》上，中华书局 2012 年版，第 33 页。

也。"战乎乾",知动也。"劳乎坎",知止也。"成言乎艮",合四德而为信也。信也者,终百行始百行之谓也。人而无信,虽有道,其何从容而中也?①

这段文字系周太谷以儒家的道德论来解释《周易·说卦》中描述后天八卦排列次序的"帝出乎震,齐乎巽,相见乎离,致役乎坤,说言乎兑,战乎乾,劳乎坎,成言乎艮"这句话。其以仁、礼、义、知(智)、信五德的种种表现形式,契合于诸卦微义。至于为什么可如此比配,他们有一套相当繁琐曲折的诠释,以"帝出乎震"何以蕴含"仁始施"之说为例,"太谷学派所理解的'帝',则同于古文字的'蒂',意为花骨朵。就像宋儒程颢把'仁'解读为桃仁、杏仁的仁。桃和杏都是桃仁、杏仁发生而来的,易言之,仁是一种生机,蒂也是一种生机,因为一切花和花果都是从花骨朵里生长出来的,生机就蕴藏在其中。所以,太谷学派认为,震卦是阴下藏阳,生机潜伏其下。蒂是一种实在的物质,自然界的生机就是这么化生出来的。人是天地的合体,人的仁也就是生"②。故以生机显现之初为"仁始施"。这种思路显然来源于汉代象数学取象比类的推演模式。

后儒以五行观念比配后天八卦方位之说,以震、巽为木,离为火,兑、乾为金,坎为水,艮、坤为土。而按《周易乾凿度》中的说法,则以震为木为仁、离为火为礼、兑为金为义、坎为水为信、乾坤艮巽四卦为土为智。周太谷之说,其以震、巽为仁,离、坤为礼,兑为义,乾、坎为智,艮为信,虽基本思路还是基于《周易乾凿度》这些典籍的传统说法,但也有一些修订和调适,表现了他对五常比配八卦的独特思路。

以《周易》诸卦统御仁义礼智信五常之道,是太谷学派易学的基本根骨和特色所在。其后学李光炘诠释周太谷此论曰:

> "帝出乎震,仁始施也。""仁始施也"者,万物化生,仁道之始也。"齐乎巽,德施普也。""德施普也"者,云行雨施,无冤弗届也。"相见乎离,礼之用也。""礼之用也"者,日往月来,易行乎其中也。

---

① 《太谷学派遗书》第 1 辑第 1 册,江苏广陵古籍刻印社 1997 年版,第 104—105 页。
② 方宝川:《太谷学派〈易〉学发微》,《南京理工大学学报》(社会科学版)2002 年第 2 期。此文对周太谷的《后天八卦图说》有详细解释,可供参酌。

"致役乎坤，礼之复也。""礼之复也"者，寒往暑来，无往不复也。"说言乎兑，义达乎道也。""义达乎道也"者，信近乎义，泽上于天也。"战乎乾，知动也。""知动也"者，溥博渊泉，而时出之也。"劳乎坎，知止也。""知止也"者，民劳则思，思不出其位也。"成言乎艮，合四德而为信也。""合四德而为信也"者，仁义礼智根于心，睟然见于面，盎于背也。于戏！信也者，终百行始百行之谓也。知始始之，知终终之，合八体而一之者，其惟圣人乎！人而无信，仁道失矣。人而不仁，如礼何？人而不仁，如乐何？子故曰："虽有道，其何从容而中也？"①

由此可见，李氏多以儒门经典文句印证周太谷八卦配五德之说，若"溥博渊泉"语出《中庸》，"思不出其位"语出《论语·宪问》，"睟然见于面，盎于背"语出《孟子·尽心上》，"人而不仁，如礼何？人而不仁，如乐何"语出《论语·八佾》。以《周易》统御五常之道，从而可印证众经义理，是太谷学派后学的一个基本经学诠释方式，周太谷的另一弟子，"北宗"的张积中也有类似论述：

> 乾，健也，其行也，天也。坤，顺也，其蕴也，渊也。震，起也，起不已也。巽，入也，将彷徨而不果入也。坎，陷也，陷于中也。离，丽也，丽乎外也。艮，止也，止其所也。兑，说也，说以其道说也。之八体者，成乎仁，达乎义者也。由之而不知，子曰："民斯为下矣。"②

此以卦义附会《论语·季氏》"生而知之者上也，学而知之者次也，困而学之，又其次也。困而不学，民斯为下矣"之论。总体而言，"以《易》解经"的诠释方法，在太谷学派早期后学中时有所见，然尚未成系统，该学派的近代后学刘大绅、缪篆（皆师从黄葆年）则基于此一思路，构建出一套成体系的"以《易》解经"之方法范式。

二　刘大绅、缪篆"以《易》解经"说之建构

刘鹗之子刘大绅（1887—1954）号称"得太谷易学心传，集太谷易学

---

① 《太谷学派遗书》第 1 辑第 1 册，江苏广陵古籍刻印社 1997 年版，104—107 页。
② 张积中：《张氏遗书》卷上，《太谷学派遗书》第 1 辑第 2 册，江苏广陵古籍刻印社 1997 年版，第 4 页。

之大成"①，他早年学《易》时扬弃诸家注疏，强调"就爻观象，就象观辞"而通卦义，一朝豁然，悟得《周易》与儒家其他经典本是一整体关系：

> 学易必读《诗》，《诗》为易之外传；学易必读《礼》，《礼》为易之轨范；学易必读《论语》，《论语》为易之用；《春秋》（非《左传》）为易之时；《尚书》为易之迹；乐律时历，则易之验也；《尔雅》《周礼》为读易时文字制度之参证。②

在他看来，《易》之外的诸经，实皆《易》之注脚，甚至文本中也隐藏了《易》之微言大义。若他所说："《论语》每篇皆有一卦为之主。《学而》，兑也；《为政》，睽也。《春秋》二百四十二年，四十二卦用爻之数及一日夜之十二时，子午各多一分也。春王正月，先甲后甲也；庚申获麟，先庚后庚也。知此可以学《易》，不然虽皓首穷经不能得也。"③

刘大绅未对这些论述作详细释义，吾人细揣其说，何以言"《学而》，兑也"，大约因为兑卦之"兑"训为"悦"，可对应《学而》篇中的"不亦说乎"之语；睽卦的《象传》说"君子以同而异"，与《为政》篇中"君子周而不比"之语义近。"《春秋》二百四十二年"的数字计算，则是以尾数 42 代表 42 卦，用 42 卦用爻之数 252，减去一昼夜中去除子时和午时的时辰之数 10，得出 242。当然，这么计算有何根据，颇难索解。至于为何将《春秋》的"春王正月"比附于蛊卦《象传》的"先甲三日，后甲三日"、将"庚申获麟"比附于巽卦九五爻辞的"先庚三日，后庚三日"，恐怕也皆出于其自有会心的主观性联想。毋庸讳言，刘大绅的这些说法更像一种参以象数思维的"六经注我"，未必形成了明确的体系性理论意识。

刘大绅的同门缪篆（1877—1939）早年亦为太谷学派成员，1912 年后又师从章太炎，后任教于厦门大学、中山大学，为民国时期知名哲学家，然其平生思想底蕴，始终基于太谷学派学说。他基于与刘大绅类似的思路，正式为"以《易》解经"说建立了一套相当庞大的系统体系。缪篆

---

① 方宝川：《太谷学派易学发微》，《南京理工大学学报》（社会科学版）2002 年第 2 期。
② 刘大绅：《姑妄言之》，《太谷学派遗书》第 3 辑第 5 册，江苏广陵古籍刻印社 2001 年版，第 2891 页。
③ 刘大绅：《姑妄言之》，《太谷学派遗书》第 3 辑第 5 册，江苏广陵古籍刻印社 2001 年版，第 2892 页。

之易学，延续了太谷学派重道德论的特色，其以《周易·文言》所释"元亨利贞"为"天悳、地悳、人悳之总持语"①，要义便是"在《乾》为元亨利贞，在君子为仁义礼智"②。具体而言，其谓：

> 读书贵在扩充，《乾》《坤》二卦有《文言》，仅起例耳，其余六十二卦无《文言》，学者当推而知也。《乾》《坤》言元亨利贞，在君子为仁义礼智，他卦或言元、或言亨等等者，在君子或为仁、或为礼等等明矣。六十四卦，元、亨、利、贞、有孚各不同，则知君子仁、义、礼、智、信（有孚）亦各不同，明矣！然《论》《孟》诸经中，其明见仁义等字者易知，其暗契仁义等意者难晓，或在言论，或在事实，多不可计。用各有当，其大系统乃摄在《易经》之元、亨、利、贞、有孚中也。③

元、亨、利、贞相应于仁、义、礼、智四德，具体的对应关系是，元即仁、亨即礼、利即义、贞即智。四德加上"信"则成为汉代以来通行所说的"五常"，因此，缪篆又在《周易》中拈出"有孚"一语来对应"信"。"孚"在《周易》中本有二义，一为卦兆、征兆；一为征验、应验。"有孚"的意思，则是说卦兆显示的是大通顺，占问有利。后儒若程颐的《程氏易传》、朱熹的《周易本义》则多解"有孚"为"有验""有诚信"之义，缪篆以"有孚"对应五常之"信"，有其所本。

章太炎曾评缪篆此说谓："贞为智悳，李鼎祚之说，今得诚证矣。"④以元、亨、利对应仁、礼、义，《文言》中所明言："体仁足以长人，嘉会足以合礼，利物足以和义，贞固足以干事。"足以为据。而缪篆以贞对应于智，则系源自唐代李鼎祚在《周易集解》中的说法："贞为事干，以配于智。智主冬藏，北方水也。故孔子曰：'仁者乐山，智者乐水。'则智之明证矣。"⑤ 李鼎祚以五常配五行，认为贞、智皆属水，再据孔子言"智者乐水"而成其说，显然颇感牵强，后人多有疑者。缪篆则释之曰："世有于《文言》未明言'智'，质疑'贞固足以干事'之未必训智者，试观《蹇》卦文王之《彖辞》曰'贞吉'，孔子之《彖传》曰'智矣哉'，则

---

① 缪篆：《明悳》上篇，《新民》1935 年第 1 卷第 3 期。
② 缪篆：《明悳》上篇，《新民》1935 年第 1 卷第 3 期。
③ 缪篆：《明悳》上篇，《新民》1935 年第 1 卷第 3 期。
④ 章太炎函评，引自缪篆《明悳》上篇，《新民》1935 年第 1 卷第 3 期。
⑤ （唐）李鼎祚：《周易集解》，中华书局 2019 年版，第 10 页。

可释然矣。"① 按《象传》"知（智）矣哉"语，本为对《蹇》卦所体现的"险在前也，见险而能止"之义的赞词，缪篆此说，虽属"六经注我"，毕竟提供了一条《周易》文本的"内证"，故乃师章太炎对其说较为认可。

基于这种认识，缪篆以《周易》之六十四卦，乃至于三百八十四爻辞，皆有元、亨、利、贞、有孚所分别对应的"五德"之意涵，并可据以分判经义，其谓：

> 是故仁各不同，不能出乾之元、坤之元、屯之元、比之元、大有之元、随之元、蛊之元、临之元、无妄之元、损之元、升之元、革之元、鼎之元之外。义各不同，不能出乾之利、坤之利、屯之利、蒙之利、需之利、讼之利、同人之利、豫之利、随之利、蛊之利、临之利、噬嗑之利、贲之利、复之利、无妄之利、大畜之利、大过之利、离之利、咸之利、恒之利、遁之利、大壮之利、明夷之利、家人之利、蹇之利、解之利、损之利、益之利、夬之利、萃之利、革之利、渐之利、巽之利、兑之利、涣之利、中孚之利、小过之利、既济之利之外。礼、智、信诸惪目视此矣。——此尚不过就六十四卦之彖辞观之也，其有彖辞不明言者，再就周公之三百八十四爻辞分观之、孔子之十翼分观之。仁不可胜数也，在"体仁足以长人"定义中而变动不居也；义不可胜数也，在"利物足以和义"定义中而惟变所适也，礼、智、信等视此矣。②

缪篆认为此五者可涵摄《周易》全书之精义，谓"《周易》中惪目虽多，不能出此五者之右"③。不仅如此，儒释道三者举凡道德论之辨析，均可囊括尽之，其谓："且外王之学有'周公谥法'所述美谥七十一，内圣之学中国有贾谊《新书·道术篇》所述品善五十六，印度有世亲《明门论》所述心法等百。正其本，万事理，明此五者，则若网在纲，有条不紊，故曰'天下之至动而不可乱也'。"④ 所谓"周公谥法"见《逸周书·谥法解》，其有"美谥"之"简、文、武、恭、明、钦、定、德"等七十一名，贾谊《新书·道术篇》则论列慈、孝、忠、惠、友、悌等"品善"

---

① 缪篆：《明惪》上篇，《新民》1935 年第 1 卷第 3 期。
② 缪篆：《明惪》上篇，《新民》1935 年第 1 卷第 3 期。
③ 缪篆：《明惪》上篇，《新民》1935 年第 1 卷第 3 期。
④ 缪篆：《明惪》上篇，《新民》1935 年第 1 卷第 3 期。

五十六名，皆为关于种种良善道德品质的归纳。——缪篆所论"所述心法等百"，是佛教唯识学经典《百法明门论》等书中的体系，其中亦归纳"善"的品类有"信、精进、惭、愧、无贪、无嗔、无痴、轻安、不放逸、行舍、不害"之十一种。由于中印学说在道德论维度的相似性，故缪篆认为"贾生、世亲，万里比肩也"①。

缪篆以仁、礼、义、智、信释《周易》元、亨、利、贞、有孚，基于道德论诠释《周易》全经，并牵合《论语》中孔子所言"德不孤，必有邻"之语加以新解，认为《周易》之道德哲学是一前后勾连的完整体系，其谓：

> 《论语》云："悳不孤必有邻"（《里仁篇》），古今来鲜有知其真谛者。缪篆曰：我乃知之矣！《坤》之《文言》曰"敬义立而悳不孤"，《论语》不常见"邻"字，易经则《小畜》之"九五"、《泰》之"六四"、《谦》之六五，皆称"以其邻"。《既济》之"九五"则称"东邻西邻"，东邻者，东伯也；西邻者，西伯也。伯为诸侯之长，元亦为善之长，《论语》称"邻"，义符《周易》矣。悳、功、言三不朽也，《论语》称"有悳者必有言"，是言必与悳邻也。反之，有言者不必有悳，谓之孤言，不以人废之言，而非成悳者之言，智、仁、勇三达悳也。《论语》称"仁者必有勇"（《宪问篇》）是勇必与仁邻也，反之勇者不必有仁，谓之孤勇，一人衡行之勇，而非成仁者之勇。②

《论语》"德不孤，必有邻"一语，皇侃《论语义疏》的解释是"言人有德者，此人非孤，然而必有善邻里故也"云云，后世之种种解读，亦多未出"方以类聚，同志相求，故必有邻，是以不孤"③这类意思之范围。但缪篆赋予了一种别开生面的解释，他认为"德"作为人的实践能力而言，并非孤立生出的，"德"必与"言"并起，故以"言"为"德"之"邻"；而就具体的德目而言，亦是如此，若《论语》言"仁者必有勇"，"勇"为"仁"之"邻"。要之，其意在指出，"德"乃是人生之全体大用的呈现，并不存在孤立性的，局限于某一方面的"德"，故《周易》中

---

① 缪篆：《显道》（自刻本），1931年，第41页。
② 缪篆：《明悳》上篇，《新民》1935年第1卷第3期。
③ 程树德：《论语集释》，中华书局2013年版，第280页。

"彖辞不单言元，不单言亨，不单言利，不单言贞，不单言有孚"①，不同方面的德性实践能力，乃是同时具起，相互支撑的关系。故认为单一一种德性若孤起而无"邻"，必有祸随之，他指出：

> 一切人事亦无孤惪，宋襄公伤于泓，孤仁也（《穀梁·僖二十三》）；有扈氏亡于夏，孤义也（《淮南子·齐俗训》）；宋宣公让国而肇数世之祸，孤礼也（《公羊·隐三年》）；臧文仲居蔡而妨柳下惠之贤，孤智也（《论语》卷五及十五）；尾生高水死而坚女子之约，孤信也（《庄子·盗跖篇》）。他如申生、许止之孝，孤孝也（《僖五》、《昭十九》）；伋寿之悌，孤悌也（《桓十六》）；叔向直而杀弟，孤直也（《左氏·昭十四》）；赵盾忠而弑君，孤忠也（《宣二》）；伯姬贞而焚身，孤贞也（《穀梁·襄三十》）；孤也者，古语所谓知一而不知二也（一二即阴阳）。不孤也者，《系辞》所谓"因贰以济民行"也；《说卦》以"立人之道曰仁与义"起例者，仁不孤必义邻也。②

故其谓《周易》每一卦中，元、亨、利、贞、有孚诸语，多不单独出现，正是说明德不孤起而"必有邻"之微义，"圣人之惪同于乾坤者，元亨利贞；圣人之惪扩充于乾坤者，增多有孚也。彼鼓万物，此忧天下，天下至赜故。其他'惪论'与'惪目'日繁，皆圣人忧患之作也"③。因此，缪篆以《周易》中复杂的"惪论"与"惪目"之论列，皆有圣贤之深妙微意存焉。——基于此见，缪篆对《周易》的六十四卦卦象进行德性论视域的具体诠释，并以统摄群经之微言大义，其谓：

> 《论语》又曰："信近于义"。缪篆曰："信近于义"者，信邻于义也。孔子曰"邻"有子曰"近"。有若智足以知圣人，洵不诬也。原夫《易》之"有孚"，从四惪中之"利"惪分析而出，《大有》为《易经》变化最善之卦，其六五曰"厥孚交如"，上九曰"吉无不利"，"厥孚"，履信也，"无不利"。使民宜之也。《系辞》三次申说"吉无不利"，而信邻于义之旨跃如矣。"信"原从"义"分析而出而"信"又或与"义"为邻，譬犹昆弟自立门户，有时昆弟仍同里间，

同时异姓亦同里间，昆弟仍同里间，之谓信邻义；异姓亦同里间，之谓信或邻仁、礼等等也。德目虽繁，皆能随时随事寻求其次第建立之迹。再举"恭近于礼"一例证之，《商颂·那之篇》曰："自古在昔，先民有作。温恭朝夕，执行有恪。"① 此谓"恭""恪"二惪目，从"礼"惪中分析而出，《那之篇》言诸侯来助祭，以祀商之成汤，《易》所谓嘉会合礼也。于仪节则称温温然而"恭"，于荐馔则称执事人有"恪"。恭恪诸德目，盖取诸"亨"。②

针对《论语》中载孔门弟子有子所言之"信近于义""恭近于礼"，缪篆据《周易》之《大有》卦象、《乾》卦之"嘉会足以合礼"之语，乃至《诗经·商颂》中的诗句，进行了曲折巧妙的解释。在他看来，无论是《周易》卦爻，抑或其他儒学元典中之文句，皆蕴含元、亨、利、贞、有孚相应的仁、义、礼、智、信之种种微意。六十四卦中的部分卦象，"仁礼义智信之次第有先后错杂者焉，非谓仁之邻必为礼，礼之邻必为义也，仁或邻群惪中之一，礼或邻群惪中之一"，他认为，这种情况，皆未外于古人"《易》有三义"，亦简易、变易、不易之理，正如数学公式一样，纵然千变万化，其中自有不变之根基在，"易简则天下之理得矣"，故其谓"《易经》为吾国道惪学之公式书"，《论语》《孟子》等为"例题书"③，以《周易》所阐之"德"，为具有普遍性的基本原理，可涵盖群经大义，由此建立其"以《易》解经"的诠释系统。缪篆自谓此学"窃闻之黄师希平先生，黄师闻之李师平山先生，李先生闻之周师太谷先生"④，并以周太谷的"三传弟子"自居。

立足于此"原理"思维，缪篆总结《周易》中之"道惪学公式"十七条，兹以第一条关于"礼"德的阐释为例，借以窥见其"以《易》解经"说之风格特点：

《易·序卦》曰："物畜然后有礼，故受之以履。"《系辞》曰："履，惪之基也，履和而至，履以和行"。⑤

① 查《诗经》之《商颂》原文，此句作"执事有恪"。
② 缪篆：《明惪》上篇，《新民》1935年第1卷第3期。
③ 缪篆：《明惪》上篇，《新民》1935年第1卷第3期。
④ 缪篆：《明惪》上篇，《新民》1935年第1卷第3期。
⑤ 缪篆：《明惪》中篇，《新民》1935年第1卷第4期。

缪篆意在指出，"礼"的本质在于践履实行，而实践的核心则在于"和"的达成。缪篆认为，就儒家的"正言"来讲，若《论语》载有子之说："礼之用，和为贵，先王之道，斯为美，小大由之。"道家的"反言"则若《老子·三十八章》之说："夫礼者，忠信之薄而乱之首。"就其具体意涵，他指出："《周官》曰：'乃立春官宗伯，使帅其属而掌邦礼，以佐王和邦国。'周为礼治之国，周之礼治，即今西方之法治也。《经解》曰：'发号出命，而民悦，谓之和。'先王深知礼必与和邻也，若礼不与和邻，则非先王广义之礼。即广义之法，而为法律家狭义之法，即狭义之律，《老子》所谓：'礼者，忠信之薄而乱之首者'。"① 盖缪篆以儒家"礼"之本义，合乎西方之法治，但若狭义理解"法"，则像先秦法家之"惨礉少恩"一样，"不识伯夷、周公之礼意，不顾皋陶、管仲之法义，不以百姓心为心，专恃律治，则律者，'忠信之薄，而乱之首'云尔"②。故缪篆以《老子》之语为批判狭隘的"礼法"末流，并非否定"礼"之本身，而正可与儒家"礼之用，和为贵"之说形成相反相成的关系。如此，缪篆又基于太谷学派的儒道同源论，将《周易》中关于礼的论述，与《论语》《周礼》以及道家《老子》中的相关思想联系起来，构成了其所谓的"公式"与"例题"的关系。

缪篆建立这种"以《易》解经"的经学诠释体系，虽不乏一些牵合附会之论，然其苦心孤诣，意在给中国哲学思想建立一个庞大整齐的完整系统，"中国书，知系统者见之，谓之有系统；不知系统者见之，谓之无系统，人病不求耳"③。在他看来，中国古来之经典，并非如像百年以来众多宣称"中国无哲学"论者所理解的那样杂乱无章，自有严整的体系隐含于其中，由《周易》的德性论统贯始终，乃是其根骨所在。

三 杭辛斋以《周易》统摄一切学术的易学构想

杭辛斋（1869—1924）是近代易学史上代表性人物之一，林忠军认为："在此时期的思想家中，最大规模地援引西学来解释《周易》者当属杭辛斋。……杭氏广泛援引'世界通用之名词'，即当时传入中国的西方哲学、法学、地理、物理、化学、生物、进化论等知识来注解《周易》。"④ 堪称开启风气。然杭辛斋平生学易之缘起，情况暧昧不明，学界

---

① 缪篆：《明悫》中篇，《新民》1935 年第 1 卷第 4 期。
② 缪篆：《明悫》中篇，《新民》1935 年第 1 卷第 4 期。
③ 缪篆：《淇澳诗备五悫说》，《制言》1937 年总 35 期。
④ 林忠军：《论晚清易学之转向》，《中国社会科学》2020 年第 2 期。

历来多有疑之者。杭辛斋的易学老师，是他在 1915 年因反袁入狱在狱中结识的，据其后来在《〈学易笔谈〉述恉》中说："吾师忍死犴狴，客期以待，秘传心法，冀绵绝学，又曷敢自弃。丙辰出狱，搜集古今说《易》之书，惟日孳孳，寝馈舟车，未尝或辍。"① 杭辛斋的这一经历，学界人士或信或疑，众说纷纭。如有学者认为："这段神奇的经历到底是实有其事，还是杭辛斋有意'神其说'，现已无法考证。"② 周神松《杭辛斋易学思想浅论》中介绍了目前所见有关此事的多种说法，虽然相当全面，但最后只能断定"此事还是可信的"③，亦未得确论。

笔者在阅读太谷学派文献期间，发现了解决此一问题的线索，杭氏之学实出于太谷学派，此一情况鲜有人知。刘大绅在其著《此中人语》中说：

> 杭氏受《易》于黄崖再传之弟子王伯琴，未尽其学而王氏殁，杭氏遂广搜研《易》之书而苦求之，颇能举一反三。④

后进一步查阅资料，发现上海图书馆的葛正慧在为近人丁超五的《易经科学探》所撰《考注》中提及此事，葛氏虽未言及他的考证过程，却与刘大坤的说法一致，其谓：

> 《学易笔谈》中狄楼海序言："海宁先生之于《易》，得异人传授。一日问辛斋，辛斋曰：'我师知为何许人？但不自言姓氏，尝为白狼军师，人皆以异人称之。洪宪谋帝，余被捕三元店，银铛入军政执法处，异人起狱中，曰：'传人至矣。'指壁间旧书小字数行，令余观之曰：'杭辛斋某年月日被捕于三元店入狱，某年月日袁氏死败出狱，某年月日己身被戮在狱中，忍死一月，传《易》于杭辛斋。'辛斋览毕，跪而师事之，礼也。就狱中画地为卦，变象证爻，溯河图洛书之源，寓悲天悯人之愿；讲见天地之心，明述性命之旨。博采诸家，解彻大义，兴衰治乱，简易发明。师曰：'此内圣外王之学，作《易》者其有忧患乎，卜筮占验，尽余事耳。'时届一月，吾师曰：

---

① 杭辛斋：《学易笔谈》，江西教育出版社 2018 年版，第 5 页。
② 冯鹏：《传统易学的内部突破与近代转轨——杭辛斋易学思想研究》，《周易研究》2019年第 1 期。
③ 周神松：《杭辛斋易学思想浅论》，硕士学位论文，山东大学，2010 年，第 8 页。
④ 《太谷学派遗书》第 3 辑第 1 册，江苏广陵古籍刻印社 2001 年版，第 141 页。

'后三日予就戮于某时，汝善传此绝学，儒家尚数，数不可逃也。邵康节《皇极经世》最明是义，或郭璞知某日诛死，其予之身世欤！'"刘成禺著《洪宪记事诗本事簿注九十八首》（收入《洪宪纪事诗三种》，上海古籍出版社出版）内第六十一首即记此事云："授《易》囚师消息真，牛金星后有斯人。自言郭璞终皇极，讲见天心待杀身。"……杭氏称其师不自言姓氏，故无名。葛正慧曾考知此无名"囚师"。是民国初年河南农民反袁起义大军首领白朗的军师（白曾与孙中山联络反袁起义，袁政府污蔑白为"白狼"），此军师真名王伯琴，后败被俘，解送北京，故能于狱中授《易》给杭辛斋。王伯琴属于清代太谷学派。……王伯琴即黄崖被杀的张积中再传弟子。①

　　需要说明的是，葛正慧所引"《学易笔谈》中狄楼海序言"中"海宁先生之于《易》，得异人传授"以下之文，均未见于传世文本中。经笔者查证，此系沿袭标刘成禺著《洪宪纪事诗本事簿注》中之文，而断句出现错误。"一日问辛斋，辛斋曰"以下，系刘成禺与杭辛斋的问答，② 本非狄楼海序中之文。

　　杭氏所言乃师之神异，吾人不妨"姑妄言之姑妄听之"。杭氏终身不向外人言其师名姓，或当与太谷学派的"秘传"之诫有关，因为月余狱中相处，总会经历提审之类的情况，很容易可以听得到，故杭辛斋称乃师"不自言姓氏"，这一"自"字耐人寻味。然在太谷学派内部，这位"白狼军师"的真实身份，恐非秘事，是以刘大绅得以知之。

　　王伯琴为太谷学派"北宗"张积中（黄崖）之再传弟子，故杭辛斋在太谷学派的谱系中应为第五代。不过，刘大绅称辛斋之学因乃师早死"终以未获王氏秘要，纲领不免芜杂"云云，显然带有一定门户之见，客观地看，这不妨理解为杭辛斋的易学虽出于太谷学派，却并非不越雷池一步地专主旧说，而是消化重铸而成其一家之言。

　　从杭辛斋易学著作中看，亦能找到一些太谷学派学说的痕迹，如《学易笔谈》"元字之精义"条谓：

　　　　《文言》"元者善之长也"，则人之元也善之长，即仁义礼智之仁。仁从二从人，元亦从二从人，故仁为人之元，所谓天经地义，简言之

---

① 丁超五：《易经科学探》，上海三联书店1996年版，第141—142页。
② 刘成禺：《洪宪纪事诗本事簿注》，山西古籍出版社1997年版，第205页。

即天良也。盖物各有元，大而天地，小而飞潜动植各物，均莫不具有此元，得之则生，不得则死。顾元之为元，无声无臭，无形质可见，而其功用所著，亦几非言语笔墨所能摩写而形容之。然元不可见，而仁可见，仁不可见，而仁之寓于事物者可见。古人造字，其精义往往互相钩贯，而即物定名，亦无不各寓其意。如果实核中之质体，名之曰仁，已可见矣。而元亦即可因仁而显其用，如果核桃曰桃仁，杏曰杏仁，而桃与杏之元，即在此仁之中。果核之所以能滋生者，实赖有此仁，赖有此仁中之元。①

以"元"蕴含"仁"之道德论意涵，且以"仁"通果核"仁"，其论与太谷学派的诠释如出一辙。而太谷学派以儒释道三教皆出于《易》，杭辛斋亦有类似观念，其"佛教道教之象数备于《易》"条称：

《易》之为书也，广大悉备，范围天地，曲成万物，故凡世界所有，无远近，无今古，均不能出于《易》教之外。道教佛教，皆后起者也，而佛教创始于西域，更与中国之文化无关。乃圣人之作《易》早定其数于三千年以前，而概括其教义于卦象之中，并其科仪名类，亦皆一一列举而豫定之。乃后来者冥然周觉，顺天地之理数，以自力进行，初未与《易》相谋，而事事物物胥一一准之，莫能相悖。②

其具体申论，则多牵合附会之谈，此为明清以降好讲"圆融三教"说者之通病。其于西方学术的消化，亦采类似径路。狄楼海在《〈学易笔谈〉序》中转述杭辛斋所言其易学宗旨，谓：

《易》如大明镜，无论以何物映之，莫不适如其本来之象。如君主立宪，义取亲民为同人象；民主立宪，主权在民为大有象；社会政治无君民上下之分为随象。乃至日光七色，见象于白贲；微生虫变化物质，见象于蛊。凡道近世所矜为创获者，而《易》皆备其象、明其理于数千年以前。盖理本一原，数无二致，时无古今，地无中外，有偏重而无偏废。中土文明，理重于数，而西国则数胜于理，重理或流于空谈而鲜实际，泥数或偏于物质而遗精神。惟《易》则理数兼赅，

① 杭辛斋：《学易笔谈》，江西教育出版社2018年版，第22页。
② 杭辛斋：《学易笔谈》，江西教育出版社2018年版，第105页。

形上道而形下器，乃足以调剂中西末流之偏以会其通，而宏其用，此则今日学者之责也。①

如果说太谷学派的刘大绅、缪篆的易学宗旨，是以《易》贯通一切经，杭辛斋则在这一思想径路上走得更远，欲以《易》贯通中外一切学问。——试图以吾华某种固有学问为基旨，来涵盖和融通西方道术，从谭嗣同的《仁学》到马一浮的六艺统摄论，见于清季以降众多思想界的理论构想中，这是西学东渐大背景下中国传统学人维系文化自信的自发行为，"通"之一义，也是清代义理学延伸发展的内在逻辑所在。在宏观的历史脉络上看，焦循旨在以"旁通"之义建构自然哲学的努力，虽似言之未尽，杭辛斋的构想，在一定意义上正是此易学理路的进一步延伸。

---

① 杭辛斋：《学易笔谈》，江西教育出版社 2018 年版，第 3—4 页。

结语：走向"近代性"的《周易》诠释

一

清代乾嘉以降的义理学，就气论哲学的发展向度而言，实兼受汉儒的象数易学与宋儒张载开启的"气本论"传统的共同影响；就"以经释经"与"以《易》解经"的经学解释向度而言，前者承继汉儒解经传统，后者则更多表现出受到了宋儒解经传统的潜移默化。就此而论，乾嘉汉学自然有希冀与宋儒理气心性之辨一争短长的面相，但在这一过程中，所谓"宋学"的关注视野与思维方式，也难免会潜移默化地对他们发生影响。毕竟，因为科举制度的要求，任何一个清代学者，自幼所习者，无非皆为朱子所阐之经义。而且，意在辩破某种思想学说之时，总会先深入其堂奥、洞悉其内在理路，由此，"批判者"的思维方式，往往不自觉地早已先留下了"批判对象"的影响痕迹。宋明儒之"辟佛"如是，清儒之欲夺宋儒之席，难免亦如是。

晚近以来的一些学人何以逐渐形成"清儒无义理"的这种印象，细究其说，实为一种"由果溯因"之论。——毋庸讳言，乾嘉后期的一些学者，确实不乏惟务纠缠于一字一句，往而不返，而流于"碎义逃难"的风气。刘师培对此有颇中肯綮的总结：

> 自征实之学既昌，疏证群经，阐发无余。继其后者，虽取精用弘，然精华既竭，好学之士，欲树汉学之帜，不得不出于丛缀之一途，寻究古说，撷拾旧闻。此风既开，转相仿效，而拾骨积礜之学兴。一曰据守。笃信古训，蹦蹬狭隘，不求于心，拘墟旧说，守古人之言而失古人之心。二曰校雠。鸠集众本，互相纠核，或不求其端，任情删易，以失本真。三曰撷拾。书有佚编，旁搜博采，碎璧断圭，补苴成卷，然功力至繁，取资甚便，或不知鉴别，以赝为真。四曰涉猎。择其新奇，随时择录，或博览广稽以俟心获，甚至考订一字辨证

一言，不顾全文，信此屈彼。此四派者，非不绝浮游之空论，溯古学之真传，然所得至微，未能深造而有得。或学为人役，以供贵显有力者之求。①

晚清王闿运在他的青年时代，曾对彼时之学风深感抵触。《近代名人小传·王闿运》说：

（闿运）二十八而达《春秋》微言，张《公羊》，申何学。时则学者习注疏，文章皆法郑、孔，有解释，无纪述；重考证，略辩论。读者竟十行辄引几卧，慨然曰："文者，圣人之所托，礼之所寄，史赖之以信后世，人赖之以为语言。词不修则意不达，意不达则艺文废，俗且反乎混沌。况乎孳乳所积，皆仰观俯察之所以得，字曰文，言其若在天之星象，在地鸟兽蹄迒之迹，其比灿然者也。今若此，文之道几乎息矣！"②

《近代名人小传》作者"沃丘仲子"为王闿运弟子费行简的化名，其转述王氏论学之语显系可信。这种对清儒之学的类似看法，清代后期以来所在多有，王闿运以清儒"有解释，无纪述；重考证，略辩论。读者竟十行辄引几卧"这一印象颇具代表性。然克实而言，乾嘉学术日渐流于琐碎，乃至逐渐沦为"工具化"，而确实罕见义理关怀的情况，实出于"乾嘉末流"，但若于惠栋、戴震等初期大师亦就此一概而论，显然有失公允。

如梁启超在《清代学术概论》中所总结，古今任何一种思想学说，皆有启蒙期（生）、全盛期（住）、蜕分期（异）、衰落期（灭）之四阶段，吾人所谓"由果溯因"之论者，多习于以"衰落期"之流弊，归咎于"启蒙期"乃至这种学说的本身，类似的看法在思想学术史上非常普遍，但在学理上实在是有缺失的。

清初诸儒以王学为祸国之学，以晚明亡国之因，在很大程度上应由王学造成的"束书不观""平日袖手谈心性"而忽视经世实学的风气承担责任。——此实"王学末流"之弊，不能归咎于"王学"本身，否则，无法解释王守仁本人冠绝一世的事功成就，也不能解释阳明心学何以在晚近中

---

① 刘师培：《近代汉学变迁论》，《清儒得失论——刘师培论学杂稿》，中国人民大学出版社2011年版，第271—272页。

② 沃丘仲子：《近代名人小传》，中国书店1988年版，第2页。

日思想界重又复兴，引发热烈回响。清初李绂已有见于此，其尝讥好诋王学之人，若身处于王守仁的时代，"能抗刘瑾乎？能诛宸濠乎？能靖粤西之乱乎？此实学与虚说之辨"①。

近代以来的一些佛教学者，认为中国佛学之所以在宋以后日渐衰落，是因为背离了印度的原本宗旨，或以中国佛学的佛性论为"性觉"之伪说，或以中国佛教流行的"如来藏"说本为"不了义"，由此导致后世僧团逐渐濡染于神秘主义，乃至与民间信仰混一的状况。这其实也是将"末流"之弊归咎于"中国佛学"本身的"由果溯因"思路。这样的话，不仅不能解释何以隋唐时期佛学达到的繁盛程度，更不能解释被他们视为"正统"的印度佛教，何以后来也同样被印度的巫术和民间信仰所吞没，渐入衰亡。

西人之学，亦不乏此例，若哈耶克、波普尔之流，将当代集权主义之弊，一路溯因至从柏拉图到黑格尔的理想主义传统，认为先哲所希冀的"乌托邦"乃至追求社会平等的探索努力中，本身已蕴含了集权主义的萌蘖，吊诡之说，莫过于此！

故若追究"清学末流"之弊，亦应着眼于学说演进的规律。古今思潮，一旦成为"显学"之后，难免鱼龙混杂，盖如钱锺书言："大抵学问是荒江野老屋中二三素心人商量培养之事，朝市之显学必成俗学。"②用梁启超的"四阶段"说，任何学说演进至"蜕分期"和"衰落期"之际，恐皆难免沦为"俗学"，但自不能以"俗学"阶段的状况来否定该学说本身，更不能就此简单归咎于该学说的初始特征，此理至为显明。

二

形成于"轴心时代"前后的人类各文化圈的"元典"，其共同之特质，皆"言多朴茂"，"直接人生而息息相关，多方寓言以出之，设事亲切，使学者弥觉道不远人，词华不靡"③。就本倾向于"重实际而黜玄想"的中华文化而言，这一特质更为显明。就"五经"而论，若《诗》《书》《礼》《春秋》，原系载史纪事之书，传经之孔门，则更倾向于"六合之外存而不论"，因此，《周易》实堪称早期中国典籍中独一无二的专言"性与天道"的"元典"。

---

① （清）李绂：《心性说》，《穆堂初稿》卷18，清道光十一年奉国堂刻本。
② 钱锺书：《致郑朝宗函》（1988年7月7日），载《郑朝宗纪念文集》，鹭江出版社2000年版，第295页。
③ 徐梵澄译：《五十奥义书》，中国社会科学出版社1984年版，第31页。

晚近学界倾向于"疑古"的钱玄同，曾对"六经"逐一评述，其谓"《诗》是一部最古的总集。其中小部分是西周的诗，大部分是东周（孔丘以前）的诗"；"《书》似乎是'三代'时候的'文件类编'或'档案汇存'，应该认它为历史"；就《礼》而论，"《仪礼》是战国时代胡乱抄成的伪书，这是毛奇龄、顾栋高、袁枚、崔述诸人已经证明的了。《周礼》是刘歆伪造的。《两戴记》中，十分之九都是汉儒所作的"；《乐》本无经，以《乐》为经实古文家之谬传；至于《春秋》，钱玄同认为"王安石（有人说不是他）说它是'断烂朝报'，梁启超说它像'流水账簿'，都是极确当的批语"①。评价皆相当刻薄，有时代痕迹的影响。唯独于《易》，钱氏虽亦以之为"是生殖器崇拜时代的东西；'乾''坤'二卦即是两性的生殖器的记号。初演为八，再演为六十四，大家拿它来做卜筮之用"，但同时也不得不承认《易传》的哲学性质："孔丘以后的儒者借它来发挥他们底哲理（这也是'托古'），有做《彖传》的，有做《象传》的，有做《系辞传》的，有做《文言传》的，汉朝又有焦赣、京房一流人做的《说卦传》……配成了所谓'十翼'。"② 也算是实事求是的评价。

故汉代以降的历代学人，凡言及义理之学，皆不可避免地援《周易》为元典资源，对其不断进行"创造性诠释"。就易学"二派六宗"的"二派"而言，象数派以"象能尽意"，义理派以"意在象外"，其实都无非旨在探讨形上的本体论问题乃至世界和宇宙生成演运模式，都是广义上的"义理"之研究。换言之，在一定意义上，研《易》者几无不涉及义理，易学研究本身就可以视为中国传统的义理学之一大统系。

清儒颇有为古典经籍去神圣化，视"五经"为先秦遗献之倾向者，章学诚更明确提出"六经皆史"的观念。然章氏亦于《周易》推崇备至，其虽以"六经皆先王之政典"，但《周易》"其道盖包政教典章之所不及矣。象天法地，'是兴神物，以前民用'。其教盖出政教典章之先矣"。故以《周易》与其他诸经的关系为分属天道与人事："夫悬象设教，与治历授时，天道也。《礼》《乐》《诗》《书》与刑政教令，人事也。天与人参，王者治世之大权也。"③ 仍然认定"《易》以天道而切人事"，其中存在贯通天人之际的形而上指向。

---

① 钱玄同：《答顾颉刚先生书》，载《古史辨》第1册，上海古籍出版社1981年版，第76—78页。

② 钱玄同：《答顾颉刚先生书》，载《古史辨》第1册，上海古籍出版社1981年版，第77页。

③ （清）章学诚：《文史通义》，上海书店1988年版，第1—2页。

清学之"殿军"，亦强调"六经皆史"的章太炎先生，对《周易》一书的认识转变历程，有一定典型性，亦颇耐人寻味。太炎早岁以《易》为古史文献，谓："《传》曰：'夫《易》彰往而知来'，'开物成务'。六十四卦序虽难知，要之记人事迁化，不越其绳，前事不忘，故损益可知也夫！"①并未对《易》理多加致意。直至 1914 年，太炎因怒斥袁世凯被软禁，身处险境，"处困而亨，渐知《易》矣"②，体悟到《易》为圣人忧患之书，"明作《易》之忧患，在于生生，生道济生，而生终不可济，饮食兴讼，旋复无穷。故唯文王为知忧患，唯孔子为知文王"③。由此入于以义理解《易》之途，其所述《菿汉昌言》中，便多有相关论列。

近代另一亦堪称清学"殿军"的人物刘师培，读《周易》亦颇有义理阐发，若在其名著《中国民约精义》中曾以《革卦》之义印证西方民主革命思想，文谓：

> 所谓处变时之政策者，即操革命之权是也。《民约论》谓："君主背民约之旨，则君民之义已绝。"（卷一第七章）又谓："人君之阻力，人民当合群以去之。"（卷一第六章）而"革卦"之言汤、武革命也，必系以应天顺人，则所谓革命者，非汤、武一人之私谋，乃全国人民之合意又可知矣。（《易经》之意含变易之道于其中，章氏《文史通义·易教篇》言之最详。）所谓操革命之权者此也。④

然社会革故鼎新之道，必非朝夕易与之事，因循守旧势力之巨大，往往超乎想象，鲁迅曾感慨中国社会进步改良之难："可惜中国太难改变了，即使搬动一张桌子，改装一个火炉，几乎也要血；而且即使有了血，也未必一定能搬动，能改装。"⑤钱锺书读《革卦》亦有见于此，谓："盖以牛革象事物之牢固不易变更，以见积重难返，习俗难移，革故鼎新，其事殊艰也。"⑥概可见《周易》之诠释张力，深微奥妙，不仅在清代中期对有关道德伦理等人生问题的哲思有以导引，对近代以降之政治哲学亦有以启示。

---

① 章太炎：《易论》，《章太炎全集》第 3 册，上海人民出版社 1982 年版，第 380 页。
② 章太炎：《太炎先生自定年谱》，《章氏丛书》下，世界书局 1982 年版，第 25 页。
③ 章太炎：《菿汉微言》，《章氏丛书》下，世界书局 1982 年版，第 961 页。
④ 刘师培：《中国民约精义》，岳麓书社 2013 年版，第 2 页。
⑤ 鲁迅：《娜拉走后怎样》，《鲁迅全集》第 1 卷，人民文学出版社 2005 年版，第 171 页。
⑥ 钱锺书：《管锥编》第 1 册，生活·读书·新知三联书店 2007 年版，第 52 页。

三

朱维铮认为，至秦迄晚清的两千年间的中国文化长期处于"中世纪"状态，同时他亦认识到了这一问题的复杂性："就文化史的研究来说，考察中国文化如何走出中世纪。似乎更加烦难。五四运动前夕，鲁迅曾描述道：'中国社会上的状态，简直是将几一世纪缩在一时：自油松片以至电灯，自独轮车以至飞机，自镖枪以至机关炮，自不许'妄谈法理'以至护法，自'食肉寝皮'的吃人思想以至人道主义，自迎尸拜蛇以至美育代宗教，都摩肩挨背的存在。'……觉察到同时性的相对性，觉察到空间诸种差异的客观存在，也觉察到改造中国不能忽视中世纪的乃至前封建主义的各种文化的矛盾冲突。然而，同样不能否认，空间差异所显示的不同时性，并非始于清朝灭亡以后，早在清朝建立以前，就已属于事实。假定把'近代'定义为资本主义生产方式及其相应的生产关系和交换关系出现以后的时代，那么在中国的若干地区早有它的萌芽形态，便很难予以否认。"就清代的情况而论："既然清朝的内战外侮主要都出现在后七十年，那么先前二百年岂无一线光明？否则清代人士为什么会赞颂康雍乾三朝的盛世呢？"朱氏进而指出，晚清思想家龚自珍，"早在鸦片战争前四分之一世纪，便呼号清朝统治者汲取历史教训，'与其赠来者以劲改革，孰若自改革？'"而且，"在他以前戴震诸人不是说过类似的话么？难道更早的黄宗羲、顾炎武辈不是提过比他更具体可行的社会改造方案么？"① 简言之，明清之际以降之文化学术思潮中，确已蕴含了某些走向"近代性"的思想因子。

侯外庐先生曾把明清之际前后的思想史称为中国的"早期启蒙"阶段，他在探讨此期间的学术特征时指出：

> 为什么像欧洲的启蒙哲学要回到希腊，像中国的启蒙哲学要回到先秦呢？这自然是由于他们企图摆脱封建统治阶级的迫害，不得不托古改制，但更要的原因却在于，在古代哲人的思想体系里，曾出现后世方法的胚胎形态……中国的先秦哲学也是类似这样。中国的启蒙学者为了追寻自己当时的一般命题，并为自己开拓道路，也就不自觉地回溯到古代中国的经学和子学，因为古代哲学"总的说来……比（中

---

① 朱维铮：《走出中世纪》（增订本），复旦大学出版社 2007 年版，第 4—8 页。

古）形而上学要正确些。"①

回归先秦元典之精神母体，返求本根以重开新义，斯亦可印证先师冯天瑜先生所阐扬之"文化重演率"精义。侯外庐先生则认为，中国古代的思想传统中一直蕴藏了内生性的"近代性"成分，不过其不在作为"官学"主流的儒家脉络上，而存在于较少被人重视的一个"异端传统"的脉络上。"异端传统"开启于先秦诸子之学（尤以道、墨、法诸家为主），塑成了后世少数追求人格独立、敢于反抗权威、倾向于理性思辨的思想者们，"异端思想家那种对正统思想的冲撞，他（侯外庐）认为是最有生命力的。他说：'研究思想史绝对不能只研究正统不研究异端，只有正统的和异端同时展现出来，才是一个真实的时代面貌。'……他认为，从嵇康、鲍敬言，一直到李贽，到龚自珍……历代的异端思想家个性多彩而鲜活"②。这一看法相当有道理，就此而论，作为元典的"五经"中的《周易》，最具文本诠释张力，无论是"正统"还是"异端"，皆可于其中觅得思想的源头活水。清初顾炎武已认定"尽天下之书皆可以注《易》"③，"天下之书"自然也包括诸子等"异端"之书。章学诚在《文史通义》中认为，非特诸子百家之精义"皆不外于周官之典守"，即使后世佛学之传入中土，"反覆审之，而知其本原出于《易》教也"④。太谷学派以《周易》为大道之总纲，为一切思想学术之源头，故有"六艺九流皆言道"⑤之说，"九流"即诸子百家之学。而乾嘉学派中若戴震、焦循等的思想，当亦可纳入侯外庐的"异端"视域中，他们对《周易》诠释和易学的重视，恐亦多少存在一些隐约的思想关联。

客观地说，即使作为"正统"的宋明理学传统，其阐扬"道统"意识以制衡专制君权，多批判鬼神信仰以彰显人文理性，亦未尝不蕴含若干"近代性"的思想因子。我们若放开视野，清代作为两千年皇权时代的最后一个王朝，其学术之发展特色表现出了综罗百代、兼容汉宋的集成性面貌（《四库全书总目提要》中对历代学术源流的折中和分判便是其代表性

① 侯外庐：《中国思想通史》第 5 卷，人民出版社 1992 年版，第 34 页。
② 朱学文口述，牟坚整理：《侯外庐先生的晚年思绪》，《中华读书报》2013 年 12 月 11 日第 7 版。
③ （清）顾炎武：《顾亭林诗文集》，中华书局 1983 年版，第 42—43 页。
④ （清）章学诚著，叶瑛校注：《文史通义校注》，中华书局 1994 年版，第 19 页。
⑤ 缪篆：《六艺九流皆言道》，《缪篆丛书·佛教哲学》，厦门大学图书馆藏，1930 年，第 16 页。

成果）。因此，无论清代学术在考据学的方法论上呈现出的工具理性，乃至在形而上思考中通过《周易》诠释表达出的思想开放性，皆不仿视为中国文化走向"近代性"的思想准备。

要之，本书之旨在阐明者，为清儒或参以《周易》象数，或通过《周易》文本新诠，在义理学上所进行的孜孜探索历程。——克实而言，所涉乾嘉以降诸家，除戴震之外，其说往往略嫌粗糙，或习于附会，单纯从哲学深度的造诣上衡量，其得失之处当然可以见仁见智。但他们所求之鹄的，在于一"通"字：如惠栋、戴震等求"天理"与"人欲"之"通"、求天道与人事之"通"；乃至如焦循等进一步求索中西学问之"通"。这一义理学向度，既继承了既往宋学义理径路蕴含的人文理性成分，又扬弃了其文化保守主义乃至人性禁欲主义倾向，是对明末清初诸先哲追求思想解放之宗旨的变相接续，承先启后，开显中国哲学"近代性"之曲折径路，这也是"清代新义理学"之"新"义所在，自有其思想史和哲学史的重要地位。

主要参考文献

古籍

（汉）班固：《汉书》，中华书局 1975 年版。

（汉）京房撰，（三国·吴）陆绩注：《京氏易传》，清嘉庆十年，虞山张氏照旷阁刻学津讨原本。

（汉）司马迁：《史记》，中华书局 1975 年版。

（汉）许慎撰，（清）段玉裁注：《说文解字注》，上海古籍出版社 1993 年版。

（汉）郑玄：《郑玄集》，齐鲁书社 1995 年版。

（梁）刘勰著，周振甫注：《文心雕龙注释》，人民文学出版社 1998 年版。

（明）罗汝芳：《罗汝芳集》，凤凰出版社 2007 年版。

（明）王守仁：《王阳明全集》，上海古籍出版社 2011 年版。

（清）戴震：《戴震集》，上海古籍出版社 2018 年版。

（清）戴震：《孟子字义疏证》，中华书局 1982 年版。

（清）方东树：《汉学商兑》，上海古籍出版社 2018 年版。

（清）顾炎武：《顾亭林诗文集》，中华书局 1983 年版。

（清）顾炎武著，黄汝成集释：《日知录集释》，上海古籍出版社 2006 年版。

（清）胡渭：《易图明辨》，中华书局 2008 年版。

（清）胡煦：《周易函书》，中华书局 2019 年版。

（清）黄宗羲：《宋元学案》，中华书局 1982 年版。

（清）黄宗羲：《易学象数论》，中华书局 2020 年版。

（清）惠栋：《九曜斋笔记》，《丛书集成续编》第 92 册，上海书店 1994 年版。

（清）惠栋：《周易述》，中华书局 2018 年版。

（清）江藩：《国朝汉学师承记》，中华书局 1983 年版。

（清）焦循：《焦循全集》，广陵书社 2016 年版。

（清）马国翰辑：《玉函山房辑佚书》，上海古籍出版社 1990 年版。

（清）毛奇龄：《推易始末》（外一种），上海古籍出版社 1990 年版。

（清）皮锡瑞：《经学通论》，中华书局 2018 年版。

（清）皮锡瑞：《皮锡瑞全集》，中华书局 2015 年版。

（清）钱大昕：《潜研堂集》，上海古籍出版社 2009 年版。

（清）沈豫：《皇清经解提要》，华夏出版社 2014 年版。

（清）王夫之：《船山全书》，岳麓书社 2011 年版。

（清）王夫之：《张子正蒙注》，古籍出版社 1956 年版。

（清）王鸣盛：《十七史商榷》，上海书店 2005 年版。

（清）王鸣盛：《西庄居士始存稿》，《续修四库全书》第 1434 册，上海古籍
出版社 2002 年版。

（清）阎若璩：《尚书古文疏证》，上海古籍出版社 2010 年版。

（清）颜元：《颜元集》，中华书局 2009 年版。

（清）永瑢、纪昀主编：《四库全书总目提要》，海南出版社 1999 年版。

（清）袁枚：《子不语》，上海古籍出版社 2016 年版。

（清）张惠言：《虞氏易礼》，《续修四库全书》第 26 册，上海古籍出版社
2002 年版。

（清）章学诚：《文史通义》，上海书店 1988 年版。

（清）赵在翰辑：《七纬》，中华书局 2012 年版。

（宋）程颢、程颐：《二程集》，中华书局 2004 年版。

（宋）黎靖德编：《朱子语类》，中华书局 1986 年版。

（宋）张载：《张载集》，中华书局 1978 年版。

（宋）周敦颐：《周敦颐集》，中华书局 2009 年版。

（宋）朱熹：《四书章句集注》，中华书局 1983 年版。

（宋）朱熹：《周易本义》，中华书局 2020 年版。

（宋）朱熹、吕祖谦编，陈荣捷集解：《近思录详注集评》，华东师范大学出
版社 2007 年版。

（唐）李鼎祚：《周易集解》，中华书局 2016 年版。

（魏）王弼注，（唐）孔颖达疏：《周易正义》，北京大学出版社 2000 年版。

（魏）王弼撰，楼宇烈校释：《王弼集校释》，中华书局 1987 年版。

《二十五史》，上海古籍出版社 1986 年版。

《论语集释》（程树德集释），中华书局 2013 年版。

《论语译注》（杨伯峻译注），中华书局 2004 年版。

《十三经注疏》，中华书局 1980 年版。

《周易大传今注》（高亨注），齐鲁书社 2019 年版。

《周易今注今译》（陈鼓应、赵建伟注译），商务印书馆 2005 年版。

《诸子集成》，中华书局 2006 年版。

方宝川编：《太谷学派遗书》（第 1—3 辑），广陵书社 1997—2001 年版。

上海书店出版社编：《清代文字狱档》，上海书店 2007 年版。

徐珂：《清稗类钞》，中华书局 2010 年版。

著作

陈登原：《国史旧闻》，中华书局 2000 年版。

陈居渊：《焦循儒学思想与易学研究》，上海人民出版社 2017 年版。

陈居渊：《焦循阮元评传》，南京大学出版社 2006 年版。

陈祖武：《乾嘉学派研究》，河北人民出版社 2005 年版。

陈祖武：《清代学术源流》，北京师范大学出版社 2012 年版。

戴君仁：《谈易》，台湾开明书店 1974 年版。

丁超五：《易经科学探》，上海三联书店 1996 年版。

杜国庠：《杜国庠文集》，人民出版社 1977 年版。

冯天瑜：《新语探源》，中华书局 2004 年版。

冯天瑜：《中华元典精神》，湖北人民出版社 2017 年版。

冯友兰：《中国哲学史》，华东师范大学出版社 2000 年版。

傅斯年：《傅斯年全集》，湖南教育出版社 2000 年版。

傅伟勋：《从创造的诠释学到大乘佛学》，东大图书股份有限公司 1999 年版。

高怀民：《两汉易学史》，广西师范大学出版社 2007 年版。

顾颉刚：《秦汉的方士与儒生》，上海古籍出版社 2005 年版。

顾颉刚编：《古史辨》，上海古籍出版社 1981 年版。

杭辛斋：《学易笔谈》，江西教育出版社 2018 年版。

何泽恒：《焦循研究》，大安出版社 1990 年版。

侯外庐、邱汉生、张岂之：《宋明理学史》，人民出版社 1997 年版。

侯外庐主编：《中国思想通史》，人民出版社 1992 年版。

胡适：《胡适全集》，安徽教育出版社 2003 年版。

胡适：《中国的文艺复兴》，外语教学与研究出版社 2001 年版。

黄进兴：《李绂与清代陆王学派》，江苏教育出版社 2010 年版。

嵇文甫：《王船山学术论丛》，生活·读书·新知三联书店 1978 年版。

姜广辉：《走出理学——清代思想发展的内在理路》，辽宁教育出版社 1997 年版。

李畅然：《戴震〈原善〉表微》，北京大学出版社 2014 年版。

李存山：《气论与仁学》，中州古籍出版社 2009 年版。

李镜池：《周易探源》，中华书局 1987 年版。

李开：《惠栋评传》，南京大学出版社 2010 年版。

梁启超：《梁启超论中国文化史》，商务印书馆 2017 年版。

梁启超：《清代学术概论》，上海世纪出版集团 2005 年版。

梁启超：《中国近三百年学术史》，中华书局 2020 年版。

廖名春：《帛书〈周易〉论集》，上海古籍出版社 2008 年版。

林庆彰：《清初的群经辨伪学》，华东师范大学出版社 2011 年版。

林庆彰、张寿安编：《乾嘉学者的义理学》，"中央研究院"中国文哲研究所
　　2003 年版。

林忠军、张沛、赵中国等：《清代易学史》，齐鲁书社 2018 年版。

刘成禺：《洪宪纪事诗本事簿注》，山西古籍出版社 1997 年版。

刘大钧：《周易概论》，巴蜀书社 2016 年版。

刘墨：《乾嘉学术十论》，生活·读书·新知三联书店 2006 年版。

刘师培：《经学教科书》，上海古籍出版社 2006 年版。

刘师培：《刘师培论学论政》，复旦大学出版社 1990 年版。

刘师培：《清儒得失论——刘师培论学杂稿》，中国人民大学出版社 2011
　　年版。

刘师培：《中国民约精义》，岳麓书社 2013 年版。

刘笑敢：《诠释与定向——中国哲学研究方法之探究》，商务印书馆 2009
　　年版。

刘又铭：《理在气中：罗钦顺、王廷相、顾炎武、戴震气本论研究》，五南图
　　书出版公司 2000 年版。

鲁迅：《鲁迅全集》，人民文学出版社 2005 年版。

吕凯：《郑玄之谶纬学》，台湾商务印书馆 1982 年版。

吕思勉：《理学纲要》，江西教育出版社 2018 年版。

马西沙、韩秉方：《中国民间宗教史》，中国社会科学出版社 2004 年版。

马一浮：《马一浮新儒学论著辑要》，中国广播电视出版社 1995 年版。

马宗霍：《中国经学史》，上海书店 1984 年版。

牟宗三：《从周易方面研究中国之元学及道德哲学》，天津大公报馆 1935 年版。

牟宗三：《牟宗三先生全集》，联经出版事业股份有限公司 2003 年版。

漆永祥：《乾嘉考据学研究（增订本）》，北京大学出版社 2020 年版。

漆永祥：《清学札记》，北京联合出版公司 2018 年版。

钱穆：《灵魂与心》，广西师范大学出版社 2004 年版。

钱穆：《宋明理学概述》，九州出版社 2010 年版。

钱穆：《中国近三百年学术史》，商务印书馆 1997 年版。

钱穆：《中国学术思想史论丛》，生活·读书·新知三联书店 2019 年版。

钱穆：《朱子新学案》，九州出版社 2011 年版。

钱锺书：《管锥编》，生活·读书·新知三联书店 2007 年版。

丘为君：《戴震学的形成》，新星出版社 2006 年版。

任继愈主编：《中国哲学史》，人民出版社 2010 年版。

孙钦善：《中国古文献学史》，中华书局 1994 年版。

谭宇权：《中庸哲学研究》，文津出版社 1995 年版。

汤用彤：《汤用彤集》，武汉大学出版社 2019 年版。

汪学群：《清初易学》，商务印书馆 2004 年版。

汪学群：《清代中期易学》，社会科学文献出版社 2009 年版。

王国维：《观堂集林》，浙江教育出版社 2014 年版。

王俊义：《清代学术探研录》，中国社会科学出版社 2002 年版。

王茂等：《清代哲学》，安徽人民出版社 1992 年版。

王孝鱼：《焦学三种》，中华书局 2014 年版。

萧萐父、许苏民：《明清启蒙学术流变》，辽宁教育出版社 1995 年版。

辛亚民：《张载易学研究》，中国社会科学出版社 2015 年版。

熊十力：《读经示要》，上海古籍出版社 2019 年版。

熊十力：《十力语要》，中华书局 1996 年版。

熊十力：《体用论》，中华书局 1991 年版。

徐芹庭：《易经源流——中国易经学史》，中国书店 2008 年版。

许苏民：《戴震与中国文化》，贵州人民出版社 2000 年版。

姚曼波：《春秋考论》，江苏古籍出版社 2002 年版。

于省吾：《甲骨文字释林》，中华书局 1979 年版。

余英时：《国学与中国人文》，广西师范大学出版社 2014 年版。

余英时：《历史与思想》，联经出版事业股份有限公司 1976 年版。

余英时：《论戴震与章学诚：清代中期学术思想史研究》，生活·读书·新知
　三联书店 2012 年版。

余英时：《朱熹的历史世界》，生活·读书·新知三联书店 2011 年版。

张岱年：《张岱年全集》，河北人民出版社 2007 年版。

张岱年：《中国哲学大纲》，江苏教育出版社 2005 年版。

张丽珠：《清代的义理学转型》，里仁书局 2006 年版。

张丽珠:《清代新义理学——传统与现代的交会》,里仁书局 2003 年版。

张丽珠:《清代义理学新貌》,里仁书局 1999 年版。

张寿安:《以礼代理——凌廷堪与清中叶儒学思想之转变》,河北教育出版社 2001 年版。

张舜徽:《广校雠略·汉书艺文志通释》,华中师范大学出版社 2004 年版。

章秋农:《周易占筮学》,中华书局 2017 年版。

章太炎:《章氏丛书》,世界书局 1982 年版。

章太炎:《章太炎全集》(第 1—8 卷),上海人民出版社 1982—1999 年版。

章太炎:《章太炎演讲集》,上海人民出版社 2011 年版。

郑吉雄:《戴东原经典诠释的思想史探索》,台湾大学出版中心 2008 年版。

郑吉雄:《周易阶梯》,上海古籍出版社 2018 年版。

周予同:《周予同经学史论》,上海人民出版社 2010 年版。

周作人:《知堂书话》,岳麓书社 2016 年版。

朱伯崑:《易学哲学史》,昆仑出版社 2009 年版。

朱维铮:《走出中世纪》(增订本),复旦大学出版社 2007 年版。

译著

〔奥〕彼得·哈里森:《圣经、新教与自然科学的兴起》,张卜天译,商务印书馆 2019 年版。

〔波兰〕弗·兹纳涅茨基:《知识人的社会角色》,郏斌祥译,译林出版社 2000 年版。

〔德〕伽达默尔:《真理与方法》,洪汉鼎译,上海译文出版社 1999 年版。

〔德〕海德格尔:《存在与时间》,陈嘉映等译,生活·读书·新知三联书店 2014 年版。

〔德〕黑格尔:《哲学史讲演录》,贺麟译,商务印书馆 2019 年版。

〔古印度〕《五十奥义书》,徐梵澄译,中国社会科学出版社 1984 年版。

〔美〕孔飞力:《叫魂》,陈兼、刘昶译,上海三联书店 2017 年版。

〔日〕岛田虔次:《中国思想史研究》,邓红译,上海古籍出版社 2009 年版。

〔日〕小野泽精一等:《气的思想——中国自然观与人的观念的发展》,李庆译,上海世纪出版集团 2007 年版。

〔英〕弗雷泽:《金枝——巫术与宗教之研究》,汪培基等译,商务印书馆 2013 年版。

论文

常乃惪:《〈周易〉中之社会哲学》,载黄寿祺、张善文编《周易研究论文集》第4辑,北京师范大学出版社1990年版。

陈居渊:《清代"乾嘉新义理学"探究》,《求索》2003年第5期。

陈来:《朱子思想中的四德论》,《哲学研究》2011年第1期。

程刚:《〈几何原本〉的传入与焦循易学解释学》,载梁涛主编《中国思想史前沿》,陕西师范大学出版社2008年版。

丁四新:《西汉易学的主要问题及其解释旨趣的转变》,《周易研究》2014年第3期。

董金裕:《顾炎武对理学的态度及其批评》,载《清代学术论丛》,文津出版社2001年版。

方宝川:《太谷学派〈易〉学发微》,《南京理工大学学报》(社会科学版)2002年第2期。

高瑞泉:《熊十力与近代传统》,《华东师范大学学报》(哲学社会科学版)1995年第6期。

高正:《清代考据家的义理之学》,《文献》1987年第4期。

谷继明:《惠栋的经学史研究与经学史中的惠栋》,《学衡》第1辑,北京联合出版有限责任公司2020年版。

黄爱平:《"乾嘉新义理学"与清代汉学研究》,"近代中国与近代文化"学术研讨会会议论文,北京,2007年6月。

黄爱平:《戴震的义理说与清中期的学术思想界》,《徽州师专学报》1986年第2期。

黄爱平:《凌廷堪学术述论》,《清史研究通讯》1990年第3期。

黄爱平:《阮元学术述论》,《史学集刊》1992年第1期。

黄宣民:《侯外庐先生〈中国近代启蒙思想史〉出版后记》,《史学史研究》1993年第3期。

康宇:《论魏晋〈论语〉学的言说范式》,《人文杂志》2011年第4期。

雷平:《20世纪清代学术史研究述略》,《湖北大学学报》(哲学社会科学版)2004年第5期。

冷德熙:《中国古代与古希腊神话和哲学关系之比较》,《北京大学学报》(哲学社会科学版)1992年第3期。

李存山:《"先识造化"——张载的气本论哲学》,《中国哲学史》2009年第2期。

梁韦弦：《惠栋〈易汉学〉的卦气学研究》，《福建师范大学学报》（哲学社会科学版）2006 年第 4 期。

林忠军：《论晚清易学之转向》，《中国社会科学》2020 年第 2 期。

林忠军：《论郑玄以〈礼〉注〈易〉方法》，《武汉大学学报》（人文科学版）2011 年第 1 期。

刘大钧：《"卦气"溯源》，《中国社会科学》2000 年第 5 期。

路遥：《中国传统社会民间信仰之考察》，《文史哲》2010 年第 4 期。

孟琢：《清代学术的历史总结与思想突破——章太炎〈清儒〉的四重解读》，《北京师范大学学报》2017 年第 1 期。

缪篆：《明恴》，《新民》1935 年第 1 卷第 3 期—1936 年第 2 卷第 1 期（连载）。

任蜜林：《谶纬与古文经学关系之再检讨——以刘歆为中心》，《哲学动态》2019 年第 7 期。

王方钊：《〈四库提要·易类六·易纬坤灵图〉按语考辨》，《文化研究》2015 年第 5 期。

王巧生：《杨时以经子证〈易〉、解〈易〉的特色与贡献》，《周易研究》2019 年第 5 期。

吴根友：《再论皖派与吴派的学术关系——以戴震与惠栋为例》，《中国高校社会科学》2014 年第 3 期。

夏长朴：《〈四库全书总目〉对宋学的观察与批评——以四书类为例》，《中国经学》2017 年第 2 期。

闫春新：《汉晋〈论语〉注的援〈易〉解经特色》，《周易研究》2007 年第 1 期。

杨儒宾：《继成的人性论：道体论的论点》，《中国文化》2019 年总 50 期。

张沛：《四书五经融通视域下的罗汝芳心学易学》，《东岳论坛》2012 年第 6 期。

张寿安：《明清情欲论与新情理观的出现》，《史学月刊》2018 年第 4 期。

张晓芬：《焦循"以〈易〉解经"初探》，《扬州文化研究论丛》第 14 辑，广陵书社 2014 年版。

张学智：《王夫之"乾坤并建"的诠释面向——以〈周易外传〉为中心》，《复旦学报》（社会科学版）2012 年第 4 期。

赵晓翠：《从惠栋重构汉代象数宇宙图式看清代易学哲学的范式转换》，《孔子研究》2019 年第 5 期。

郑吉雄：《从乾嘉学者经典诠释论清代儒学的属性》，载彭林编《清代经学与文化》，北京大学出版社 2005 年版。

周积明：《〈四库全书总目〉与乾嘉“新义理学”》，《中国史研究》2002 年
　　第 1 期。

周积明：《关于乾嘉“新义理学”的通信——兼评张寿安研究员“乾嘉学
　　术”的系列研究》，《学术月刊》2001 年第 4 期。

后　记

恭列学林以来，不少朋友和相熟的同行以为我本是搞佛学研究的，后来逐渐转向了思想学术史领域，其实恰恰相反。

自幼颇好文史，在先父的影响和熏陶下，青少年时已大致读过《山海经》《楚辞》《诗经》《史记》等典籍，其中，有一本袁珂先生所撰之《山海经校注》堪称我的学术入门书，吸引我的是其中对先秦神话的考据内容。随后按图索骥，"考据癖"越来越深，又涉猎到清代至晚近的有关著作。记得在十六七岁时候的一个暑假中，硬着头皮啃了一遍章太炎先生的《訄书》，虽然能理解的内容十不足一，对学问的兴趣，却由此刻下烙印，于清儒"弃虚就实"而旨在"求是"的学问，不胜神往。

到了二十岁左右，偶然读到梁启超的《清代学术概论》，任公之文，叙述史事如长江大河，笔锋常带情感，引人入胜，又不似太炎先生文章那么晦涩难懂，耳目为之一新。结合那几年所笃好的黑格尔著作，相互印证，视野一下子变得开阔了。——先师冯天瑜先生有学者"看家书"之说，浅学如我，当然谈不上有什么"看家书"，但对我影响最大的书，这个确实要算一本，由此形成了于"学术源流"问题感兴趣的思想史方法取向。

后来，因为偶然的机缘，我对"晚清所谓新学家者，殆无一不与佛学有关"这一历史现象发生兴趣，后随宋立道、麻天祥二师入佛学之门。但研究佛学，一直还是按照思想史"历史与逻辑相统一"的方法路数，因此，逐渐与斯学当代"主流"颇偏于"价值立场现行"之风气，愈加扞格，于是，在35岁前后，逐渐考虑回归"初心"，觉得自己还是应该回归到研究思想学术史的领域上来。

现在所完成的这本《〈周易〉诠释与清代新义理学的思想源流》，是迄今自己最满意的拙著，书稿草成，陶潜"归去来兮，田园将芜胡不归"之语，最能表达我此际的感受。

拟定这一题目并开展研究的机缘，大约有三：首先，在2016年前后，致力于完成"'章门弟子'缪篆哲学思想研究"这一课题，因缪篆先生于

《周易》诠释别开生面，为了读懂并剖析他此方面的论著，在易学方面下了些工夫，勉强算是入了门，后蒙前辈刘大钧先生之鼓励，有几篇小文刊于他所创办的《周易研究》上；其次，先师冯天瑜先生于2018年邀我合撰《中国文化元典十讲》一书，主要工作是对他早年所著《中华元典精神》内容的重新整合和改写，在书稿完成的过程中，唤醒了许多早年间所关注的问题意识，且颇蒙先师之肯认；最后，在2020年下半年，结识清代学术研究领域的资深学者周积明先生（他又是先师冯先生的早期弟子之一），野人献曝，竟颇蒙谬奖，于是亦坚定了我向此方面进一步努力的决心。

书稿撰写期间，除屡次向先师冯先生请益，尚蒙师兄吴仰湘，友人张克宾、孟琢、雷平、张云江、黄敏诸兄多有切磋指正；前辈周积明先生一直关注课题研究进展，多予启示，并慨然赐以长序；课题从立项到结项的评审专家们给予了不少中肯的修订意见；中国社会科学出版社刘芳编辑对拙稿精心编校。谨此一并致谢！

本书之撰述，始于新冠疫情初起的武汉封城期间，在疫情肆虐之三年间完成初稿。壬寅岁尾，先师冯先生遭逢此劫，溘然长逝，先师于我，恩义深重，言语难表；就内心的自我期许而言，这或者也可算是基于先师平生所阐扬的"文化元典"思想的"接着讲"。谨呈此心香一瓣，敬献于先师灵前！

癸卯仲夏
姚彬彬识于武昌珞珈山麓